RETOUR
DE PÊCHE

Tanguy Thomassin
Adèle Grunberger

photographies de Géraldine Martens

RETOUR DE PÊCHE

FIRST ÉDITIONS

SOMMAIRE

CUISINER UNE PÊCHE LOCALE ET ÉTHIQUE

Ayant grandis au bord de la mer, nous avons tous les deux cultivé l'amour pour ses produits et développé une grande attache pour sa préservation. Passionnés de gastronomie, nous avons créé il y a quelques années Oyster Club, un comptoir deux-en-un, entre poissonnerie et bistrot. À travers ce concept, nous souhaitions démocratiser la consommation des produits de la mer et rendre ceux-ci plus accessibles en proposant une cuisine simple, conviviale, décomplexée et surtout responsable. Nous travaillons ainsi au gré de la pêche et des saisons afin de proposer chez Oyster Club la quintessence de la pêche bretonne.

Retour de pêche est la continuité de ce travail. Nous avons à cœur d'informer et de partager les trésors de notre chère mer : comment adopter une consommation respectueuse ? quelles sont les différentes techniques de pêche ? comment cuisiner les produits le plus justement possible ? La cuisine de poisson et de fruits de mer peut être simple et très variée : quand le produit est de qualité, il n'y a pas besoin d'en faire plus, il faut simplement le connaître et bien maîtriser ses cuissons.

Il nous a donc semblé important de partager à travers nos recettes, une vision de la cuisine qui commence par le respect de l'espèce et de son environnement. À travers ce livre, vous apprendrez à cuisiner des fruits de mer et poissons frais, entiers, en privilégiant une pêche locale, responsable et éthique ! Ceci est primordial et rendra votre expérience gustative encore plus appréciable.

Voici trois attitudes à adopter pour maîtriser la cuisine de la mer, respecter les espèces et leur habitat.

Privilégiez les espèces locales

Apprenez à connaître les espèces qui vivent sur vos côtes ou proches d'elles, et ainsi privilégiez la consommation de poissons et fruits de mer pêchés localement. En limitant le nombre d'intermédiaires, vous optimisez la fraîcheur du produit, mais surtout vous pourrez connaître sa provenance, sa technique de pêche et mieux encore le nom du bateau de pêche. De nos jours, beaucoup de pêcheurs côtiers, c'est-à-dire ceux qui partent le matin et reviennent le soir même pour débarquer leur pêche, vendent directement aux particuliers. En vous fournissant en direct ou par le biais d'un petit artisan poissonnier, vous favorisez une économie locale, artisanale et non pas l'industrie des géants de l'agroalimentaire.

Respectez les saisonnalités

Consommer localement et éthiquement, c'est bien, mais c'est encore mieux si vous consommez en fonction des saisons. La saisonnalité est le maître mot d'une consommation responsable, et il faut donc adapter sa cuisine en fonction de la saisonnalité de chaque espèce. Les poissons et fruits de mer ont des saisons bien définies qui permettent aux espèces de se reproduire, de se reposer, ou encore de muer. Respecter les saisons permet de respecter les espèces, et éviter de futures extinctions.

Diversifiez votre consommation

Diversifier les poissons que vous consommez est très bénéfique pour la santé, pour la planète et pour les pêcheurs. En effet, la non-diversification des espèces consommées est un problème important et actuel. En moyenne, les consommateurs de poissons ne consomment que deux ou trois types d'espèces différentes. Ceci engendre une surpêche et favorise la mise en danger de l'espèce. Les pêcheurs ne remontent pas que de la sole, du bar et de la dorade royale dans leur bateau ! Nous avons la chance d'avoir des espèces très différentes sur nos côtes, une diversité qui fait le charme de la pêche française.

En vous renseignant sur les espèces, sur les saisons, sur la provenance, sur les techniques de pêche, vous pourrez consommer davantage d'espèces variées, de qualité et permettre à Dame Nature de continuer à nous offrir toute sa richesse !

Lever les filets d'un poisson plat

1

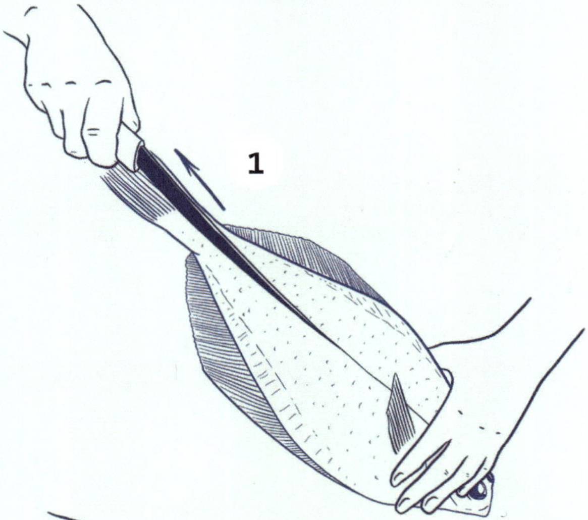

2

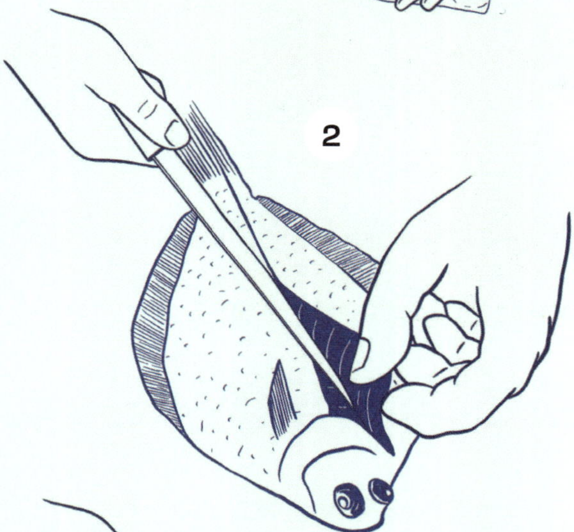

3

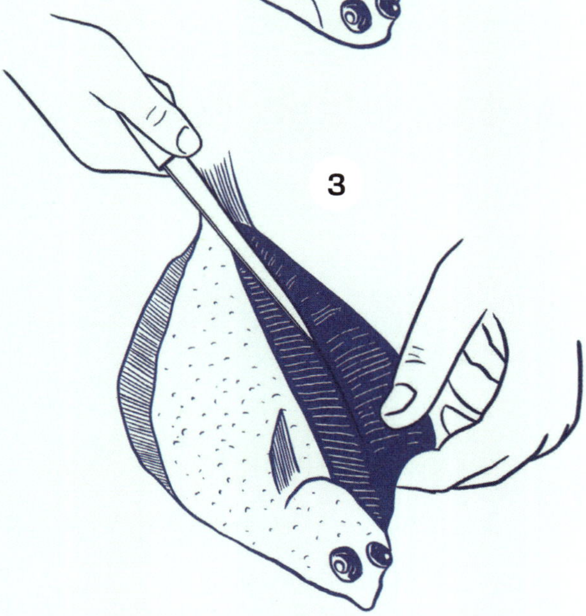

1

Commencez par entailler autour de la tête puis de la tête à la queue en suivant l'arête centrale. Renouvelez le traçage de l'autre côté.

2

Faites glisser la lame du couteau de la tête à la queue et le long de l'arête centrale.

3

Continuez jusqu'à l'extérieur pour détacher le filet. Réitérez l'opération sur les trois autres filets.

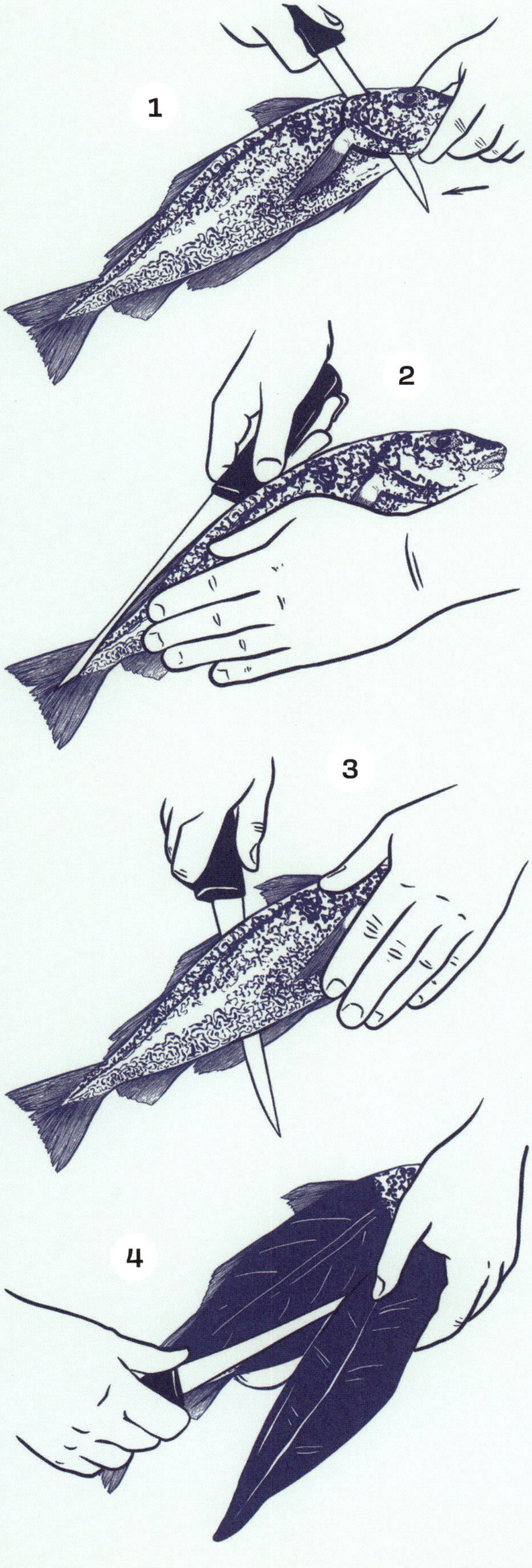

Lever les filets d'un poisson droit

1

Entaillez autour de la tête en passant bien derrière la nageoire, des deux côtés du poisson.

2

Faites glisser la lame du couteau de la tête à la queue et le long de l'arête centrale.

3

Continuez jusqu'à l'extérieur pour détacher le filet.

4

Retirez délicatement les arêtes de la cage thoracique, en passant votre couteau entre la chair et les arêtes.

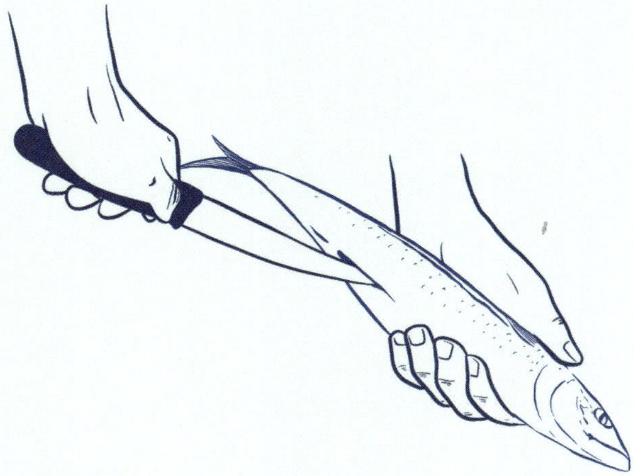

Vider un poisson

Incisez le poisson en enfonçant la lame de votre couteau au niveau de l'anus en remontant jusqu'aux ouïes.
Retirez les ouïes en tirant dessus, retirez également les entrailles présentes dans la cage thoracique.
Rincez l'intérieur du poisson à l'aide d'un filet d'eau douce.

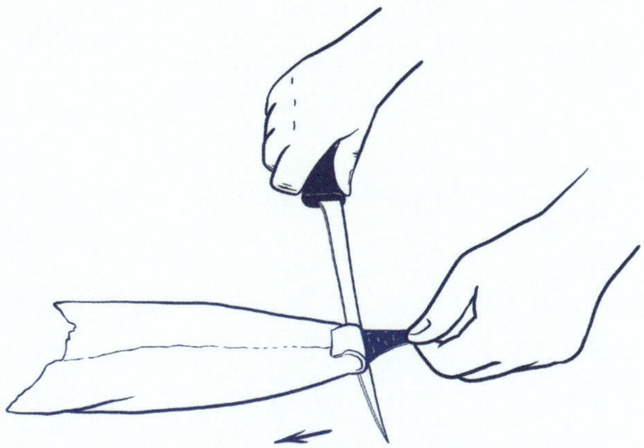

Retirer la peau d'un filet

Posez le filet côté peau sur la planche à découper.
À l'aide d'un couteau à lame fine, incisez le bout de la queue en gardant le couteau à l'horizontale, entre la peau et la chair.
Attrapez le bout de la queue en gardant la peau de votre filet bien à plat et continuez à séparer la chair de la peau.

Retirer la peau d'une sole

1

Faites pénétrer la lame du couteau par l'ouïe en traversant le poisson, coupez en remontant vers la tête pour retirer la peau.

2

Coupez la peau attenante qui reste attaché au niveau des entrailles.

3

Tirez sur la peau en tenant la tête de la sole, veillez à ce que la chair ne se détache pas avec la peau si la sole est trop fraîche.

1

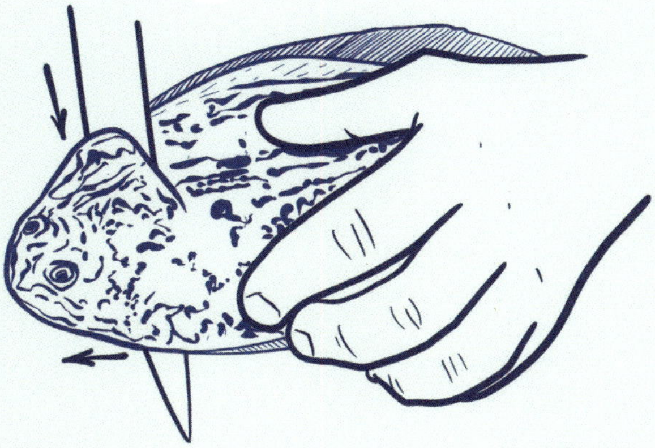

2

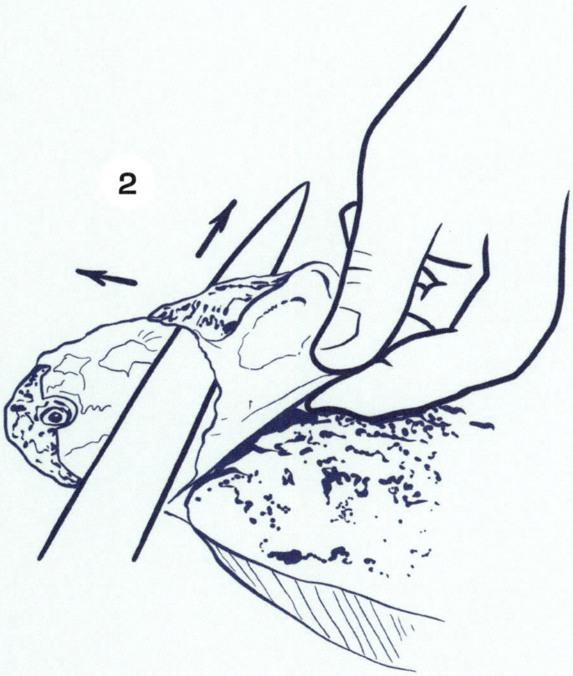

3

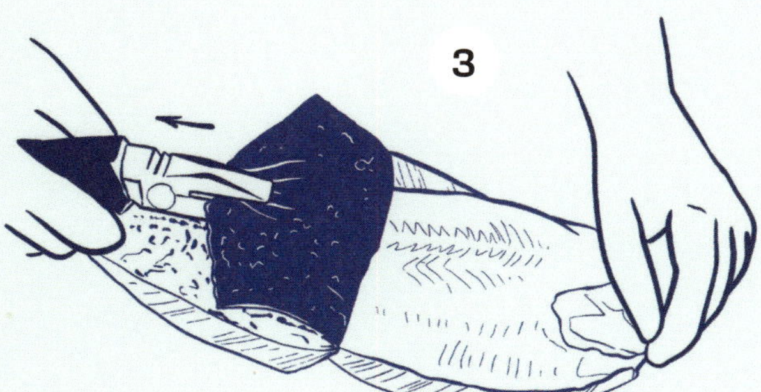

Préparer un céphalopode

1

Commencez par séparer la tête du corps en tirant dessus.

2

Délicatement, retirez la plume du corps sans que celle-ci ne se casse.

3

Enlevez les ailes qui font office de nageoires.

4

Retirez la peau du corps en tirant dessus par l'extrémité.

5

Séparez les tentacules des yeux en tranchant entre les deux.

1

2

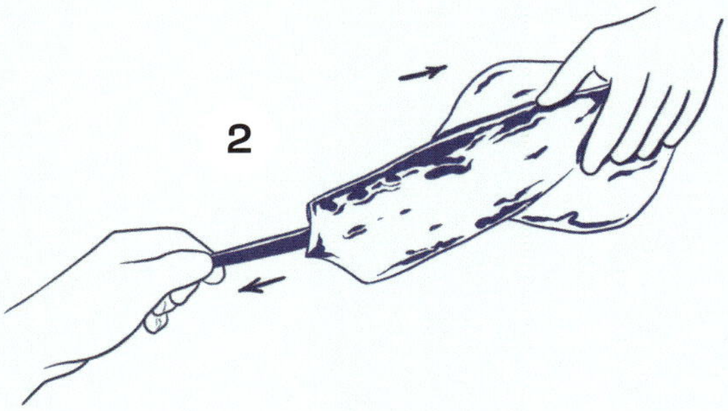

3

4

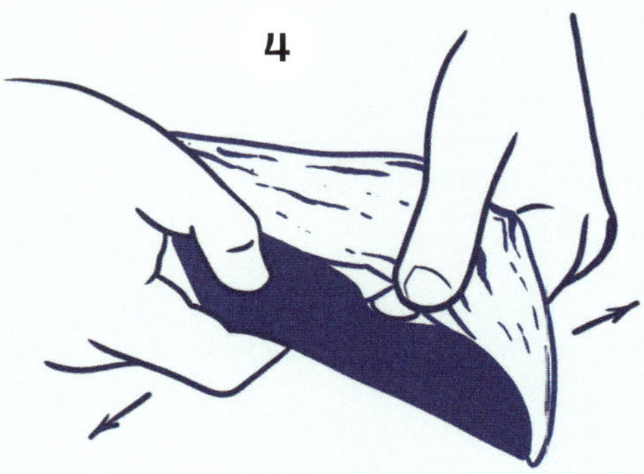

5

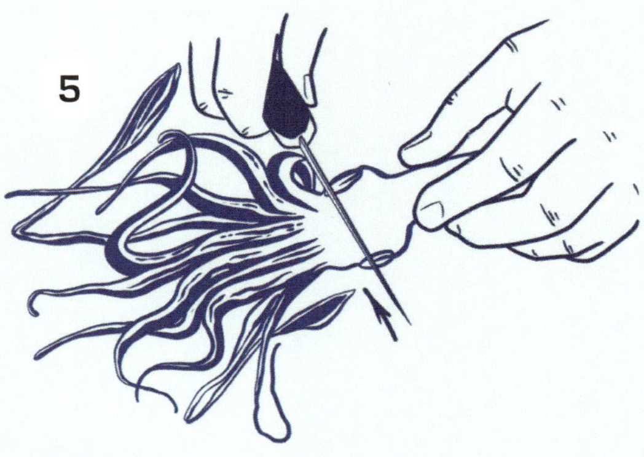

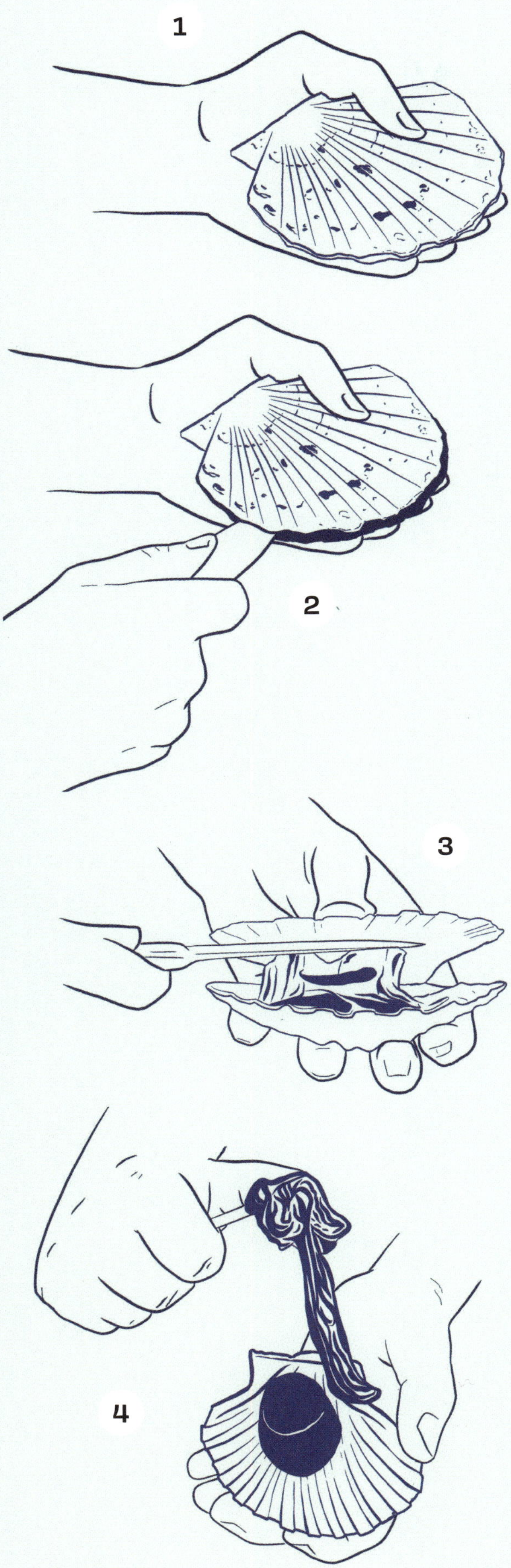

Décortiquer une coquille Saint-Jacques

1

Si vous êtes droitier, prenez la coquille Saint-Jacques de votre main gauche, la charnière orientée vers votre poignet et le côté creux dans la paume.

2

À l'aide d'un couteau à lame épaisse, enfoncez la lame au tiers en faisant levier avec votre couteau.

3

Venez ensuite racler le couteau contre le capot de la coquille pour ouvrir la coquille et décrocher la noix du capot.

4

Placez la pointe du couteau vers le morceau d'entrailles noir afin de retirer la barbe et n'avoir plus que la noix de Saint-Jacques à l'intérieur.

Décortiquer un crabe

1

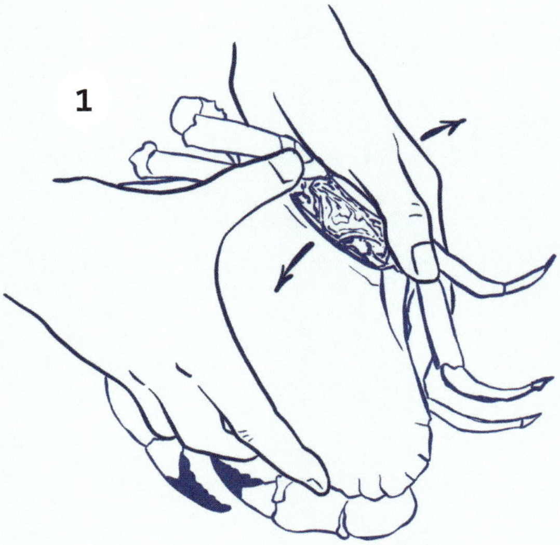

1

Soulevez le crabe par l'arrière de sa carapace supérieure. Une fois la carapace supérieure soulevée, retirez les branchies du crabe.

2

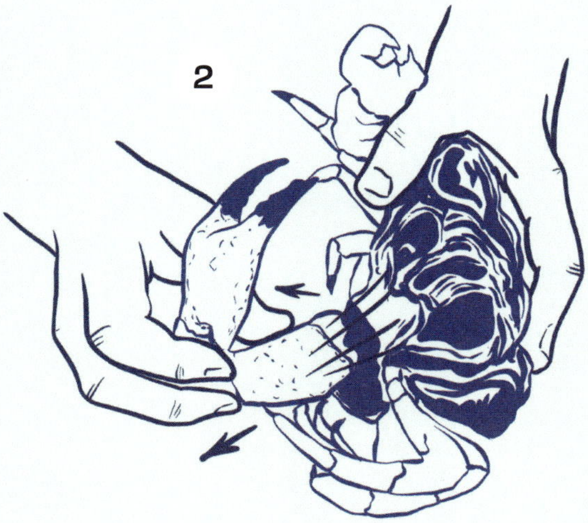

2

Retirez les pinces du crabe en tirant dessus. Faites de même pour les pattes, retirez chacune d'elles une par une.

3

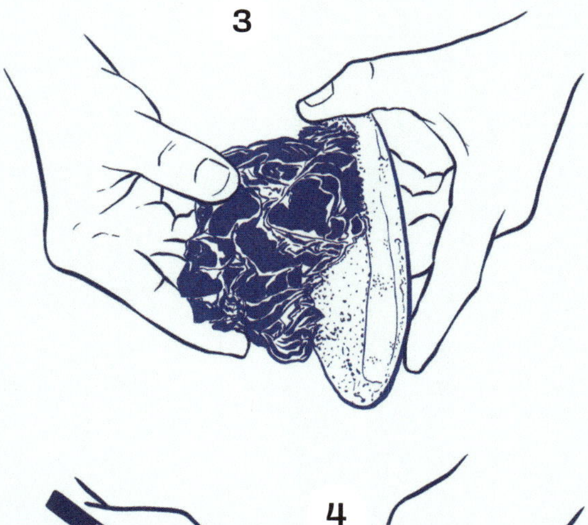

3

Retirez le sexe du crabe qui se trouve sous sa carapace inférieure, coupez ensuite le crabe en deux à l'aide d'un gros couteau à lame épaisse.

4

4

Venez ensuite chercher la chair à l'aide d'un ustensile pointu dans les orifices des cavités contenant la chair. Pour vous aider, vous pouvez décider de couper le corps du crabe à l'aide d'un couteau à lame épaisse à chaque interstice de pattes.

Décortiquer des crevettes, langoustines, gambas, etc.

1

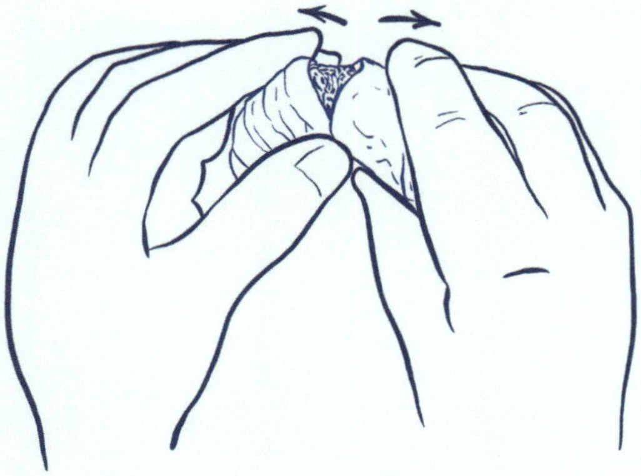

Retirez la tête.

2

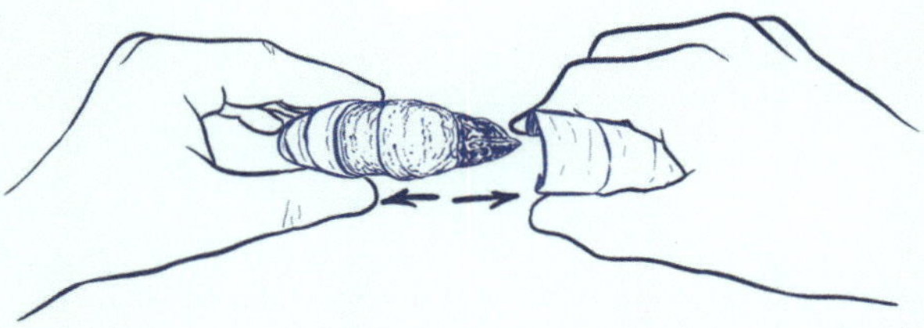

Ôtez les deux tiers de la carapace
en prenant les pattes avec votre pouce et
en tirant la carapace vers le haut du dos.

3

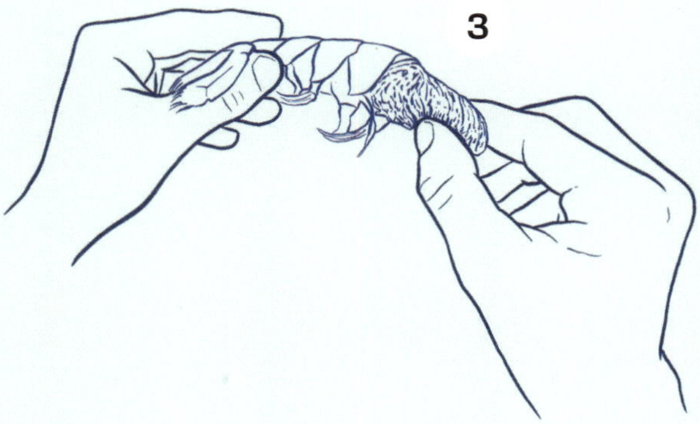

Pincez délicatement de la main droite la chair,
en maintenant la queue de la main gauche.

4

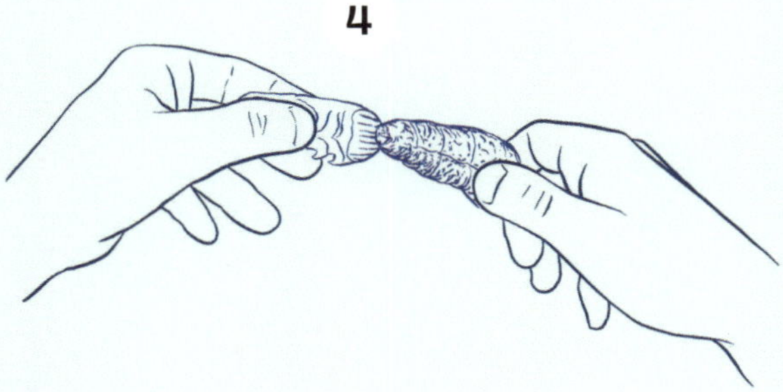

Tirez doucement sur la queue pour retirer
le dernier morceau de carapace

Ouvrir une huître

1

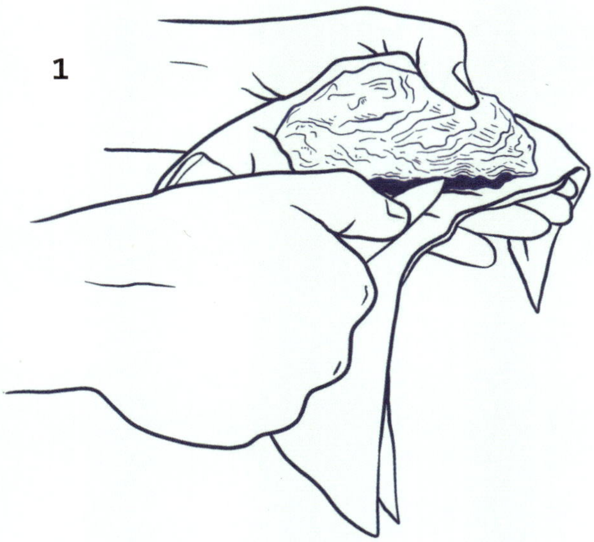

1

Si vous êtes droitier, prenez l'huître de la main gauche, en veillant à protéger votre main avec un torchon. Orientez le côté avec la charnière vers votre poignet et positionnez le creux de la coquille dans votre paume. À l'aide d'un couteau à huîtres ou un couteau à lame épaisse, insérez la pointe aux deux tiers de l'huître.

2

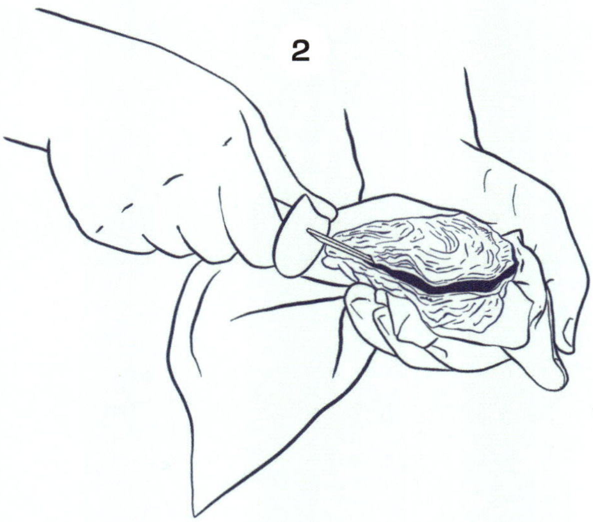

2

Insérez la lame à l'intérieur de l'huître sans forcer et coupez le muscle en faisant levier avec votre couteau.

3

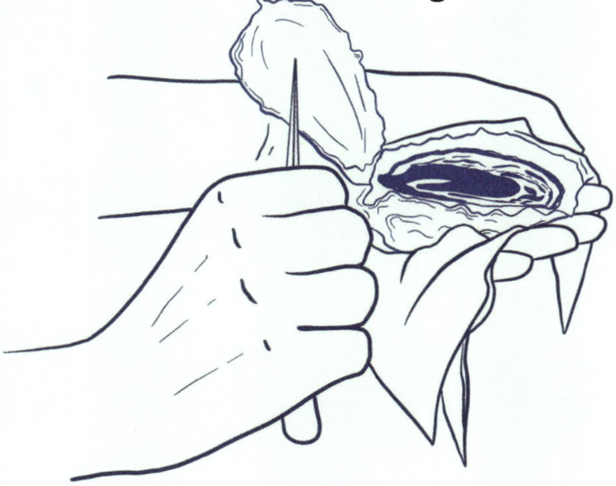

3

Avec votre couteau, raclez le capot de l'huître pour ne pas perdre le voile, puis retirez les éventuels morceaux de coquilles au bout de l'huître, qui pourraient vous gêner lors de la dégustation.

Ouvrir un coquillage

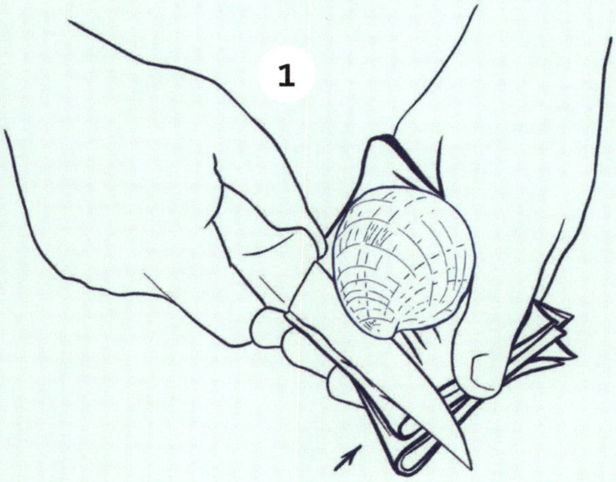

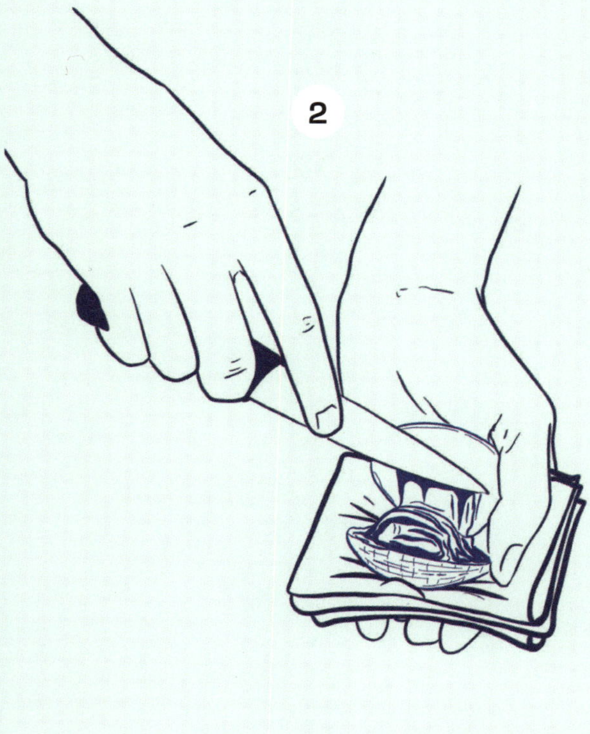

1

Protégez votre main à l'aide d'un torchon, puis prenez le coquillage dans votre main, la face la plus large contre votre paume.
Refermez légèrement la main pour maintenir le coquillage en position. À l'aide d'un couteau à lame épaisse, insérez la lame dans le creux de la charnière afin de séparer les deux coquilles.

2

Donnez de légers à-coups en enfonçant votre lame pour séparer le coquillage, puis coupez-le en deux. Ensuite vérifiez que le coquillage est bien vivant : il doit encore bouger et ne doit pas avoir d'odeur suspecte.

CUISSONS

À l'unilatérale

La cuisson à l'unilatérale consiste à faire cuire le poisson sur la peau et d'un seul côté. Elle se réalise à feu moyen, afin d'obtenir une peau croustillante et de cuire progressivement la chair, sans l'agresser.

Court-bouillon

La cuisson au court-bouillon est très utilisée pour les fruits de mer, auxquels elle donne beaucoup de saveurs. Un court-bouillon se prépare généralement avec un grand volume d'eau salée, des aromates, des épices et des légumes.

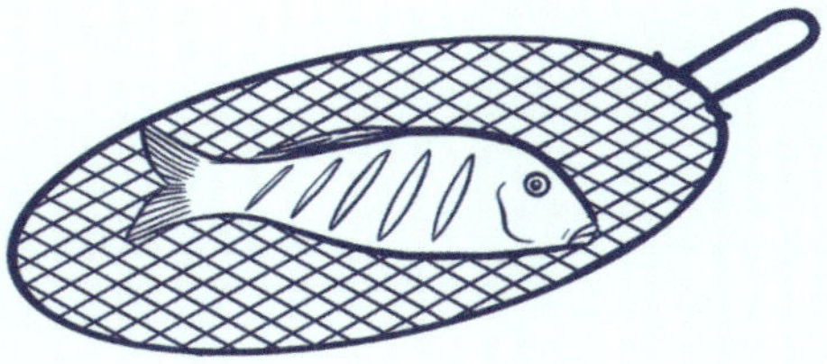

Grillade

La grillade est une technique de cuisson très appropriée aux poissons et aux fruits de mer entiers. N'ôtez pas la peau des poissons et réalisez plusieurs petites entailles sur les deux faces afin que la chaleur cuise uniformément le poisson. Veillez également à placer la queue du poisson à l'endroit où les braises sont les moins fortes. La grillade au feu de bois reste bien évidemment la meilleure option et donnera un goût irrésistible à vos préparations. Attention à bien huiler le gril en amont !

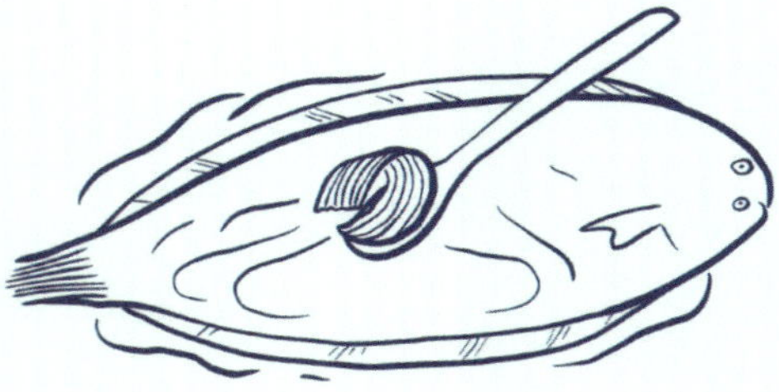

Meunière

Si la cuisson façon meunière est traditionnellement associée à la sole, cette technique de cuisson est également adaptée à tous les autres poissons plats. Après avoir été enrobé de farine, le poisson cuit en étant constamment nourri de beurre. Une légère couche croustillante se forme ainsi tout autour de la chair fondante.

Papillote

La cuisson en papillote est très adaptée aux poissons à chair épaisse et découpés en pavés ou en darnes. Cette technique a pour but de cuire délicatement le produit et de protéger sa chair. Elle permet également d'apporter beaucoup de saveurs si vous y ajoutez des aromates ou des légumes qui confieront lors de la cuisson. Vous pouvez réaliser votre papillote avec du papier cuisson, du papier aluminium, des feuilles de bananier ou des produits comestibles telles que des feuilles de chou.

Friture

La friture est une méthode de cuisson très souvent utilisée pour les fruits de mer et les petits poissons, qui requiert peu d'ingrédients et un temps de préparation moindre. Pour un résultat parfait, la température de l'huile ne doit pas dépasser 170 °C. Les fritures sont idéales pour l'apéro, à assaisonner avec du sel, du citron ou une sauce.

Pochage

Le pochage permet de cuire un poisson lentement, sans matière grasse, dans un liquide aromatique tel qu'un court-bouillon. Après ébullition du court-bouillon, le poisson doit cuire dans le liquide qui ne doit pas dépasser 90 °C et donc, sous la température d'ébullition.

Fumage à froid

Autrefois utilisé pour conserver les aliments, le fumage à froid est une technique de cuisson basse température utilisée pour fumer des poissons gras. Elle consiste en une salaison du poisson puis une fumaison à l'aide de sciure de bois, dans un caisson spécifique.

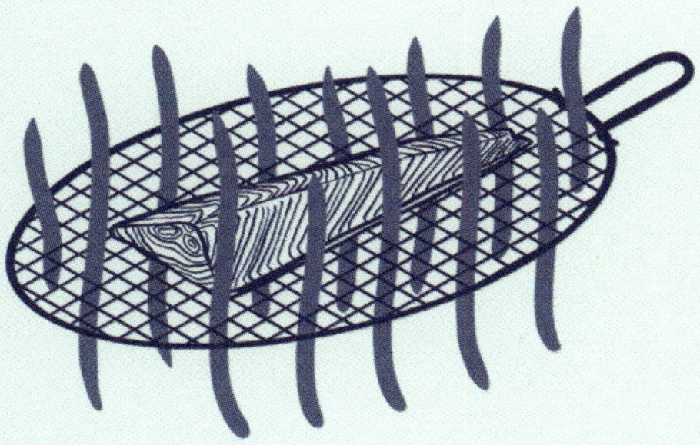

Fumage à chaud

Le fumage à chaud est une technique de cuisson rapide mêlant le fumage à la sciure de bois et la cuisson par le biais de brûleurs à alcool. Cela apporte au poisson un léger goût fumé et une chair cuite par la chaleur ambiante du caisson. La plupart du temps, le fumage à chaud se réalise sur des petits filets ou des pavés.

BOUILLONS

Court-bouillon pour coquillages

5 l d'eau
1 citron
1 pomme de terre
1 oignon
2 carottes
1 bouquet garni
Quelques branches de persil frais
2 pincées de gros sel
2 pincées de poivre noir moulu
2 pincées d'estragon
2 pincées de menthe
2 pincées de paprika
2 pincées d'herbes de Provence
Quelques feuilles de laurier

Préparez un court-bouillon en remplissant une marmite d'eau aux trois quarts. Coupez le citron et la pomme de terre en 8. Émincez l'oignon et coupez les carottes en rondelles. Plongez le tout dans la marmite avec le bouquet garni, le persil frais, le gros sel, le poivre noir moulu, l'estragon, la menthe séchée, le paprika, les herbes de Provence et le laurier.

Court-bouillon pour crustacés et poissons

5 l d'eau
1 citron
1 pomme de terre
1 oignon
2 carottes
1 bouquet garni
Quelques branches de persil frais
1 pincée de gros sel
1 pincée de poivre noir moulu
1 pincée d'estragon

Préparez un court-bouillon en remplissant une marmite d'eau aux trois quarts. Coupez le citron et la pomme de terre en 8. Émincez l'oignon et coupez les carottes en rondelles. Plongez le tout dans la marmite avec le bouquet garni, le persil frais, 1 pincée de gros sel, le poivre noir moulu et l'estragon.

SAUCES CHAUDES

Fumet ❶

Le fumet est une réduction très utilisée dans la cuisine des fruits de mer et des poissons, qui apporte beaucoup de goût à une préparation.

Coupez 1 tomate en petits dés et hachez finement 1 échalote et 1 oignon.
Dans une casserole, faites revenir le tout quelques minutes, en ajoutant 1 bouquet garni, 1 noisette de beurre et 1 pincée d'herbes de Provence.
Ajoutez les arêtes, têtes ou carapaces, en veillant à bien les concasser ou les écraser.
Mouillez avec 10 cl de vin blanc et 10 cl d'eau, salez, poivrez et laissez frémir 15 minutes.

Sauce au beurre blanc ❷

La sauce au beurre blanc est un grand classique qui accompagne le poisson blanc ou certains crustacés.

Émincez 2 échalotes, puis faites-les suer dans une casserole avec 10 cl de vin blanc et 1 cuillerée à soupe de vinaigre blanc. Ajoutez le jus d'½ citron et laissez réduire à sec sur feu moyen. Coupez 125 g de beurre demi-sel en morceaux et incorporez-les petit à petit au mélange, sur feu vif. Fouettez jusqu'à ce que la préparation soit bien émulsionnée et onctueuse. Poivrez et passez la sauce au chinois si vous souhaitez ne pas garder les échalotes.

Sauce hollandaise ❸

La sauce hollandaise est un délice sur les poissons pochés.

Déposez 2 jaunes d'œufs dans une casserole. Versez 2 cuillerées à soupe d'eau froide, salez, poivrez et ajoutez le jus d'½ citron. Fouettez le tout sur feu doux jusqu'à l'obtention d'une sauce épaisse. Hors du feu, incorporez 100 g de beurre en plusieurs fois. Ajoutez quelques pincées d'estragon et mélangez.

1
2
3

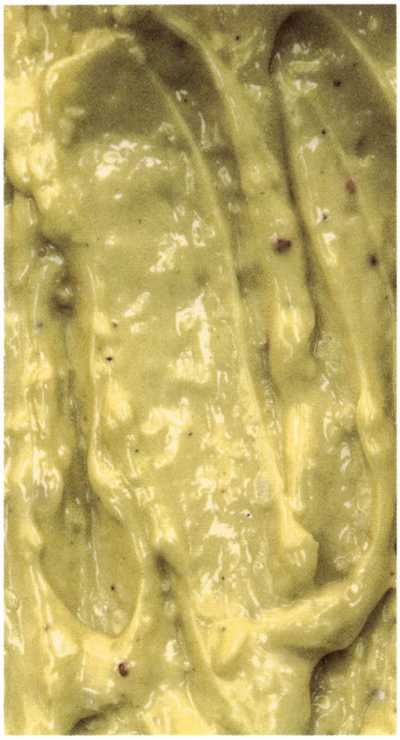

SAUCES FROIDES

Aïoli

L'aïoli accompagne merveilleusement bien les poissons blancs et les légumes croquants.

Pilez 3 gousses d'ail et mettez-les dans un saladier. Ajoutez 1 jaune d'œuf, salez, poivrez. Commencez à fouetter le tout au batteur électrique et versez 7 cl d'huile d'olive, puis 7 cl d'huile de tournesol, en un très fin filet et petit à petit, jusqu'à l'obtention d'une sauce épaisse. Quand la sauce est prise, ajoutez le jus d'½ citron.

Rouille

La rouille est la sauce typique qui accompagne une bonne soupe de poisson; elle se déguste très souvent sur des croûtons grillés.

Pilez 3 gousses d'ail avec une pomme de terre cuite et refroidie, puis mettez le tout dans un récipient. Salez, poivrez et ajoutez une dose de safran. Commencez à fouetter le tout au batteur électrique, puis versez 7 cuillerées à soupe d'huile d'olive en un très fin filet, petit à petit, jusqu'à l'obtention d'une sauce épaisse.

Sauce provençale

Cette sauce est idéale avec les poissons blancs ou encore sur des préparations de fruits de mer au barbecue.

Coupez 2 tomates et 3 gousses d'ail en petits dés, puis hachez très finement 1 botte de persil et mettez le tout dans un récipient. Ajoutez 10 cl d'huile d'olive, salez, poivrez et laissez mariner la sauce au moins 30 minutes.

Sauce tartare

La sauce tartare s'accorde très bien avec les fritures de poissons et de fruits de mer.

Déposez 2 jaunes d'œufs dans un saladier. Ajoutez 1 cuillerée à soupe de moutarde, salez, poivrez. Commencez à fouetter le tout au batteur électrique, puis versez 25 cl d'huile de tournesol en un très fin filet, petit à petit, jusqu'à l'obtention d'une sauce épaisse. Hachez finement 1 échalote, quelques feuilles de persil et 5 cornichons, puis incorporez le tout à la sauce avec 2 pincées d'estragon séché, 2 jaunes d'œufs durs, 1 filet de jus de citron et 1 cuillerée à soupe de vinaigre.

Marinade pour poissons crus

Cette marinade aux saveurs asiatiques se marie parfaitement avec toutes sortes de poissons crus.

Mélangez 1 piment doux très finement haché avec 3 cuillerées à soupe d'huile d'olive, 3 cuillerées à soupe de sauce soja salée, 2 cuillerées à soupe de sauce soja sucrée, les zestes d'½ citron jaune et d'½ citron vert et leur jus. Vous pouvez également ajouter de la coriandre finement hachée. Laissez mariner au moins 30 minutes avant de servir.

Mayonnaise

La mayonnaise est la sauce classique que vous devez maîtriser, car elle va de pair avec de nombreux fruits de mer froids.

Déposez 1 jaune d'œuf dans un saladier. Ajoutez 1 cuillerée à soupe de moutarde, 1 filet de jus de citron, salez, poivrez. Commencez à fouetter le tout au batteur électrique, puis versez 20 cl d'huile de tournesol en un très fin filet, petit à petit, jusqu'à l'obtention d'une mayonnaise bien ferme.

BEURRES COMPOSÉS

Beurre d'anchois ❶

Le beurre d'anchois est idéal à tartiner sur du pain grillé, dans un sandwich. Vous pouvez également l'ajouter sur une tarte aux légumes ou dans une pissaladière.

Rincez les anchois et épongez-les à l'aide de papier absorbant. Mixez 100 g d'anchois et mélangez-les avec 125 g de beurre demi-sel.
Disposez le beurre au centre d'un morceau de film alimentaire. Roulez le beurre en forme de boudin, en repliant le film. Vous pouvez également le conserver dans un pot en verre.

Beurre persillé ❷

Ce beurre est idéal pour farcir des coquillages ou accompagner des fruits de mer snackés.

Pétrissez à la main ou au robot 125 g de beurre demi-sel. Hachez finement 5 gousses d'ail et ½ botte de persil, puis incorporez-les au beurre jusqu'à l'obtention d'une préparation homogène.
Disposez le beurre au centre d'un morceau de film alimentaire. Roulez-le en forme de boudin, en repliant le film. Vous pouvez également le conserver dans un pot en verre

Beurre aux crevettes grises ❸

Vous pouvez tartiner le beurre de crevettes grises sur du pain grillé à l'apéro ou bien l'utiliser pour certaines cuissons de poissons.

Mixez 100 g de crevettes grises et mélangez-les avec 125 g de beurre demi-sel.
Disposez le beurre au centre d'un morceau de film alimentaire. Roulez-le en forme de boudin, en repliant le film. Vous pouvez également le conserver dans un pot en verre.

Beurre de homard ❹

Vous pouvez déguster le beurre de homard chaud ou froid. Cette préparation est délicieuse sur un homard grillé, dans des pâtes ou encore, dans une soupe.

Mettez 125 g de beurre demi-sel dans une casserole et faites-le fondre à feu moyen. Ajoutez 1 cuillerée à soupe de concentré de tomate, 1 pincée de thym, 4 feuilles de laurier et l'intérieur de la tête d'un homard. Couvrez et laissez mijoter à feu doux 5 minutes, puis passez le tout au chinois. Dégustez le beurre chaud ou froid et conservez-le dans un pot en verre.

1
2
3
4

ALGUE

De nos jours, les algues se démocratisent et sont de plus en plus consommées en France. Leurs bienfaits pour la santé et leur saveur inimitable font sensation. Les Asiatiques les utilisent depuis des années dans leur cuisine. Toutefois, sachez que le goût de l'algue diffère en fonction de sa technique de préparation : déshydratée, moulue ou crue.

Saisonnalité

Vous pouvez récolter des algues tout au long de l'année.

Conseils

Si vous trouvez des algues chez votre poissonnier, elles seront sûrement saumurées ; n'oubliez donc pas de bien les rincer pour éliminer l'excédent de sel. Renseignez-vous sur les espèces présentes sur vos côtes et allez les cueillir, faites-les sécher, préparez-les en pickles, faites-en des infusions, etc.

Techniques de pêche

Les algues sont récoltées à la main, que ce soit pour les professionnels ou pour les particuliers.

Tartare

Algues | Cornichons |
Graines de sésame

Pour 4 personnes

35 g de dulse
35 g de laitue de mer
35 g de haricots de mer
5 cornichons
1 échalote
1 citron
2 c. à soupe d'huile d'olive
1 c. à soupe de sauce soja
2 pincées de graines de sésame
Poivre

Préparation :
20 minutes

Plongez les algues dans un grand volume d'eau 10 minutes, puis égouttez-les bien.

Hachez très finement les algues et coupez l'échalote et les cornichons en petits dés.

Versez le jus du citron, l'huile d'olive et la sauce soja dans un récipient. Ajoutez les algues, l'échalote et les cornichons, puis mélangez le tout. Poivrez et ajoutez le sésame avant de servir. Vous pouvez déguster le tartare à l'apéritif sur des tranches de pain grillées ou bien en condiment.

Frites de salicorne

Préparation :
10 minutes

Cuisson :
2-3 minutes

Pour 6 personnes

500 g de salicorne fraîche
2 verres de chapelure panko
1 œuf
1 pincée de sel
1 pincée de poivre
Huile de friture

Rincez soigneusement la salicorne. Versez le panko dans un récipient creux, cassez l'œuf dans un autre et battez-le. Trempez la salicorne dans l'œuf, puis dans le panko.

Chauffez l'huile dans une friteuse à 180 °C et plongez-y les frites de salicorne. Dès qu'elles sont bien dorées, sortez-les et égouttez-les sur du papier absorbant. Dégustez-les chaudes ou froides à l'apéro !

Pickles

Algues | Vinaigre | Sucre

Pour 1 bocal

Préparation : 4 heures

200 g d'algues fraîches
150 g de sucre
30 cl de vinaigre blanc
45 cl d'eau

Versez le sucre, le vinaigre et l'eau dans une casserole, puis portez à ébullition en mélangeant.

Mettez les algues dans un bocal hermétique, puis versez la préparation bouillante dedans. Laissez mariner au minimum 4 heures. À déguster à l'apéritif ou à ajouter dans une salade !

ARAIGNÉE

L'araignée de mer, ou crabe pour ceux qui utilisent un nom générique, porte comme nom scientifique *Maia squinado*. Ce crustacé est très présent sur les côtes bretonnes et normandes. Il prolifère très rapidement et vit en banc. L'araignée mâle possède, comme le tourteau, des pinces imposantes, alors que la femelle n'a que des petites pinces. On peut facilement faire la différence : la femelle possède un abdomen rond pour protéger ses œufs en période de ponte, alors que celui du mâle est triangulaire. La chair de ce crustacé est fine, sucrée et filandreuse, il faut être patient pour la décortiquer, mais cela vaut vraiment le coup !

Saisonnalité

Vous trouverez des araignées de novembre à juillet. Le reste de l'année permet à l'espèce de se reposer et muer tranquillement.

Conseils

Comme pour tous crustacés, nous préférons l'achat de spécimens vivants, et non cuits à l'avance. Il existe quelques astuces pour avoir plus de chances que l'araignée soit pleine : en sous-pesant l'animal, il faut qu'elle soit lourde. Mais vous pouvez aussi vérifier le décollement entre la carapace et l'abdomen : plus celui-ci est conséquent, plus il y a de chances que l'araignée soit bien remplie en taux de chair.

Techniques de pêche

L'araignée peut être pêchée au casier ou bien à l'aide de filets maillants.

Pressé d'araignée aux agrumes →

Pressé aux agrumes

Pamplemousse | Citron | Mayonnaise

Préparation :
20 minutes

Cuisson :
15 minutes

Pour 4 personnes

Pour le court-bouillon
5 l d'eau
1 citron
1 pomme de terre
1 oignon
2 carottes
1 bouquet garni
Quelques branches de persil frais
1 pincée de gros sel
1 pincée de poivre noir moulu
1 pincée d'estragon

Pour le pressé
1 araignée d'1,8 à 2 kg
1 orange
1 pamplemousse
1 citron jaune
1 citron vert
1 c. à soupe de mayonnaise

Préparez le court-bouillon dans une grande marmite et portez à ébullition (voir p. 20). Plongez l'araignée dans l'eau bouillante et laissez-la cuire 15 minutes. Décortiquez le corps, les pinces et les pattes. Réservez la chair dans un récipient.

Dans un récipient, zestez les agrumes. Ensuite, pressez chacun d'eux et mélangez le jus aux zestes. Ajoutez 1 cuillerée à soupe de mayonnaise (voir p. 25) pour lier le tout.

Ajoutez la chair de l'araignée au mélange, salez et poivrez. Vous pouvez également ajouter des morceaux d'agrumes pour apporter davantage de texture.

Acras

Ail | Piment oiseau | Ciboulette

Préparation :
30 minutes

Cuisson :
20 minutes

Pour 6 personnes

2 araignées d'1 kg
1 gousse d'ail
1 oignon
Quelques feuilles de persil
Quelques brins de ciboulette
2 piments oiseaux
½ citron
300 g de farine
1 c. à soupe de levure chimique
1 œuf
4 cl de lait
Huile de friture
Sel, poivre

Préparez le court-bouillon dans une grande marmite et portez à ébullition (voir p. 20). Plongez-y l'araignée et faites-la cuire 15 minutes.

Décortiquez la chair de l'araignée (voir p. 14) et mettez-la dans un cul-de-poule. Ajoutez l'ail, l'oignon, le persil, la ciboulette et le piment émincés, puis le jus du citron. Tout en mélangeant, incorporez la farine, la levure, l'œuf et le lait, salez et poivrez. Couvrez le récipient de film alimentaire et laissez reposer la pâte 15 minutes.

Faites chauffer l'huile de friture dans une friteuse puis, à l'aide de deux cuillères à café, formez des boulettes de pâte et laissez-les tomber dans l'huile chaude. Retirez les acras une fois qu'ils sont bien dorés et gonflés. Déposez-les sur du papier absorbant et servez aussitôt !

Acras d'araignée →

Club sandwich

Brioche | Mayonnaise | Curry

Pour 2 personnes

Préparation : 35 minutes

Cuisson : 19 minutes

1 araignée de 1,2 kg
3 œufs
2 feuilles de laitue
1 tomate
1 noisette de beurre demi-sel
6 tranches de brioche
Sel, poivre

Pour le court-bouillon
5 l d'eau
1 citron
1 pomme de terre
1 oignon
2 carottes
1 bouquet garni
Quelques branches de persil frais
1 pincée de gros sel
1 pincée de poivre noir moulu
1 pincée d'estragon

Pour la mayonnaise
20 cl d'huile de tournesol
1 c. à soupe de moutarde
1 filet de jus de citron
1 c. à café de curry indien
1 jaune d'œuf
Sel, poivre

Préparez le court-bouillon dans une grande marmite et portez à ébullition (voir p. 20). Plongez-y l'araignée et faites-la cuire 15 minutes. Portez une casserole d'eau à ébullition, plongez-y 2 œufs et faites-les cuire 9 minutes, puis transférez-les dans de l'eau froide pour stopper la cuisson.

Réalisez la mayonnaise (voir p. 25) et ajoutez-y le curry. Décortiquez la chair de l'araignée (voir p. 14), hachez très finement la laitue et mélangez le tout avec la mayonnaise. Coupez les tomates et les œufs durs en fines tranches.

Faites fondre le beurre dans une poêle bien chaude et faites-y dorer les tranches de brioche 1 minute de chaque côté. Sur chaque tranche de brioche, disposez ensuite les tomates et les œufs durs, puis ajoutez le mélange à base de mayonnaise, de chair d'araignée et de salade. Recouvrez le tout d'une seconde tranche de brioche, puis coupez le sandwich en deux ou en quatre avant de déguster.

Gratinée dans sa carapace

Chapelure | Vin blanc | Mie de pain

Pour 2 personnes

Préparation : 35 minutes

Cuisson : 30 minutes

2 araignées d'1 kg
4 échalotes
½ botte de persil
210 g de mie de pain
20 cl de lait
25 g de beurre
10 cl de vin blanc
2 œufs
Chapelure

Pour le court-bouillon
5 l d'eau
1 citron
1 pomme de terre
1 oignon
2 carottes
1 bouquet garni
Quelques branches de persil frais
1 pincée de gros sel
1 pincée de poivre noir moulu
1 pincée d'estragon

Préparez le court-bouillon dans une grande marmite et portez à ébullition (voir p. 20). Plongez les araignées dans l'eau bouillante et laissez-les cuire 15 minutes.

Décortiquez la chair des araignées (voir p. 14) et mettez-la dans un cul-de-poule. Rincez soigneusement les carapaces et mettez-les de côté. Hachez finement les échalotes et le persil, mouillez la mie de pain avec le lait et essorez-la.

Faites fondre le beurre dans une poêle à feu moyen, puis faites-y revenir les échalotes. Ajoutez la mie de pain, le persil, le vin blanc et la chair des araignées. Hors du feu, mélangez bien et ajoutez les œufs. Remplissez les deux carapaces de cette préparation et recouvrez de chapelure.

Préchauffez le four à 200 °C en position gril, puis enfournez les carapaces 12 minutes. Il faut que la chapelure soit bien dorée. Dégustez dès la sortie du four !

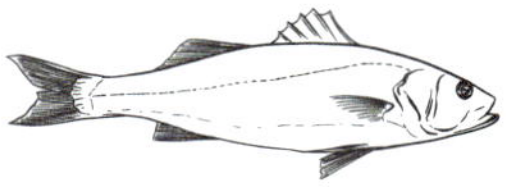

BAR

Le bar, de son nom latin *Dicentrarchus labrax*, est un poisson fuselé, possédant un dos gris argenté et un ventre blanc. Il aime vivre dans les endroits où la mer est agitée, où les vagues sont présentes et souvent dans les fonds rocheux.

Saisonnalité

La saison du bar dépend des zones de pêche ; celle-ci est entre mi-avril et mi-novembre. En dehors de cette période, le bar est en reproduction. Il ne faut donc pas en consommer !

Conseils

Ne confondez pas bar d'élevage et bar sauvage, ce n'est pas la même chose ! Concernant les critères de sélection d'un bar, celui-ci doit être raide, avoir un œil vif, un ventre blanc et des ouïes rouge vif. Si le bar est altéré, il sera moins raide, plus terne, l'œil sera opaque et les ouïes seront brunes.

Techniques de pêche

Étant très recherché, le bar peut être pêché de multiples manières, à la ligne, à la palangre, au filet, au chalut, à la senne… Mais, bien évidemment, nous vous conseillons de privilégier les bars issus d'une pêche à la ligne.

Ceviche de bar →

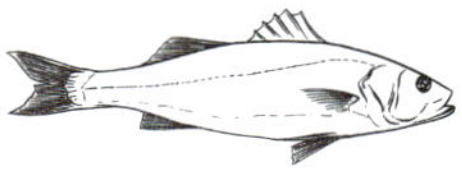

Ceviche

Tomate | Céleri | Coriandre

Pour 4 personnes

1 bar d'1,2 kg
2 tomates
2 branches de céleri
1 oignon rouge
½ botte de coriandre
2 citrons verts
1 filet d'huile d'olive
Sel, poivre

Préparation :
30 minutes

Levez les filets du bar (voir p. 9), puis coupez-les ainsi que les tomates en petits dés. Hachez finement les branches de céleri, l'oignon rouge et la coriandre.

Mélangez le tout dans un récipient et assaisonnez avec le jus des citrons verts, l'huile d'olive, le sel et le poivre. Laissez mariner 10 minutes au frais et servez !

Sashimis

Citron | Sauce soja | Vanille

Pour 4 personnes

1 bar d'1,2 kg
1 citron jaune
1 citron vert
3 c. à soupe de sauce soja salée
2 c. à café de mirin
1 gousse de vanille

Préparation :
20 minutes

Levez les filets du bar (voir p. 9), puis détaillez-les en tranches.

Pressez le jus des deux citrons dans un récipient. Ajoutez la sauce soja, le mirin et les grains de la gousse de vanille préalablement fendue en deux et grattée. Mélangez bien le tout.

Disposez les tranches de bar dans le plat de service, arrosez-les d'un peu de sauce, parsemez de zestes de citron vert et poivrez. Dégustez les sashimis en les trempant dans la sauce restante.

Sashimis de bar →

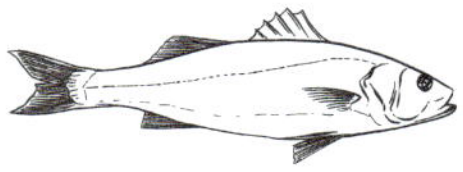

En croûte de sel

Gros sel | Algues fraîches

Pour 6 personnes

Préparation : 10 minutes

Cuisson : 40 minutes

1 bar d'1,8 kg
4 kg de gros sel
400 g d'algues fraîches
2 œufs

Videz le bar par ses ouïes (voir p. 11).

Dans un récipient, mélangez le gros sel, les algues préalablement hachées et le blanc des œufs.

Disposez une feuille de papier cuisson dans un grand plat, puis étalez-y une couche du mélange. Disposez le bar dessus, puis recouvrez-le du mélange restant et tassez bien le tout. Enfournez 40 minutes à 200 °C.

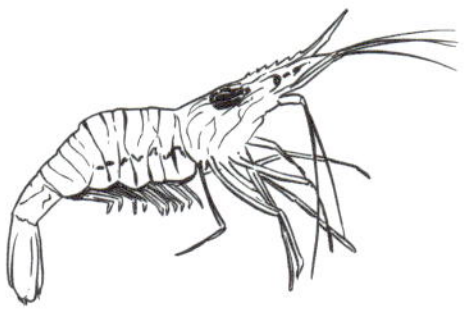

BOUQUET

Le bouquet, ou *Palaemon serratus*, est une crevette qui vit dans les eaux froides et qui ne doit pas être confondue avec la crevette grise (que l'on trouve dans la Manche ou en mer du Nord) ou la crevette rose (présente à des latitudes bien plus basses, par exemple en Thaïlande, au Mexique ou en Équateur). Le bouquet est doté d'un long rostre denté. Cette crevette est impatiemment attendue par les fins gourmets et les pêcheurs à pied à chaque début de saison.

Saisonnalité

Sa pêche est autorisée du 1er août au 28 février. Cependant, le pic de la saison se situe entre les mois de septembre et novembre. En mer, la quantité pêchée dépendra souvent de la météo: plus celle-ci sera mauvaise, moins il y aura de bouquets, car ils seront alors trop dispersés par les courants et la houle.

Conseils

Chez le poissonnier, sélectionnez les bouquets vivants, qui sautent sur les étals. En revanche, quand ils fatiguent, ils se courbent et leur abdomen blanchit. Un bouquet bien vivant doit être réactif et bien translucide.

Techniques de pêche

Le bouquet se pêche à l'aide de petits casiers, c'est une pêche douce et respectueuse. Il peut également se pêcher à pied à l'aide d'une épuisette, dans le cadre de la pêche récréative.

Poêlée de bouquets au gros sel et aux algues →

Poêlée

Beurre | Gros sel | Algues fraîches

Préparation :
10 minutes

Cuisson :
1 minute

Pour 4 personnes

600 g de bouquets
90 g de beurre
4 c. à soupe de gros sel
200 g d'algues fraîches

Faites fondre le beurre dans une sauteuse bien chaude, puis faites-y revenir les bouquets avec les algues préalablement émincées 1 minute, jusqu'à ce qu'ils soient bien colorés.

Étalez un torchon sur le plan de travail et parsemez-le de 2 cuillerées à soupe de gros sel. Disposez les bouquets chauds sur le gros sel, puis recouvrez-les du sel restant et refermez le linge. Laissez tiédir les bouquets à l'intérieur du torchon et dégustez !

Au court-bouillon

Cidre | Aromates

Préparation :
10 minutes

Cuisson :
1 minute

Pour 6 personnes

800 g de bouquets
5 l d'eau
25 cl de cidre brut
1 citron
1 pomme de terre
1 oignon
2 carottes
1 bouquet garni
Quelques branches de persil frais
1 pincée de gros sel
1 pincée de poivre noir moulu
1 pincée d'estragon

Préparez le court-bouillon dans une grande marmite en y ajoutant le cidre et portez à ébullition (voir p. 20).

Plongez les bouquets dans l'eau bouillante et faites-les cuire 1 minute.

Retirez délicatement les bouquets de la marmite et plongez-les dans un bain d'eau froide pour stopper la cuisson.

Bouquets au court-bouillon →

Riz cantonais

Shiitakés | Petits pois | Œuf

Pour 4 personnes

Préparation : 20 minutes

Cuisson : 25 minutes

600 g de bouquets
2 noisettes de beurre
2 gousses d'ail
2 oignons
250 g de shiitakés
300 g de riz
30 cl d'eau
150 g de petit pois
4 œufs
1 botte de ciboulette
Quelques feuilles de persil
Sel, poivre

Faites fondre une noisette de beurre dans une sauteuse bien chaude, puis faites-y revenir l'ail, l'oignon et la ciboulette préalablement émincés. Lavez et émincez les shiitakés, puis ajoutez-les à la sauteuse et faites-les revenir quelques minutes à feu moyen. Ajoutez le riz et faites-le légèrement sauter. Versez l'eau, couvrez et laissez cuire 12 minutes à feu moyen, en remuant de temps en temps. Ajoutez les petits pois 3 minutes avant la fin de la cuisson.

Battez les œufs, salez, poivrez. Versez-les dans une poêle chaude et faites-les cuire en mélangeant pour les brouiller. Faites fondre une noisette de beurre dans une autre poêle bien chaude, puis faites-y revenir les bouquets 1 minute, jusqu'à ce qu'ils soient bien colorés.

Une fois la cuisson du riz terminée, ajoutez les œufs brouillés, les bouquets et le persil ciselé, salez, poivrez et mélangez bien le tout. Vous pouvez décortiquer les bouquets ou les servir non décortiqués pour un rendu plus esthétique.

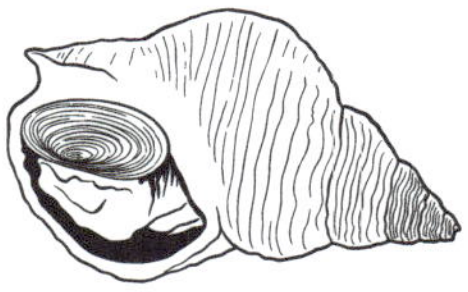

BULOT

Le bulot porte plusieurs noms selon la région où on le trouve, mais son nom scientifique est *Buccinum undatum*. À la fin du XVIIIe et au début XIXe siècle, le bulot servait d'appât à la pêche à la morue dans les eaux de Terre-Neuve. Le temps passant et les techniques de cuisson évoluant, le bulot devint de plus en plus coté. De nos jours, il se déguste partout en France avec une bonne mayonnaise. Le bulot de Granville a même obtenu la certification d'une indication géographique protégée. Un long travail de qualité, de sélection enfin récompensé pour mettre en avant l'espèce.

Saisonnalité

En Normandie, le bulot n'est pas pêché durant le mois de janvier. Vous pouvez en trouver facilement tout le reste de l'année, bien qu'il soit moins présent du mois d'août au mois de novembre.

Conseils

N'oubliez jamais de faire dégorger vos bulots, car ceux-ci vivent sur les fonds sableux et graveleux, et sont souvent remplis de petits corps étrangers désagréables en bouche. Pensez à changer l'eau régulièrement, jusqu'à ce que celle-ci devienne claire.

Techniques de pêche

Les bulots sont pêchés grâce à des casiers plongés en pleine mer et dans lesquels on dispose des appâts (crabes, poissons) ; les bulots, se trouvant sur les fonds sableux et graveleux, se regroupent alors à l'intérieur du casier.

Bulots façon escargots →

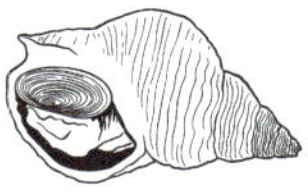

Façon escargots

Beurre | Ail | Persil

Préparation : 45 minutes

Cuisson : 18 minutes

Pour 4 personnes

1 kg de bulots vivants
5 gousses d'ail
1 botte de persil
200 g de beurre salé
1 pincée de sel
1 pincée de poivre

Pour le court-bouillon
5 l d'eau
1 pomme de terre
1 oignon - 2 carottes
1 bouquet garni
Quelques branches de persil frais
2 pincées de gros sel
2 pincées de poivre noir moulu
2 pincées d'estragon
2 pincées de menthe séchée
2 pincées de paprika
2 pincées d'herbes de Provence
Quelques feuilles de laurier

Faites dégorger les bulots vivants dans un grand volume d'eau salée environ 30 minutes, en changeant l'eau régulièrement jusqu'à ce qu'elle soit claire, car ceux-ci sont souvent sableux.

Préparez le court-bouillon dans une grande marmite et portez à ébullition (voir p. 20). Plongez-y les bulots et faites-les cuire 15 minutes.

Réalisez le beurre persillé (voir p. 26). Préchauffez le four à 180 °C en position gril. Pendant ce temps, farcissez les bulots de beurre persillé, en tassant bien afin qu'il ne déborde pas à la cuisson. Enfournez 3 à 4 minutes, jusqu'à ce que le beurre soit bien fondu et commence à gratiner. Dégustez dès la sortie du four.

Aux 12 épices

Fines herbes | Paprika

Préparation : 30 minutes

Cuisson : 15 minutes

Pour 4 personnes

1 kg de bulots vivants
5 l d'eau
1 bouquet garni
1 carotte
1 oignon
2 pincées de menthe
2 pincées de thym
2 pincées de laurier
2 pincées de ciboulette
2 pincées de persil
2 pincées d'estragon
2 pincées de paprika
2 pincées de gros sel
1 c. à soupe de poivre noir moulu

Faites dégorger les bulots vivants dans un grand volume d'eau salée environ 30 minutes, en changeant l'eau régulièrement jusqu'à ce qu'elle soit claire, car ceux-ci sont souvent sableux.

Préparez le court-bouillon avec les épices et les herbes dans une grande marmite et portez à ébullition (voir p. 20). Plongez-y les bulots et faites-les cuire 15 minutes. Laissez refroidir et dégustez avec une bonne mayonnaise (voir p. 25).

Bulots aux 12 épices →

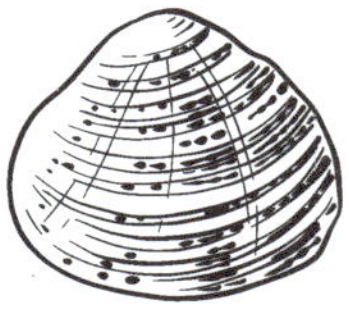

COQUILLAGES

Palourdes, prairies, coques, amandes, etc. Tant de coquillages différents que nous avons réunis dans une seule famille. Ces petits coquillages que l'on peut trouver sur nos côtes sont connus de tous et davantage des pêcheurs à pied lors des grandes marées. Ces coquillages sont souvent mangés crus, farcies ou bien cuisinés simplement dans une salade ou un plat de pâtes. Des goûts distincts, mais des recettes pouvant être faites avec chaque espèce.

Saisonnalité

La saison de la palourde débute en avril et se termine en novembre. La période où les praires sont disponibles s'étend de mi-septembre à fin avril. Les amandes sont disponibles tout au long de l'année. La haute saison des coques dure sur quelques mois, de août à février.

Conseils

Le conseil primordial concernant ces petits mollusques est le fait de les acheter vivants. Le coquillage doit absolument être réactif, celui-ci ne doit pas bailler. Ensuite, il ne faut surtout pas omettre de dégorger les coquillages, ceux-ci sont souvent sableux.

Techniques de pêche

Les petits coquillages comme les praires, palourdes, coques, amandes, sont régulièrement issus d'une pêche à pied ou bien d'une pêche à la drague. Ces coquillages sont fouisseurs, ils vivent dans des fonds sableux et graveleux.

Amandes farcies →

Amandes farcies

Beurre | Persil | Ail

Préparation : 45 minutes

Cuisson : 3-4 minutes

Pour 4 personnes

1 kg d'amandes vivantes
200 g de beurre demi-sel
5 gousses d'ail
1 botte de persil
1 pincée de sel
1 pincée de poivre

Faites dégorger les amandes vivantes dans un grand volume d'eau salée, celles-ci sont souvent sableuses et il se peut qu'un petit crabe s'y cache. Laissez dégorger 30 minutes en changeant l'eau régulièrement jusqu'à ce que celle-ci soit claire. Ouvrez les amandes en deux (voir p. 17), puis rincez-les.

Réalisez le beurre persillé (voir p. 26).

Préchauffez le four à 180 °C en position gril. Pendant ce temps, farcissez les amandes du beurre persillé, en tassant bien pour qu'il ne déborde pas à la cuisson. Enfournez 3 à 4 minutes, jusqu'à ce que le beurre soit bien fondu et commence à gratiner. Dégustez dès la sortie du four !

Fricassée de palourdes

Ail | Tomate | Vin blanc

Préparation : 30 minutes

Cuisson : 6 minutes

Pour 4 personnes

1,2 kg de grosses palourdes
3 tomates
3 gousses d'ail
½ botte de persil
3 échalotes
10 cl d'huile d'olive
10 cl de vin blanc
Sel, poivre

Faites dégorger les palourdes vivantes dans un grand volume d'eau salée – elles sont souvent sableuses – environ 30 minutes, en changeant l'eau régulièrement jusqu'à ce que celle-ci soit claire.

Coupez les tomates en dés et hachez l'ail, le persil et les échalotes. Versez l'huile d'olive dans une sauteuse et faites-la chauffer à feu moyen. Faites-y revenir les palourdes jusqu'à ce qu'elles s'ouvrent, puis ajoutez le reste des ingrédients et laissez mijoter 3 minutes. Déglacez au vin blanc en fin de cuisson. Salez, poivrez et dégustez avec le jus de cuisson !

Fricassée de palourdes →

Salade de coques

Petits pois | Poireau | Vin blanc

Pour 6 personnes

Préparation : 30 minutes

Cuisson : 20 minutes

1,8 kg de coques
600 g de petits pois frais
1 poireau
1 échalote
1 noisette de beurre
10 cl de vin blanc
Sel, poivre

Faites dégorger les coques vivantes dans un grand volume d'eau salée – elles sont souvent sableuses – environ 30 minutes, en changeant l'eau régulièrement jusqu'à ce que celle-ci soit claire.

Portez une casserole d'eau à ébullition. Pendant ce temps, écossez les petits pois et émincez très finement le poireau et l'échalote. Réservez une bonne poignée de poireau et d'échalote crus que vous disposerez sur la salade au dernier moment. Une fois que l'eau bout, plongez-y les petits pois et le poireau restant, puis laissez cuire à frémissement 10 minutes.

Faites fondre une noisette de beurre dans une grande poêle, puis faites-y revenir l'échalote à feu doux.

Ajoutez les coques, puis le vin blanc et laissez frémir quelques minutes. Les coquillages devraient commencer à s'ouvrir.

Une fois les petits pois et le poireau cuits, égouttez-les dans une passoire placée au-dessus de la poêle pour récupérer l'eau de cuisson et ajoutez-la. Mélangez bien. Quand toutes les coques sont ouvertes, ajoutez les petits pois et le poireau, puis salez et poivrez très légèrement. Versez la salade dans un récipient et laissez-la tiédir dans son jus. Disposez le poireau et l'échalote crus sur la salade de coques avant de servir.

COQUILLE SAINT-JACQUES

De son nom scientifique *Pecten maximus*, la coquille Saint-Jacques ne doit pas être confondue avec le pétoncle, un coquillage semblable, mais bien moins coûteux et moins noble. Son nom provient d'une tradition du Moyen Âge : les pèlerins prouvaient l'accomplissement de leur voyage jusqu'à Saint-Jacques-de-Compostelle en ramassant sur les plages espagnoles les coquilles qui s'y trouvaient en quantité. Attention, de nos jours, l'industrie agroalimentaire met en avant le nom « Saint-Jacques » alors que, la plupart du temps, elle utilise des noix de pétoncle congelées venant d'Amérique du Sud.

Saisonnalité

La saison de la coquille Saint-Jacques commence au mois d'octobre et se termine courant mai. Cela permet aux gisements de se reposer et à l'espèce de se reproduire.

Conseils

Achetez de préférence les coquilles Saint-Jacques entières (avec leur coquille) afin de vous assurer de la provenance et de la qualité du produit. Vous pouvez garder les barbes pour réaliser un fumet et recycler les coquilles vides comme élément de décoration ou en orner vos parterres de fleurs au jardin.

Techniques de pêche

La pêche de la coquille Saint-Jacques est extrêmement réglementée en France. Il existe deux façons de la pêcher : la première – et la plus répandue – est la drague : elle consiste à traîner des poches constituées d'une armature rigide dotée de lames ou de dents sur le fond marin pour déterrer les coquillages dans le sédiment. La seconde est la pêche en plongée sous-marine, technique beaucoup plus respectueuse des fonds marins. Elle consiste à ramasser les coquillages un par un et à la main, ce qui permet de sélectionner exclusivement ceux qui respectent la taille légale.

Carpaccio de Saint-Jacques →

Carpaccio

Réduction de citrons | Huile d'olive

Préparation : 20 minutes

Cuisson : 5 minutes

Pour 4 personnes

12 coquilles Saint-Jacques
1 citron jaune
2 citrons verts
2 c. à café de sucre en poudre
2 c. à soupe d'huile d'olive
4 c. à café de citron caviar ou de billes d'algues infusées au citron
Sel
Poivre du Sichuan

Décortiquez les coquilles Saint-Jacques à l'aide d'un gros couteau à lame épaisse (voir p. 13). Rincez soigneusement les noix et épongez-les entre deux feuilles de papier absorbant.

Tranchez les noix de Saint-Jacques en fines lamelles et disposez-les directement dans les assiettes de service pour éviter de les abîmer.

Pressez les citrons. Versez le jus dans une casserole et ajoutez le sucre. Portez à ébullition et laissez réduire à feu moyen 5 minutes. Laissez refroidir, puis ajoutez l'huile d'olive tout en mélangeant.

Versez la réduction de citrons sur le carpaccio et parsemez-le de quelques zestes de citron vert. Salez et poivrez, puis décorez de citron caviar ou de billes d'algue.

Tartare

Poires | Noisettes | Beurre salé

Préparation : 20 minutes

Cuisson : 5 minutes

Pour 4 personnes

12 coquilles Saint-Jacques
2 poires
1 noisette de beurre demi-sel
2 c. à soupe de noisettes
1 filet de jus de citron
1 c. à soupe d'huile d'olive
Sel

Décortiquez les coquilles Saint-Jacques à l'aide d'un gros couteau à lame épaisse (voir p. 13). Rincez soigneusement les noix et épongez-les entre deux feuilles de papier absorbant. Coupez-les en petits dés et réservez-les dans un cul-de-poule.

Épluchez les poires et coupez-les en petits dés de la même taille que les dés de noix de Saint-Jacques. Faites chauffer le beurre dans une poêle, puis saisissez-y les dés de poire jusqu'à ce que ceux-ci soient bien dorés.

Transférez les dés de poire dans le cul-de-poule contenant les noix de Saint-Jacques. Concassez les noisettes et ajoutez-les. Salez, poivrez, arrosez de citron et de l'huile d'olive, puis mélangez bien le tout.

Tartare de Saint-Jacques →

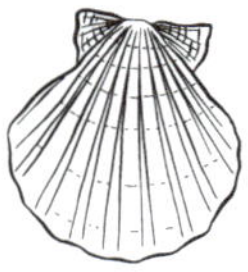

Snackées au beurre

Velouté de chou-fleur |
Graines de sarrasin

Pour 4 personnes

Préparation : 25 minutes

Cuisson : 36 minutes

Pour les coquilles Saint-Jacques snackées
12 coquilles Saint-Jacques
1 noisette de beurre demi-sel

Pour le velouté de chou-fleur
½ chou-fleur
2 pommes de terre
2 noisettes de beurre
1 échalote
50 cl de lait
1 pincée de noix de muscade
Graines de sarrasin
Sel, poivre

Décortiquez les coquilles Saint-Jacques à l'aide d'un gros couteau à lame épaisse (voir p. 13). Rincez soigneusement les noix et épongez-les entre deux feuilles de papier absorbant.

Ôtez les feuilles et les grosses côtes du chou-fleur. Rincez-le soigneusement, puis épluchez et lavez les pommes de terre. Coupez le chou-fleur en bouquet et les pommes de terre en quatre.

Faites fondre le beurre dans une marmite, puis faites-y revenir l'échalote émincée jusqu'à ce que celle-ci soit bien dorée. Ajoutez le chou-fleur et les pommes de terre, puis mouillez avec le lait à hauteur. Laissez cuire à couvert et à petite ébullition 30 minutes environ. Une fois la cuisson terminée, mixez le tout jusqu'à l'obtention d'un velouté – ajoutez de l'eau si nécessaire. Salez, poivrez et ajoutez la noix de muscade.

Faites chauffer une poêle à feu vif et ajoutez-y le beurre salé. Quand le beurre est bien chaud, snackez les noix 1 minute de chaque côté pour qu'elles soient dorées sur les bords tout en restant crues à cœur.

Versez le velouté de chou-fleur chaud dans des bols, ajoutez les noix de Saint-Jacques et les graines de sarrasin et dégustez.

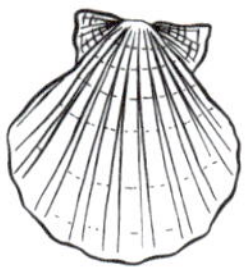

Gratinées

Magret de canard fumé | Béchamel | Chapelure

Pour 4 personnes

Préparation : 30 minutes

Cuisson : 45 minutes

8 coquilles Saint-Jacques
100 g de magret de canard fumé
1 noisette de beurre
4 c. à soupe de chapelure

Pour le fumet
Les barbes des coquilles Saint-Jacques
1 noisette de beurre
1 échalote
½ oignon
10 cl d'eau
10 cl de vin blanc

Pour la béchamel
50 g de farine
50 g de beurre
60 cl de lait
1 pincée de noix de muscade
Sel, poivre

Décortiquez les coquilles Saint-Jacques à l'aide d'un gros couteau à lame épaisse (voir p. 13). Gardez les barbes, et le corail s'il y en a, pour réaliser le fumet de coquilles Saint-Jacques (voir p. 22). Réservez 4 coquilles vides pour la présentation. Rincez les noix et épongez-les entre deux feuilles de papier absorbant. Coupez-les en dés et réservez-les dans un cul-de-poule.

Préparez la béchamel : dans une casserole, faites fondre le beurre à feu doux, puis ajoutez la farine et mélangez. Éteignez le feu dès que le roux atteint une jolie couleur dorée, puis laissez refroidir. Portez le lait à ébullition, puis versez-le sur le roux hors du feu tout en mélangeant énergiquement au fouet. Chauffez le mélange à feu doux jusqu'à l'obtention d'une béchamel bien épaisse. Salez, poivrez et ajoutez une pincée de noix de muscade.

Coupez le magret fumé en morceaux. Faites fondre le beurre dans une poêle et quand il est bien chaud, snackez-y les dés de noix de Saint-Jacques une vingtaine de secondes. Passez le fumet au chinois pour en extraire seulement le jus et incorporez-le à la béchamel. Enfin, ajoutez le magret fumé et les noix de Saint-Jacques. Remplissez les coquilles du mélange, puis parsemez de chapelure.

Préchauffez le four à 200 °C en position gril, puis enfournez les coquilles Saint-Jacques quelques minutes. Sortez-les du four dès que la chapelure est bien dorée. Laissez refroidir quelques minutes avant de servir.

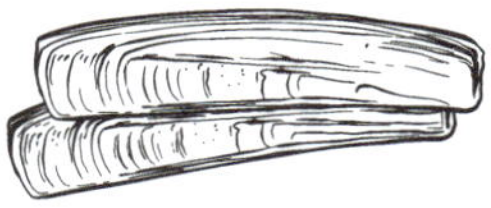

COUTEAU

Le couteau, ce bivalve tant apprécié de nos amis espagnols, fait son grand retour en France depuis quelque temps. Il existe plusieurs types de couteaux selon les eaux dans lesquelles on le pêche : plus ou moins incurvés, plus ou moins gros, etc. Ce mollusque, aussi appelé *Solen marginatus*, vit dans les fonds sablo-vaseux et est doté d'un pied assez gros et puissant pour s'enfoncer dans les sédiments.

Saisonnalité

Les couteaux sont disponibles tout au long de l'année, il n'y a pas de période d'abondance.

Conseils

Lors de votre achat, assurez-vous bien de la fraîcheur des couteaux : ceux-ci doivent être bien fermés et, lorsque vous touchez la langue, celle-ci doit réagir et se rétracter. N'oubliez pas de bien faire dégorger les coquillages afin qu'il n'y ait aucun résidu de sable dans vos plats !

Techniques de pêche

Le couteau est régulièrement pêché à la drague en Hollande ; toutefois, il existe aussi une autre technique de pêche, qui est la plongée sous-marine. Les couteaux de plongée peuvent être beaucoup plus grands et moins sableux. En pêche à pied récréative, les couteaux peuvent être déterrés avec du gros sel lors des grandes marées.

Couteaux en persillade →

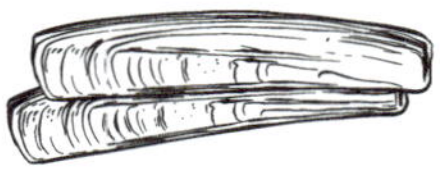

En persillade

Ail | Persil | Vin blanc

Préparation :
30 minutes

Cuisson :
3-4 minutes

Pour 4 personnes

800 g de couteaux vivants
4 gousses d'ail
1 botte de persil
10 cl d'huile d'olive
10 cl de vin blanc
1 filet de jus de citron
Sel, poivre

Faites dégorger les couteaux dans un grand volume d'eau salée environ 30 minutes, en changeant l'eau régulièrement jusqu'à ce qu'elle soit claire, car ceux-ci sont souvent sableux.

Hachez l'ail et le persil. Versez l'huile d'olive dans une sauteuse et faites-la chauffer à feu vif. Faites-y revenir les couteaux, en couvrant la sauteuse pour qu'ils s'ouvrent plus rapidement.

Une fois les couteaux ouverts, ajoutez l'ail et le persil, le jus de citron, salez et poivrez, puis mélangez. Déglacez au dernier moment avec le vin blanc. N'hésitez pas à déguster les couteaux arrosés du jus de cuisson.

Gratinés

Ail | Persil | Chapelure

Préparation :
30 minutes

Cuisson :
3-4 minutes

Pour 4 personnes

800 g de couteaux vivants
5 gousses d'ail
1 botte de persil
4 c. à soupe de chapelure
200 g de beurre demi-sel
Sel, poivre

Faites dégorger les couteaux dans un grand volume d'eau salée environ 30 minutes, en changeant l'eau régulièrement jusqu'à ce qu'elle soit claire, car ceux-ci sont souvent sableux.

Pétrissez le beurre à la main ou au robot. Hachez finement l'ail et le persil, puis incorporez-les au beurre jusqu'à l'obtention d'un mélange homogène.

Ouvrez les couteaux en deux en les sectionnant à l'aide d'une lame fine. Disposez trois noisettes de beurre sur chaque couteau, puis parsemez de chapelure.

Préchauffez le four à 180 °C en position gril. Enfournez les couteaux 3 à 4 minutes. C'est prêt, vous pouvez déguster !

Couteaux gratinés →

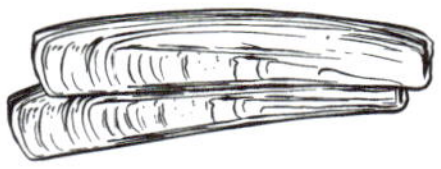

Façon thaïe

Cacahuètes | Coriandre | Huile de sésame

Pour 4 personnes

Préparation : 30 minutes

Cuisson : 3-4 minutes

800 g de couteaux vivants
4 c. à soupe de cacahuètes
1 botte de coriandre
2 c. à soupe de sauce soja
1 c. à café d'huile de sésame
1 filet de jus de citron
Sel, poivre

Faites dégorger les couteaux dans un grand volume d'eau salée environ 30 minutes, en changeant l'eau régulièrement jusqu'à ce qu'elle soit claire, car ceux-ci sont souvent sableux.

Faites cuire les couteaux à la vapeur 3 minutes. Une fois qu'ils sont ouverts, parsemez-les des cacahuètes préalablement concassées au mortier et de coriandre hachée. Arrosez les couteaux de sauce soja, d'huile de sésame et de jus de citron, puis salez et poivrez. À déguster chaud ou froid !

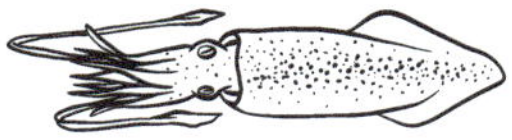

ENCORNET

L'encornet, ou *Loligo vulgaris*, fait partie de la famille des céphalopodes qui regroupe les mollusques dont la tête est munie de tentacules. Selon la région et sa taille, l'encornet peut porter le nom de calmar, calamar, supion, chipiron, etc. L'encornet ne doit pas être confondu avec la seiche qui possède un os central calcifié et qui est de forme beaucoup moins allongée, plus ovale. Le poulpe, lui, ne possède pas d'os comme la seiche, mais deux minuscules plumes au niveau de sa tête, et seulement huit tentacules contre dix pour l'encornet.

Saisonnalité

La période de reproduction est le printemps. Une fois que les femelles ont pondu des cartouches gélatineuses remplies d'œufs, elles meurent et leurs œufs vont alors s'accrocher à des substrats. L'encornet est abondant en hiver.

Conseils

De préférence, achetez vos encornets entiers et non pas en blanc, c'est-à-dire préalablement préparés. Choisissez des spécimens dont la taille excède les 12 cm, ils devraient alors déjà avoir atteint la maturité sexuelle. L'état de la peau de l'encornet est un très bon indicateur pour déterminer sa technique de pêche : moins elle est abîmée, moins l'encornet aura été manipulé.

Techniques de pêche

La pêche la plus respectueuse de l'encornet est la pêche à la ligne, mais on trouve des encornets pêchés à l'aide de filets ou bien au chalut. Un encornet pêché à la ligne aura une peau quasiment parfaite, une plume (son os central) non cassée ; vous trouverez aussi des spécimens de plus grande taille.

Encornets en persillade →

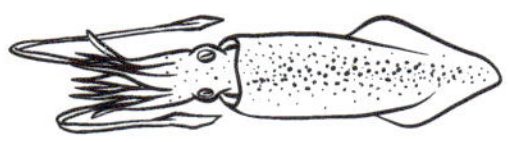

En persillade

Beurre | Ail | Persil

Préparation : 20 minutes

Cuisson : 7 minutes

Pour 4 personnes

1 kg d'encornets
1 noisette de beurre
4 gousses d'ail
1 botte de persil
5 cl d'huile d'olive
8 cl de vin blanc
1 filet de jus de citron
Sel, poivre

Préparez les encornets (voir p. 12), puis incisez les têtes pour en obtenir les grands morceaux. Faites fondre une noisette de beurre dans une grande poêle portée à feu moyen, puis faites-y dorer les encornets obtenus après incision et les tentacules 2 minutes de chaque côté.

Laissez tiédir les encornets, puis coupez-les en fines lamelles dans la largeur. Hachez finement l'ail et le persil. Dans une poêle chauffée à feu vif avec un fond d'huile d'olive, faites revenir les lamelles d'encornets avec l'ail et le persil. Déglacez le tout avec un peu de vin blanc. Dressez dans le plat de service. Juste avant de servir, arrosez de jus de citron, salez et poivrez. Dégustez bien chaud.

Carpaccio au fumet de Saint-Jacques

Fumet | Vin blanc | Crème fraîche

Préparation : 30 minutes

Cuisson : 34 minutes

Pour 4 personnes

600 à 800 g d'encornets
1 noisette de beurre

Pour le fumet
Les barbes de 5 coquilles Saint-Jacques
1 noisette de beurre
1 échalote
½ oignon
10 cl d'eau
10 cl de vin blanc
2 c. à soupe de crème fraîche épaisse

Décortiquez les coquilles Saint-Jacques à l'aide d'un gros couteau à lame épaisse (voir p. 13). Vous n'aurez pas besoin des noix dans la recette, mais vous pouvez les garder 2 ou 3 jours au frais ou bien les congeler pour une autre recette. Enlever les barbes, et le corail s'il y en a, pour réaliser le fumet de coquilles Saint-Jacques (voir p. 22).

Après avoir préparé les encornets (voir p. 12), incisez les têtes pour en obtenir de grands morceaux. Faites fondre une noisette de beurre dans une grande poêle portée à feu moyen, puis faites-y dorer les grands morceaux d'encornets obtenus après incision 2 minutes de chaque côté.

Une fois les encornets bien dorés, stoppez la cuisson et laissez-le tiédir. Passez le fumet au chinois pour en extraire seulement le jus, délayez-le avec la crème et laissez également tiédir. Enfin, détaillez les encornets en fines tranches dans la largeur pour obtenir un carpaccio, puis arrosez-les du fumet de coquilles Saint-Jacques.

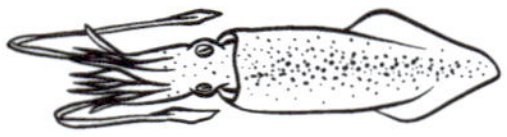

Farcis

Lard | Chorizo | Tomates

Pour 4 personnes

Préparation : 25 minutes

Cuisson : 15 minutes

8 petits encornets
100 g de poitrine de porc
100 g de chorizo fort
2 oignons
2 gousses d'ail
Quelques feuilles de persil
3 tomates
1 noisette de beurre
Sel, poivre

Après avoir préparé les encornets (voir p. 12), coupez les têtes, réservez-les et gardez les tentacules pour la farce.

Coupez la poitrine de porc en lardons et le chorizo en dés. Coupez les oignons et les tentacules en petits morceaux, puis hachez très finement l'ail et le persil. Chauffez une poêle à feu moyen et quand celle-ci est bien chaude, faites-y revenir le chorizo, la poitrine, les oignons, l'ail et les morceaux de tentacules jusqu'à ce que le tout soit bien doré. Coupez les tomates en petits dés, ajoutez-les à la poêle et laissez mijoter 5 minutes.

Faites fondre une noisette de beurre dans une autre poêle, puis faites-y revenir les têtes d'encornets à feu vif, 2 minutes de chaque côté, et retirez du feu. Farcissez les têtes à la main en tassant bien la farce pour que celle-ci se tienne. Disposez la farce restante en lit au fond de la poêle, puis placez les encornets farcis dessus. Si besoin, réchauffez le tout quelques minutes avant de servir.

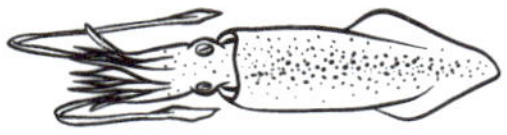

Façon karaage

Saké | Gingembre |
Fécule de pomme de terre

Pour 6 personnes

Préparation : 35 minutes

Cuisson : 15 minutes

Pour les beignets
1,2 kg d'encornets
2 c. à soupe de sauce soja
2 c. à soupe de saké
1 c. à soupe de mirin
1 c. à café d'huile de sésame
1 filet de jus de citron
1 c. à soupe de gingembre frais râpé
2 c. à soupe de fécule de pomme de terre
Huile de friture

Pour la sauce tartare
4 œufs
1 c. à soupe de moutarde
25 cl d'huile de tournesol ou d'arachide
1 grosse échalote
Quelques feuilles de persil
5 cornichons
2 pincées d'estragon
1 filet de jus de citron
1 c. à soupe de vinaigre de vin rouge
Sel, poivre

Après avoir préparé les encornets (voir p. 12), incisez les têtes en deux, puis coupez-les en gros carrés. Séparez les tentacules des yeux et jetez ces derniers. Dans un cul-de-poule, préparez la marinade en mélangeant la sauce soja, le saké, le mirin, l'huile de sésame, le citron et le gingembre. Plongez les morceaux d'encornets dans le mélange et laissez mariner 20 minutes.

Portez une casserole d'eau à ébullition et plongez-y délicatement deux œufs à l'aide d'une cuillère à soupe. Laissez-les cuire à frémissement 9 minutes. Pendant ce temps, préparez la sauce tartare (voir p. 25) et réservez-la au frais.

Retirez les morceaux d'encornets de la marinade et roulez-les dans la fécule de pomme de terre. Faites-les frire dans l'huile chauffée à 170 °C. Égouttez-les, puis dégustez en les trempant dans la sauce tartare.

GAMBAS

La gambas est un fruit de mer connu de tous, qui se déguste sous toutes ses formes : à froid, grillée, en salade, dans un plat de pâtes, etc. Ce type de grosses crevettes est généralement issu des pays chauds sous des latitudes plus basses que la France. Il faut être très attentif au pays d'origine, cela est souvent déterminant quant aux conditions d'élevages et donc à la qualité du produit final.

Saisonnalité

Il n'y a pas de saisonnalité précise pour la gambas puisque la majeure partie est issue d'élevage. Elles sont donc disponibles tout au long de l'année. Vous pouvez trouver des gambas royales françaises de juillet à septembre.

Conseils

Si vous achetez des gambas, nous vous conseillons de privilégier les élevages certifiés en agriculture biologique. La crème de la crème restera les gambas royales d'élevage des Marennes-Oléron ou « crevette impériale des marais Charentais », une très courte saison, mais des gambas françaises vivantes !

Techniques de pêche

La quasi-totalité des gambas présente sur le marché est issue d'un élevage, il y a une infime partie de gambas sauvages.

Salade de gambas →

Salade

Vinaigrette aux agrumes | Nectarine | Concombre

Préparation : 25 minutes

Cuisson : 8 minutes

Pour 4 personnes

12 gambas de taille 16/20
1 filet d'huile d'olive
1 concombre
4 nectarines jaunes bien mûres
150 g de pousses d'épinards

Pour la vinaigrette aux agrumes
1 orange
1 citron jaune
1 citron vert
1 c. à soupe de sucre
1 c. à soupe de moutarde
1 c. à café de miel
6 c. à soupe d'huile d'olive
Sel, poivre

Dans une casserole, pressez le jus de l'orange, du citron vert et du citron jaune, puis ajoutez le sucre. Portez le mélange à ébullition, puis laisser réduire à feu moyen 5 minutes. Laissez refroidir, ajoutez quelques zestes d'orange et de citron vert, puis la moutarde, le miel et l'huile d'olive en fouettant. Salez, poivrez.

Faites chauffer une poêle à feu vif avec un filet d'huile d'olive et saisissez-y les gambas 3 minutes de chaque côté, jusqu'à ce que celles-ci soient entièrement colorées. Épluchez le concombre et les nectarines puis coupez-les en dés. Décortiquez les gambas, puis coupez-les en deux dans le sens de la longueur. Ajoutez tous les ingrédients dans un saladier avec la vinaigrette aux agrumes et mélangez bien le tout !

Grillées, sauce provençale

Tomate | Ail | Persil

Préparation : 20 minutes

Cuisson : 4 minutes

Pour 6 personnes

Pour les gambas grillées
18 gambas de taille 16/20
10 cl de cognac

Pour la sauce provençale
2 tomates
3 gousses d'ail
1 botte de persil
10 cl d'huile d'olive
Sel, poivre

Réalisez la sauce provençale et laissez mariner 20 minutes (voir p. 24).

Sur un gril bien chaud, faites dorer les gambas 2 minutes de chaque côté. Une fois que celles-ci sont bien colorées, faites-les flamber au cognac.

Décortiquez les gambas (voir p. 15) puis nappez-les de sauce et dégustez !

Gambas grillées →

Tempuras

Panko | Mayonnaise épicée

Pour 4 personnes

Préparation : 20 minutes

Cuisson : 3 minutes

Pour les tempuras
16 gambas de taille 16/20
150 g de chapelure panko
300 g de farine
30 cl d'eau froide
1 c. à soupe de vinaigre de riz
1 c. à soupe de paprika
1 pincée de sel
1 pincée de poivre
Huile de friture

Pour la mayonnaise épicée
1 œuf
1 c. à soupe de moutarde
1 filet de jus de citron
20 cl d'huile de tournesol
2 pincées de piment fort concassé
1 c. à café de Tabasco®
Sel, poivre

Dans un cul-de-poule, préparez la mayonnaise (voir p. 25), puis ajoutez les piments forts concassés et le Tabasco®.

Décortiquez les gambas en veillant à laisser la tête (voir p. 15).

Versez le panko dans un récipient creux. Dans un cul-de-poule, mélangez la farine, l'eau, le vinaigre de riz, le paprika, le sel et le poivre. Tenez les gambas par la tête et plongez-les dans le mélange, puis dans le panko.

Versez l'huile dans une friteuse et faites-la chauffer à 170 °C. Plongez-y les tempuras 3 minutes, puis égouttez-les. Savourez-les tièdes, en les accompagnant de mayonnaise !

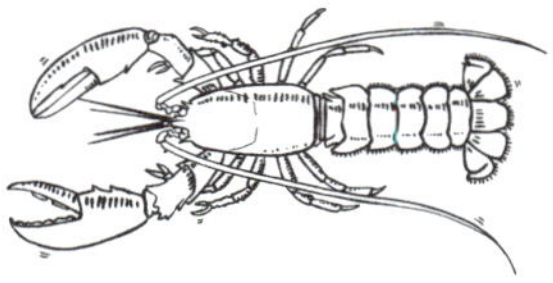

HOMARD

Le homard, ou homard bleu, a pour nom scientifique *Homarus gammarus*. Ne confondez pas le homard de nos côtes avec le homard canadien ou américain, une espèce différente bien moins noble et savoureuse que celle que l'on trouve dans nos eaux. Le homard bleu est un nom donné aux homards bretons et normands, qui arborent de véritables reflets bleutés, tandis que ceux des côtes anglaises et irlandaises sont un peu plus foncés; les homards canadien et américain sont verts. Ce crustacé est essentiellement présent et pêché sur les côtes bretonnes, normandes et britanniques. Il possède deux pinces, une cassante et l'autre coupante. On distingue le mâle de la femelle par la forme de la queue : celle de la femelle est plus enveloppante à l'arrière pour protéger ses œufs, alors que celle du mâle est moins large et donc, moins enveloppante à l'arrière.

Saisonnalité

Le homard est extrêmement demandé pour les fêtes de fin d'année, mais la période idéale pour le pêcher se situe entre mars et octobre.

Conseils

Pour favoriser la pérennité de cette espèce, privilégiez les spécimens supérieurs à 500 g, les femelles auront ainsi atteint la maturité sexuelle. De plus, il faut absolument acheter votre homard vivant pour vous assurer de sa qualité. Pour savoir si le homard sort d'un long séjour en vivier, observez ses antennes ! Plus elles sont longues, plus il est probable qu'il ait été pêché récemment, les antennes ayant tendance à se casser dans le vivier.

Techniques de pêche

Le homard est quasi systématiquement pêché à l'aide de casiers : les pêcheurs placent des filières de casiers en mer et viennent les relever plus tard, en espérant y trouver le fameux crustacé à l'intérieur.

Homard rôti au four →

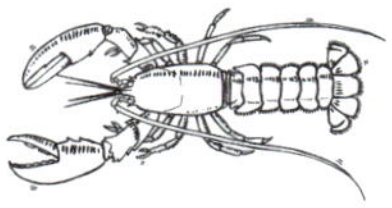

Rôti au beurre de homard

Beurre salé | Concentré de tomate | Thym

Préparation : 10 minutes

Cuisson : 12 minutes

Pour 2 personnes

1 homard vivant de 1 kg environ

Pour le beurre de homard
100 g de beurre demi-sel
L'intérieur de la tête du homard
1 c. à soupe de concentré de tomate
1 pincée de thym
4 feuilles de laurier

Coupez le homard vivant en deux en partant de la tête vers la queue. N'essayez pas de trancher la queue d'un seul coup, ceci écraserait la chair et l'abîmerait. Retirez soigneusement l'intérieur de la tête à l'aide d'une cuillère à soupe et réservez pour la préparation du beurre de homard.

Préchauffez le four à 180 °C en position gril. Pendant ce temps, préparer le beurre de homard (voir p. 26).

Précassez les pinces avec le dos d'une cuillère à soupe pour qu'elles cuisent mieux. Enfournez le homard sur le côté de sa carapace 7 minutes. Pendant ce temps, passez le beurre de homard au chinois pour en extraire seulement le jus. Badigeonnez-en le homard dès la sortie du four et dégustez.

Carpaccio aux agrumes

Orange | Citron vert | Huile d'olive

Préparation : 25 minutes

Cuisson : 17 minutes

Pour 2 personnes

2 homards vivants de 500 à 600 g
2 oranges
1 citron vert
1 c. à soupe de sucre en poudre
2 c. à soupe d'huile d'olive
Sel
Poivre Timur

Pour le court-bouillon
5 l d'eau
1 citron
1 pomme de terre
1 oignon
2 carottes
1 bouquet garni
Quelques branches de persil frais
1 pincée de gros sel
1 pincée de poivre noir moulu
1 pincée d'estragon

Préparez le court-bouillon (voir p. 20). Portez à ébullition, puis plongez-y le homard et cuisez-le 7 minutes.

Pressez une orange et le citron vert. Versez le jus dans une casserole et ajoutez le sucre. Portez le mélange à ébullition, puis laissez réduire à feu moyen 5 minutes. Laissez refroidir, ajoutez quelques zestes d'orange et de citron vert, puis versez l'huile d'olive en mélangeant.

Décortiquez le homard comme une crevette (voir p. 15) et laissez la chair refroidir. Épluchez une orange, coupez-la en fines tranches ainsi que la queue du homard. N'oubliez pas d'ajouter la chair des pinces. Dressez le carpaccio dans une assiette, puis arrosez de la réduction d'agrumes. Salez et poivrez.

Carpaccio de homard →

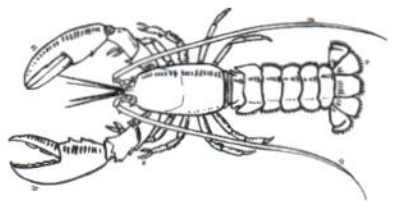

Lobster roll

Brioche | Pickles d'oignons | Mayonnaise

Pour 4 personnes

Préparation : 2 heures

Cuisson : 10 minutes

2 homards de 600 g ou 1 homard d'1 kg
1 brioche ou 4 gros pains au lait
50 g de beurre

Pour les pickles d'oignons
150 g de sucre
30 cl de vinaigre blanc
45 cl d'eau
2 oignons rouges

Pour la mayonnaise
1 œuf
1 c. à soupe de moutarde
20 cl d'huile de tournesol
1 filet de jus de citron
1 c. à café de piment d'Espelette
Sel, poivre

Dans une casserole, portez à ébullition le sucre, le vinaigre et l'eau en veillant à bien mélanger.

Une fois l'ébullition atteinte, versez le mélange dans un bocal hermétique contenant les oignons rouges préalablement émincés. Laissez mariner au minimum 2 heures.

Préchauffez le four à 180 °C en position gril. Coupez le homard vivant en deux en partant de la tête vers la queue. N'essayez pas de trancher la queue d'un seul coup, ceci écraserait la chair et l'abîmerait. Précassez les pinces à l'aide du dos d'une cuillère à soupe pour qu'elles cuisent mieux. Enfournez le homard sur le côté de sa carapace 7 minutes.

Préparez la mayonnaise (voir p. 25). Ajoutez-y le piment d'Espelette.

Décortiquez la queue et les pinces du homard et hachez grossièrement la chair. Faites-la revenir dans une poêle bien chaude avec le beurre. Faites ensuite colorer la brioche dans le jus de cuisson, quelques secondes de chaque côté. Incisez la brioche, garnissez-la généreusement de mayonnaise, de homard et de pickles. Vous pouvez également ajouter des cornichons ou des oignons frits pour plus de gourmandise !

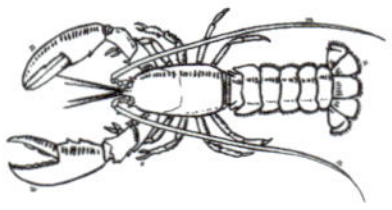

À l'armoricaine

Tomate | Cognac | Vin blanc

Pour 4 personnes

Préparation : 25 minutes

Cuisson : 30 minutes

2 homards de 1 kg
6 c. à soupe d'huile d'olive
2 échalotes
1 oignon
2 gousses d'ail
1 carotte
10 cl de cognac
4 tomates
1 c. à soupe de concentré de tomate
1 bouquet garni
30 cl de vin blanc
30 cl d'eau
20 g de beurre pommade
20 g de farine
1 c. à soupe de crème fraîche
Sel, poivre

Séparez la tête de la queue des homards et détachez les pinces. Fendez les têtes en deux et réservez le corail et la partie crémeuse pour la suite de la recette. Tronçonnez la queue en 5 ou 6 médaillons et précassez les pinces avec le dos d'une cuillère à soupe.

Faites chauffer 3 c. à soupe d'huile dans une marmite, puis faites-y rougir les morceaux de homard à feu vif. Égouttez-les et réservez pour la suite.

Émincez les échalotes, l'oignon, l'ail et la carotte, puis faites revenir le tout à feu moyen dans la marmite bien chaude. Ajoutez ensuite les morceaux de homard, arrosez de cognac et faites flamber. Coupez les tomates en morceaux, puis ajoutez-les ainsi que le concentré de tomate, le bouquet garni, le vin blanc et l'eau. Salez, poivrez et laissez mijoter 25 minutes à feu vif.

Égouttez les morceaux de homard et réservez-les au chaud. Ensuite, passez la sauce au chinois et réchauffez-la à feu vif quelques secondes. Ajoutez le beurre et la farine, puis la crème et l'intérieur de la tête du homard pour lier la sauce et mélangez bien à l'aide d'un fouet. Dégustez les morceaux de homard nappés de sauce bien chaude.

HUÎTRE

Il existe deux types d'huîtres : l'huître creuse et l'huître plate. La consommation de ce coquillage remonte à des centaines d'années, puisque les Romains étaient très friands de l'huître plate sauvage. Jusqu'en 1860, la population consomme des huîtres plates, cependant les gisements commencent à s'épuiser et c'est pour cette raison que l'élevage se développe. Pour faire face à la pénurie, les Arcachonnais commandent des huîtres creuses portugaises, mais le hasard veut qu'un bateau rempli d'huîtres ait dû décharger toute sa cargaison d'huîtres dans nos eaux pour réussir à faire face à une tempête. L'huître d'origine portugaise se développe dans tout l'Hexagone, mais, en 1970, elle est décimée par une épizootie. La solution qui apparaît est alors d'importer une huître japonaise pour repeupler le paysage ostréicole français. Cette huître, qui a pour nom scientifique *Crassostrea Gigas*, représente de nos jours la quasi-totalité de la production française.

Saisonnalité

La légende raconte que les huîtres se consomment seulement les mois « en R », cela voudrait dire que les huîtres ne pourraient pas être consommées entre mai et août. Abandonnez ce vieux proverbe, les huîtres sont certes en laitances une période de l'été, mais renseignez-vous auprès de votre ostréiculteur, celui-ci vous indiquera la période où ses huîtres sont vraiment laiteuses. De nos jours, il existe les variétés triploïdes, c'est-à-dire des huîtres qui sont stériles et qui, par conséquent, ne produisent aucune laitance.

Techniques de pêche

Il existe trois types d'élevage dans l'ostréiculture moderne : en surélevé, au sol et en suspension.

Conseils

Goûtez des huîtres différentes, de producteurs différents, de régions différentes, de pays différents ! Comme une bouteille de vin, une huître n'aura pas le même goût selon son lieu d'élevage, sa technique d'élevage, son âge, mais aussi son ostréiculteur. Ouvrez vos papilles et goûtez les huîtres au naturel, sans artifices qui dénaturent leur goût comme le vinaigre à l'échalote !

Ceviche d'huîtres →

Ceviche

Citron vert | Gingembre | Lait de coco

Pour 4 personnes

12 huîtres creuses
1 citron vert
¼ de botte de coriandre
20 g de gingembre
25 cl de lait de coco
200 g de gros sel

Préparation :
15 minutes

Ouvrez les huîtres (voir p. 16) et videz la première eau. Détachez ensuite les muscles des huîtres et passez-les au chinois afin de récupérer leur eau et de filtrer les sédiments. Réservez les coquilles vides.

Zestez et pressez le citron vert, puis hachez finement la coriandre. Épluchez le gingembre à l'aide d'une cuillère, puis râpez-le. Dans un récipient, mélangez le tout avec le lait de coco et l'eau des huîtres.

Placez les coquilles vides sur un lit de gros sel, replacez chaque huître dans sa coquille et versez le bouillon à hauteur. Dégustez immédiatement ou réservez au frais.

En gelée

Pamplemousse | Citron

Pour 4 personnes

12 huîtres creuses
2 pamplemousses
1 citron jaune
25 cl d'eau
1 sachet d'agar-agar
200 g de gros sel

Préparation :
20 minutes

Cuisson :
10 minutes

Ouvrez les huîtres et videz la première eau. Détachez ensuite les muscles des huîtres et passez-les au chinois afin de récupérer leur eau et de filtrer les sédiments. Réservez les coquilles vides.

Prélevez les zestes d'un pamplemousse et réservez. Gardez une moitié de pamplemousse intacte et prélevez quelques morceaux de pulpe dans l'autre. Pressez l'autre pamplemousse et le citron.

Versez l'eau dans une casserole. Ajoutez l'agar-agar et portez à ébullition, en remuant sans cesse. Une fois l'ébullition atteinte, ajoutez le jus et les morceaux de pulpe de pamplemousse et le jus de citron.

Placez les coquilles vides sur un lit de gros sel, replacez chaque huître dans sa coquille et versez le bouillon à hauteur. Réservez au froid jusqu'à ce que les huîtres soient prises.

Huîtres en gelée →

Gratinées

Échalotes | Crème fraîche | Vin blanc

Pour 4 personnes

Préparation : 15 minutes

Cuisson : 3-4 minutes

12 huîtres creuses
2 échalotes
25 cl de crème fraîche épaisse
8 cl de vin blanc
8 cl de vinaigre de vin
Chapelure fine

Préchauffez le four à 180 °C. Ouvrez les huîtres et videz la première eau, puis décrochez le muscle des huîtres et passez-les au chinois pour récupérer leur eau et filtrer les sédiments. Réservez les coquilles.

Hachez les échalotes. Faites-les revenir 30 secondes dans une casserole avec la crème fraîche, le vin blanc, le vinaigre de vin et le jus des huîtres, en mélangeant le tout.

Dans un plat, replacez les huîtres dans leurs coquilles en calant celles-ci avec du gros sel. Versez le mélange dans les coquilles, parsemez de chapelure et enfournez 3 à 4 minutes en position gril. Sortez les huîtres dès que la chapelure est bien dorée.

Mauviel
1830

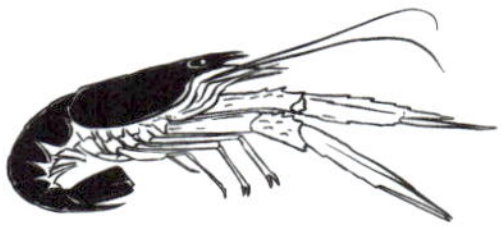

LANGOUSTINE

La fameuse langoustine ! Ce crustacé a pour nom scientifique *Nephrops norvegicus*, mais chez nous, du côté du Guilvinec, là où elle est chère à notre cœur, nous l'appelons « demoiselle ». La langoustine vit dans des terriers et des galeries qu'elle creuse et sort seulement quand la lumière est faible pour se nourrir. Vous pouvez trouver des langoustines de toutes tailles, petites comme une crevette et grosses parfois comme un petit homard, on l'appelle alors langoustine royale.

Saisonnalité

On trouve de la langoustine toute l'année, mais sachez que plus le temps est mauvais en mer, moins il y aura de langoustines sur les étals (comme pour toutes les espèces).

Conseils

Achetez vos langoustines vivantes et cuisez-les vous-même ! On trouve régulièrement des langoustines cuites ou bien « glacées » sur les étals des poissonniers. Les langoustines glacées sont des langoustines qui ont été directement recouvertes d'une couche de glace pour une plus longue conservation. Malheureusement, le froid « cuit » le crustacé et celui-ci meurt. Vous vous en rendrez compte facilement : après cuisson, sa chair est très farineuse. Sur l'étal, une langoustine qui ne bouge pas et qui est très pâle est une langoustine morte.

Techniques de pêche

Il existe deux techniques pour pêcher la langoustine : la pêche aux casiers, que nos voisins écossais exploitent depuis de nombreuses années, permet d'avoir des langoustines plus robustes et vivantes pour le transport. La seconde est la pêche au chalut que les pêcheurs bretons utilisent depuis toujours. L'inconvénient est que les langoustines sont tassées, plus abîmées et moins résistantes pour le transport. La pêche aux casiers de nos voisins est possible car les langoustines n'ont pas le même milieu d'habitat qu'en Bretagne : elles vivent au niveau des roches tandis que les bretonnes sont enfouies dans les galeries au niveau de la vase.

Langoustines cuites au court-bouillon →

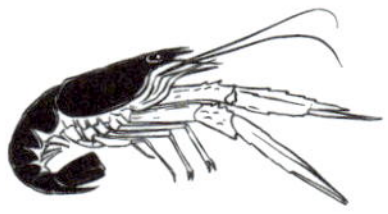

Au court-bouillon

Préparation :
5 minutes

Cuisson :
7 minutes

Pour 4 personnes

1,2 kg de langoustines vivantes
5 l d'eau
1 citron
1 pomme de terre
1 oignon
2 carottes
1 bouquet garni
Quelques branches de persil frais
1 pincée de gros sel
1 pincée de poivre noir moulu
1 pincée d'estragon

Préparez le court-bouillon dans une grande marmite et portez à ébullition (voir p. 20). Ajoutez le vinaigre pour que les langoustines se tiennent bien à la cuisson.

Plongez les langoustines dans l'eau bouillante et comptez 7 minutes de cuisson.

Retirez délicatement les langoustines de la marmite pour ne pas casser les pinces et plongez-les dans un bain d'eau froide pour stopper la cuisson. À déguster sans modération autour d'un bon muscadet !

Rôties, sauce langoustines

Fumet de langoustines | Safran

Préparation :
15 minutes

Cuisson :
22 minutes

Pour 4 personnes

Pour les langoustines rôties
1,2 kg de langoustines vivantes

Pour le fumet de langoustines
1 noisette de beurre
1 échalote
1 oignon
1 tomate
10 cl d'eau
10 cl de vin blanc
6 têtes de langoustines
1 bouquet garni
Sel, poivre

Pour la sauce aux langoustines
Le fumet de langoustines
2 c. à soupe de crème fraîche épaisse
1 pincée de safran
1 filet de jus de citron
Sel, poivre

Retirez les têtes et réservez les queues de 6 langoustines. Mettez les têtes dans une grande casserole, puis réalisez le fumet de langoustines (voir p. 22).

Préchauffez le four à 200 °C en position gril. Coupez en deux les langoustines vivantes en partant de la tête vers la queue. N'essayez pas de trancher la queue d'un seul coup, ceci écraserait la chair et l'abîmerait.

Sur une plaque de cuisson, disposez les langoustines sur la carapace et enfournez 3 minutes.

Passez le fumet au chinois placé au-dessus d'une casserole pour en récupérer seulement le jus. Chauffez à feu doux et ajoutez la crème fraîche épaisse. Mélangez pour obtenir une sauce bien homogène. Salez, poivrez et ajoutez le safran et le jus de citron. Servez la sauce bien chaude sur vos langoustines rôties. Un vrai régal !

Langoustines rôties →

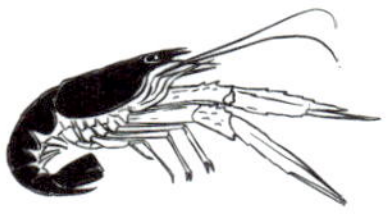

Linguine

Crème fraîche | Tomates cerises | Fumet de langoustine

Pour 4 personnes

Préparation : 15 minutes

Cuisson : 35 minutes

Pour les linguine aux langoustines
1,2 kg de langoustines vivantes
400 g de linguine
1 filet d'huile d'olive
1 échalote
3 gousses d'ail
1 c. à café de piments forts concassés
200 g de tomates cerises
15 cl de crème fraîche épaisse
Quelques feuilles de persil

Pour le court-bouillon
5 l d'eau
1 citron
1 pomme de terre
1 oignon
2 carottes
1 bouquet garni
Quelques branches de persil frais
1 pincée de gros sel
1 pincée de poivre noir moulu
1 pincée d'estragon

Pour le fumet de langoustines
Les têtes des langoustines
1 noisette de beurre
1 échalote
1 oignon
1 tomate
10 cl d'eau
10 cl de vin blanc
1 bouquet garni

Faites cuire les langoustines au court-bouillon 7 minutes (voir p. 20) en ajoutant le vinaigre pour qu'elles se tiennent bien à la cuisson. Retirez les têtes – gardez-les pour préparer le fumet de langoustines – et décortiquez les queues.

Mettez les têtes des langoustines dans une grande casserole, puis réalisez le fumet (voir p. 22).

Faites bouillir une casserole d'eau additionnée de gros sel. Plongez-y les linguine et cuisez-les très al dente. Pendant ce temps, faites chauffer l'huile d'olive dans une grande poêle, hachez finement l'échalote et l'ail et faites revenir le tout avec le piment. Coupez les tomates cerises en deux et ajoutez-les au mélange.

Une fois le fumet réalisé, passez-le au chinois placé au-dessus de la grande poêle pour en extraire seulement le jus. Délayez le tout avec la crème fraîche et laissez mijoter 5 min à couvert.

Faites revenir à feu moyen les pâtes dans la sauce pour terminer leur cuisson. Au dernier moment, ajoutez les langoustines, les tomates, l'échalote et l'ail, mélangez bien, salez, poivrez et ciselez très finement le persil. C'est prêt !

LIEU JAUNE

De son nom latin *Pollachius pollachius*, le lieu jaune est un poisson solitaire qui vit au bord des côtes les deux premières années de sa vie, puis s'éloigne plus au large en grandissant. Ce poisson aime vivre dans les zones rocheuses et est souvent présenté entier ou en darnes sur les étals des poissonniers.

Saisonnalité

Le lieu jaune est pêché toute l'année, mais sa période d'abondance est l'hiver – c'est donc à cette période qu'il est le plus abordable. Privilégiez les spécimens mesurant plus de 50 cm.

Conseils

Le lieu jaune possédant une chair exceptionnellement fine et goûteuse, veillez à ne pas le surcuire – il doit être encore nacré en fin de cuisson. Ne confondez pas le lieu jaune et le lieu noir chez le poissonnier, ce dernier étant moins noble et savoureux.

Techniques de pêche

Le lieu jaune est pêché de nombreuses manières: à la pêche à la ligne, à la senne, au filet, au chalut, à la palangre. Un lieu jaune issu de la pêche à la ligne aura une chair plus ferme et une meilleure tenue.

Nuggets de lieu jaune →

Nuggets

Sauce barbecue au paprika fumé

Préparation :
30 minutes

Cuisson :
20 minutes

Pour 4 personnes

Pour les nuggets
1 lieu jaune d'1,2 kg
2 échalotes
2 gousses d'ail
1 oignon
1 noisette de beurre
1 c. à soupe de crème fraîche épaisse
Quelques feuilles de persil
2 œufs
40 g de farine
50 g de chapelure
2 c. à soupe de graines de sésame
Sel, poivre
Huile de friture

Pour la sauce barbecue
2 c. à soupe de concentré de tomate
1 c. à café de cassonade
1 c. à soupe de vinaigre de vin
1 c. à soupe de vinaigre balsamique
1 c. à soupe de sauce Worcestershire
1 c. à café de paprika fumé
1 filet de jus de citron
Poivre

Levez les filets du lieu jaune et retirez la peau (voir p. 9). Passez finement les filets au hachoir et réservez-les dans un récipient. Hachez très finement les échalotes, l'ail et l'oignon, puis faites-les revenir à la poêle avec le beurre. Réservez une cuillerée à soupe du mélange pour la sauce barbecue et transférez le reste dans le récipient contenant le poisson. Ajoutez la crème fraîche, le persil émincé et un blanc d'œuf. Salez, poivrez et mélangez bien, puis façonnez la préparation en boulettes légèrement aplaties.

Battez le jaune d'œuf restant et l'œuf entier dans une assiette, versez la farine dans une autre et mélangez la chapelure aux graines de sésame dans une troisième. Passez les boulettes dans la farine, puis dans l'œuf et enfin, dans la chapelure. Faites chauffer l'huile dans une friteuse à 160 °C, puis plongez-y les nuggets et retirez-les dès que ceux-ci sont bien dorés.

Versez la cuillerée d'oignon, d'ail et d'échalote réservée dans une casserole, puis ajoutez tous les ingrédients de la sauce barbecue. Mélangez bien et portez à ébullition, puis faites cuire 10 minutes à feu doux en remuant régulièrement. Dégustez vos nuggets avec la sauce barbecue légèrement tiède !

Tartare

Framboise | Citron vert | Combava

Préparation :
15 minutes

Cuisson :
5 minutes

Pour 4 personnes

1 lieu jaune d'1 kg
3 c. à soupe d'huile de pépins de raisin
250 g de framboises
1 citron vert
1 combava
Sel, poivre

Dans une casserole, faites chauffer l'huile de pépins de raisin et la moitié des framboises préalablement écrasées. Laissez refroidir le mélange. Pendant ce temps, levez les filets du lieu jaune et retirez la peau (voir p. 9), puis découpez-les en petits dés.

Dans un cul-de-poule, mélangez le lieu jaune avec l'huile de pépins de raisin aux framboises refroidie. Coupez en deux le reste des framboises, ajoutez-les avec le jus du citron vert. Parsemez de quelques zestes très fins de combava, salez, poivrez et mélangez le tout délicatement afin de ne pas écraser les framboises. Dégustez bien frais.

Tartare de lieu jaune →

Fumé à chaud

Préparation : 2 heures

Cuisson : 1 heure

1 lieu jaune de 1,8 à 2 kg
1,5 kg de gros sel
Sciure de bois

Matériel
Fumoir à froid

La première étape est la salaison : versez du gros sel dans le fond d'un récipient puis posez dessus le filet côté peau. Recouvrez-le d'une fine couche de gros sel, en veillant à en mettre davantage au niveau de la tête et moins au niveau de la queue, la chair étant moins épaisse à cet endroit. Réservez au réfrigérateur environ 1 heure.

Procédez au rinçage : placez une grille au-dessus de l'évier et déposez-y le filet, côté peau contre la grille. Rincez doucement pour enlever le sel. Ensuite, essuyez le filet avec du papier absorbant pour le sécher en apparence.

Transférez le filet dans un récipient et laissez-le sécher au moins 1 heure au réfrigérateur.

Placez le filet sur la grille du fumoir et remplissez la spirale à fumer avec la sciure de bois. Allumez la sciure 1 minute et soufflez doucement pour vous assurer que la braise brûle. Vérifiez bien que la sciure est allumée. Laissez-la se consumer, et comptez un temps de fumage d'environ 1 heure à 1 h 30. Une fois le poisson fumé, ôtez les arêtes à l'aide d'une pince à désarêter, ainsi la chair sera plus ferme et ne sera pas abîmée.

Détaillez le poisson en fines tranches.

Vous pouvez conserver le lieu jaune fumé pendant 10 jours au frais, enveloppé de film alimentaire.

Façon ikuras

Menthe | Concombre | Algue nori

Pour 2 personnes

Préparation : 25 minutes

1 filet de lieu jaune de 300 g
½ concombre
1 avocat
Quelques feuilles de menthe
1 citron vert
1 c. à soupe de sauce soja salée
1 paquet de feuilles d'algues nori
Sel
Poivre du Sichuan

Coupez le filet de lieu jaune, le concombre et l'avocat en tout petits dés, puis mettez-les dans un récipient. Hachez très finement la menthe et ajoutez-la. Arrosez de jus de citron vert et de sauce soja, salez et poivrez.

Découpez les feuilles d'algues nori en deux, déposez un peu de mélange au centre et formez des petits coussins en repliant les côtés. Mouillez délicatement les bords du bout du doigt pour que ceux-ci collent bien. Coupez délicatement les ikuras en deux, puis trempez-les dans la sauce soja sucrée ou salée et dégustez !

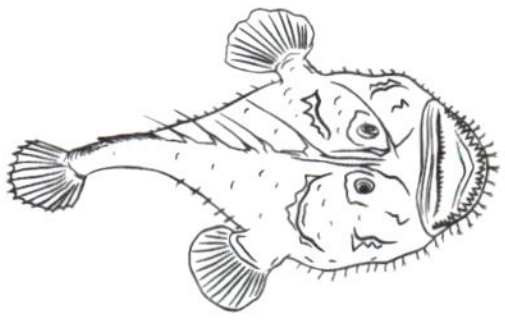

LOTTE

La baudroie, de son nom latin *Lophius piscatorius*, est plus connue sous son nom commercial « lotte ». Le plus souvent, ce gros poisson est présenté étêté, pour une raison simple : sa tête représente environ 60 % de son poids global ! La baudroie ne présente qu'une seule arête centrale au niveau de sa queue. Sa chair savoureuse et très dense plaît beaucoup, au point qu'elle est régulièrement comparée à la chair de la langouste. Les joues et le foie de lotte sont également des mets réputés que les fins cuisiniers aiment travailler.

Saisonnalité

Bien que la lotte se pêche toute l'année, il faut cependant veiller à ce que les spécimens fassent plus de 70 cm, ce qui est assez difficile puisque le poisson est souvent présenté sans sa tête. Cette taille permet aux spécimens d'atteindre la maturité sexuelle pour assurer la reproduction de l'espèce.

Conseils

Privilégiez les gros spécimens pour assurer la pérennité de l'espèce. La chair de la lotte se marie très bien avec les produits du terroir comme du chorizo, du lard, etc. N'hésitez pas à demander à votre poissonnier des foies de lotte, un délice que vous pouvez conserver quelques mois en bocaux stérilisés.

Techniques de pêche

La baudroie se pêche au chalut et au filet. La criée du Guilvinec est très réputée pour la pêche de cette espèce.

Blanquette de lotte →

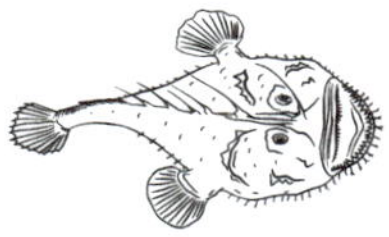

Blanquette

Carotte | Champignon | Vin blanc

Préparation :
25 minutes

Cuisson :
45 minutes

Pour 4 personnes

1 queue de lotte de 1,2 kg
6 pommes de terre
4 carottes
½ botte de persil
200 g de champignons
2 échalotes
2 oignons
2 noisettes de beurre
1 bouquet garni
25 cl de vin blanc
30 g de beurre
1 c. à soupe de farine
2 c. à soupe de crème fraîche
1 œuf
½ citron
Sel, poivre

Plongez les pommes de terre dans une casserole d'eau froide et portez à ébullition. Comptez 20 minutes de cuisson.

Coupez la queue en gros morceaux en retirant l'os central. Émincez les carottes, le persil, les champignons, les échalotes et les oignons. Faites fondre le beurre dans une marmite bien chaude et faites-y dorer le tout quelques minutes. Ajoutez le bouquet garni, puis mouillez avec le vin blanc. Salez, poivrez et laissez mijoter 10 minutes à frémissement.

Filtrez le bouillon dans un chinois pour en extraire seulement le jus et réservez le reste au chaud dans la marmite. Dans une casserole, mélangez à feu doux le beurre et la farine. Ajoutez le bouillon, mélangez bien et laissez mijoter 10 minutes. Ajoutez la crème fraîche, le jaune de l'œuf et le jus du citron, puis mélangez de nouveau.

Pelez les pommes de terre, coupez-les en deux. Dans un plat, disposez la lotte, les légumes et les pommes de terre, puis nappez le tout de sauce.

Enroulée à la pancetta

Figues rôties | Beurre salé | Thym

Préparation :
15 minutes

Cuisson :
12 minutes

Pour 4 personnes

1 queue de lotte de 1,2 kg
100 g de pancetta
12 figues
2 noisettes de beurre demi-sel
2 pincées de thym
Ficelle

Enroulez la queue de lotte de pancetta sur son intégralité. Ficelez la queue de lotte afin de maintenir la pancetta sur la chair du poisson.

Découpez les figues en quatre. Dans une poêle bien chaude, faites fondre le beurre et faites rôtir vos figues 1 minute de chaque côté tout en ajoutant le thym, le sel et le poivre.

Préchauffez le four à 200 °C. Dans un plat, disposez la queue de lotte ficelée et enfournez environ 10 minutes. À la sortie du four servez avec les figues.

Lotte enroulée à la pancetta →

Mauviel

MAQUEREAU

Le maquereau, qui a pour nom scientifique *Scomber scombrus*, est une espèce de poisson grégaire et pélagique, c'est-à-dire qu'il vit en banc et cherche à se rallier à des individus semblables à lui. Le maquereau est un poisson fuselé, avec un ventre blanc argenté et un dos orné de zébrures bleu-gris. Très riche en oméga-3, il est donc très bon pour la santé. Selon sa taille, il peut porter un nom différent comme « lisette », la dénomination pour les petits maquereaux en début de saison.

Saisonnalité

La pleine saison du maquereau se déroule entre les mois de juin et d'octobre ; on en trouve le reste de l'année, mais c'est une période beaucoup moins abondante pour l'espèce.

Conseils

Un maquereau frais est un poisson à l'œil vif et brillant, bien raide et un ventre blanc. Lorsque le poisson commence à être moins frais, son ventre a tendance à prendre une teinte jaunâtre. Vous pouvez le cuisiner de toutes les manières, cru lorsque vous êtes sûr de sa provenance, en rillettes ou en conserve.

Techniques de pêche

Le maquereau peut être pêché à la ligne, au filet, au chalut, à la bolinche, etc. Bien évidemment, il vaut mieux privilégier les maquereaux issus d'une pêche à la ligne.

Maquereau fumé à chaud →

Fumé à chaud

Poivre | Baies Roses | Romarin

Préparation :
7 minutes

Cuisson :
10 minutes

Pour 4 personnes

4 maquereaux
2 c. à soupe de baies roses
2 c. à soupe de baies de poivre
2 branches de romarin
20 cl d'alcool à brûler
Sciure de bois

Matériel
Fumoir à chaud

Commencez par lever les filets des maquereaux (voir p. 9). Parsemez-les de baies roses et de poivre avant de les disposer sur la grille du fumoir à chaud.

Remplissez le fond du fumoir avec de la sciure de bois et ajoutez les baies et le romarin. Versez l'alcool à brûler dans les deux brûleurs et allumez-les. Quand le feu est stabilisé, posez le caisson inox dans le fumoir, en ouvrant légèrement l'aération située sur le dessus. Laissez cuire le poisson 10 minutes. Vous pouvez déguster les filets chauds ou froids.

Rillettes

Moutarde à l'ancienne | Cornichons

Préparation :
15 minutes

Cuisson :
3 minutes

Pour 6 personnes

1 kg de maquereaux
1 c. à soupe d'huile d'olive
½ botte de persil
1 citron jaune
8 cornichons
2 c. à soupe de sauce Worcestershire
2 c. à soupe de moutarde à l'ancienne
25 cl de crème fraîche épaisse
Sel, poivre

Levez les filets des maquereaux (voir p. 9). Chauffez l'huile d'olive dans une poêle, déposez-y les filets et couvrez pour les cuire à l'unilatérale 3 minutes. Laissez refroidir et retirez la peau.

Hachez le persil et les cornichons. Écrasez les filets de maquereaux à la main ou à l'aide d'une fourchette dans un récipient. Ajoutez la sauce Worcestershire, le jus du citron, le persil haché, la moutarde à l'ancienne et mélangez.

Ajoutez la crème fraîche, salez, poivrez et mélangez de nouveau. Vous pouvez conserver les rillettes quelques jours au réfrigérateur.

Rillettes de maquereau →

Salade piémontaise

Pommes de terre nouvelles | Concombre | Carotte

Pour 4 personnes

Préparation : 25 minutes

Cuisson : 18 minutes

Pour la salade
4 maquereaux
1 filet d'huile d'olive + pour la cuisson
13 pommes de terre nouvelles
2 carottes
2 œufs
1 concombre
6 cornichons
Quelques feuilles de persil
1 citron
10 radis roses
Sel, poivre

Pour la mayonnaise
1 œuf
1 c. à soupe de moutarde
1 filet de jus de citron
25 cl d'huile de tournesol
Sel, poivre

Levez les filets des maquereaux (voir p. 9). Faites-les colorer à la poêle avec un peu d'huile d'olive 3 minutes côté peau. Laissez-les refroidir, puis retirez la peau.

Plongez les pommes de terre dans une marmite d'eau salée et faites-les cuire 15 minutes. Au bout de 7 minutes, ajoutez les carottes épluchées et coupées en deux. Pendant ce temps, faites cuire les œufs dans une autre casserole d'eau bouillante 6 minutes, puis plongez-les dans de l'eau froide pour stopper la cuisson.

Dans un cul-de-poule, préparez la mayonnaise (voir p. 25). Épluchez les pommes de terre, coupez-les en quatre, puis coupez les carottes, le concombre, les radis et les cornichons en morceaux. Hachez finement le persil et mélangez le tout à la mayonnaise. Assaisonnez avec le jus de citron, un filet d'huile d'olive, salez et poivrez. Ajoutez délicatement les morceaux de poisson. Enfin, écalez les œufs et coupez-les en deux. Disposez une moitié d'œuf par personne sur la salade.

MERLU

Le merlu, ou *Merluccius merluccius*, porte plusieurs noms selon son état, sa taille, etc. Lorsqu'il est de petite taille, donc juvénile, on l'appelle merluchon. En filet, il peut aussi être appelé colin, mais attention, cette dénomination peut désigner plusieurs poissons comme le colin d'Alaska, le lieu noir, etc.

Saisonnalité

Le merlu est disponible tout au long de l'année. La période de ponte a lieu entre février et juillet. Privilégiez les merlus d'au moins 1 kg : vous aurez ainsi la certitude qu'ils ont atteint leur maturité sexuelle.

Conseils

Si vous achetez le merlu entier, il est fréquent d'y trouver un ver appelé *anisakis* au niveau des entrailles. Il faut alors couper les bords du filet où le ver est présent, on appelle cela « parer ». Après avoir retiré les morceaux touchés par ce ver, vous pouvez consommer le poisson !

Techniques de pêche

Régulièrement, le merlu est issu d'une pêche hauturière, c'est-à-dire que le bateau part en mer dix à quinze jours. Il est pêché au chalut, au filet ou à la ligne. Nous vous recommandons le merlu issu de la pêche à la ligne, car n'ayant pas subi le stress d'être entassé dans le chalut ou bloqué dans le filet, sa chair sera bien plus ferme.

Aïoli de merlu →

Aïoli

Pommes de terre | Œufs | Chou-fleur

Préparation : 20 minutes

Cuisson : 26 minutes

Pour 4 personnes

Pour le poisson et ses accompagnements
800 g de merlu
200 g de haricots verts
2 grosses carottes ou 4 petites
½ brocoli
½ chou-fleur
4 petites pommes de terre
4 œufs
1 bouquet garni
1 oignon
1 poignée de graines de fenouil

Pour l'aïoli
3 gousses d'ail
1 œuf
10 cl d'huile d'olive
10 cl d'huile de tournesol
1 filet de jus de citron
Sel, poivre

Réalisez l'aïoli (voir p. 24) et réservez-le au frais.

Équeutez les haricots verts, épluchez les carottes et coupez en morceaux les bouquets de brocoli et de chou-fleur. Faites cuire les pommes de terre 15 minutes dans une marmite d'eau salée. Épluchez-les et gardez leur eau sur le feu. Plongez-y les carottes, le brocoli, le chou-fleur et les pommes de terre et cuisez-les 8 minutes. Au bout de 3 minutes, ajoutez les haricots verts. Pendant ce temps, faites cuire les œufs dans une autre casserole d'eau bouillante 6 minutes, puis plongez-les dans de l'eau froide pour stopper la cuisson.

Pour la cuisson du poisson, coupez le merlu en 4, puis, faites bouillir une marmite d'eau salée avec le bouquet garni, l'oignon et les graines de fenouil. À ébullition, éteignez le feu puis plongez le merlu pour un pochage de 3 minutes.

Enfin, écalez les œufs et coupez-les en deux. Servez généreusement le merlu, les légumes et les moitiés d'œufs, à tremper dans l'aïoli à volonté !

Sandwich version katsu

Brioche | Sauce tonkatsu | Chou

Préparation : 15 minutes

Cuisson : 15 minutes

Pour 4 personnes

600 g de merlu
½ chou chinois
2 œufs
4 c. à soupe de farine
150 g de chapelure panko
1 noisette de beurre demi-sel
8 tranches épaisses de brioche

Pour la sauce tonkatsu
1 c. à soupe de nuoc-mâm
2 c. à soupe de sauce Worcestershire
2 c. à soupe de concentré de tomate
1 c. à soupe de moutarde à l'ancienne
2 c. à soupe de saké ou mirin
1 c. à soupe de sucre roux

Mélangez tous les ingrédients de la sauce tonkatsu dans une casserole et portez à ébullition tout en fouettant. Laissez la sauce épaissir, puis ôtez du feu et laissez tiédir.

Hachez très finement le chou chinois.
Coupez le merlu en quatre morceaux assez rectangulaires. Battez les œufs dans une assiette, versez la farine dans une autre et la chapelure dans une troisième. Passez les morceaux de merlu dans la farine, puis dans l'œuf et enfin, dans le panko. Faites chauffer l'huile dans la friteuse à 160 °C et plongez-y les morceaux de merlu jusqu'à ce que ceux-ci soient bien dorés. Égouttez-les et maintenez au chaud.

Faites fondre le beurre dans une casserole bien chaude, puis faites-y dorer les tranches de brioche de chaque côté. Quand elles sont bien colorées, écroûtez-les, puis montez les sandwichs : étalez de la sauce tonkatsu sur la moitié des tranches de brioche, ajoutez un beignet de merlu et une autre couche de sauce, puis parsemez de chou chinois et recouvrez des tranches restantes.

Sandwich version katsu →

Fish and chips

Frites maison | Sauce cajun

Pour 4 personnes

Préparation : 25 minutes

Cuisson : 15 minutes

Pour le fish and chips
1 filet de merlu de 800 g
175 g de farine
1 c. à soupe d'épices cajun
15 cl de bière blonde
2 œufs
1 kg de pommes de terre
1 c. à café de paprika
Huile de friture

Pour la sauce cajun
4 c. à soupe de crème fraîche
½ botte de ciboulette
1 citron
1 c. à café d'ail en poudre
3 c. à soupe d'épices cajun
Sel, poivre

Coupez le filet de merlu en quatre ou en huit morceaux.

Versez 145 g de farine dans un récipient. Ajoutez les épices cajuns, salez, poivrez et mélangez bien le tout au fouet. Sans cesser de fouetter, ajoutez la bière et les jaunes d'œufs petit à petit. Vous devez obtenir une pâte bien lisse.

Faites chauffer l'huile dans la friteuse à 140 °C. Pendant ce temps, montez les blancs d'œufs en neige, puis incorporez-les délicatement à la pâte. Réservez. Lavez les pommes de terre, puis coupez-les en morceaux, avec la peau, et plongez-les dans l'huile 6 minutes.

Réalisez la sauce cajun : mettez la crème fraîche dans un cul-de-poule. Ajoutez la ciboulette finement hachée, le jus d'un demi-citron, l'ail en poudre, les épices cajuns, le sel et le poivre. Mélangez, puis réservez au frais.

Versez la farine restante dans une assiette. Plongez-y les filets de merlu, puis faites de même dans la pâte. Plongez les beignets dans la friteuse chauffée à 170 °C et sortez-les dès qu'ils sont bien dorés. Égouttez et réservez au chaud. Au dernier moment, remettez les frites dans la friteuse à 180 °C, jusqu'à ce que celles-ci soient bien croustillantes.

MOULE

La moule, ou *Mytilus edulis*, est essentiellement connue pour le mythique plat des moules-frites. Ce petit coquillage se trouve à l'état sauvage sur les rochers, mais nous vous déconseillons de les ramasser, car ce bivalve filtre l'eau de mer et si celle-ci est polluée ou infectée par une bactérie, vous risquez d'être malade.

Saisonnalité

Les moules françaises sont présentes sur les étals du mois de juin jusqu'au mois de décembre, celles-ci se reproduisent au moment de la saison printanière.

Conseils

Cuisinez les moules de diverses façons, ne vous cantonnez pas à la marinière ! À vous les moules gratinées, la soupe de moule, les moules à l'étouffée, etc. Le goût sera bien différent et l'expérience agréable pour vos convives.

Techniques de pêche

En France, la mytiliculture exploite deux techniques d'élevage, le bouchot et la filière. La technique du bouchot consiste à enfoncer des pieux en bois dans le sable pour que les moules s'y fixent, ces pieux se découvrant en grande marée. Avec la technique de la filière, les moules se fixent sur une corde tendue dans l'eau, elles sont alors complètement immergées.

Moules marinières, frites maison →

Moules marinières et frites maison

Échalote | Persil | Vin blanc

Préparation :
15 minutes

Cuisson :
17 minutes

Pour 4 personnes

2 kg de moules
1 kg de pommes de terre
2 échalotes
½ botte de persil
10 cl de vin blanc
Huile de friture

Faites chauffer l'huile à 140 °C dans une friteuse. Lavez les pommes de terre, coupez-les à votre guise sans les éplucher et faites-les blanchir dans l'huile 6 minutes.

Après avoir rincé les moules, versez-les dans une grande marmite sur feu moyen et ajoutez les échalotes et le persil préalablement hachés. Arrosez les moules de vin blanc, puis laissez mijoter le tout jusqu'à ce que les moules s'ouvrent.

Au dernier moment, repassez les frites dans l'huile chauffée à 180 °C, jusqu'à ce qu'elles soient bien croustillantes.

Gratinées au curry

Curry | Crème fraîche | Chapelure

Préparation :
30 minutes

Cuisson :
12 minutes

Pour 4 personnes

1,2 kg de moules
2 échalotes
½ botte de persil
10 cl de vin blanc
Chapelure
25 g de beurre
2 c. à soupe de curry doux
25 cl de crème fraîche épaisse

Après avoir rincé les moules, versez-les dans une grande marmite sur feu moyen et ajoutez les échalotes et le persil préalablement hachés. Arrosez les moules de vin blanc, puis laissez mijoter le tout jusqu'à ce que les coquilles s'ouvrent.

Préchauffez le four à 200 °C. Pendant ce temps, récupérez le jus des moules, versez-le dans une casserole et faites-le chauffer à feu doux. Ajoutez le curry et la crème, mélangez bien et réservez la sauce au chaud.

Pour chaque moule, ôtez une coquille sur deux et disposez les coquilles pleines sur une plaque de cuisson. Déposez une noisette de beurre sur chacune d'elles, parsemez de chapelure et enfournez 3 minutes en position gril.

Dès la sortie du four, nappez les moules de la sauce au curry et dégustez-les bien chaudes !

Moules gratinées au curry →

En bouillon asiatique

Coriandre | Lait de coco | Citronnelle

Pour 4 personnes

Préparation : 7 minutes

Cuisson : 17 minutes

2 kg de moules
2 échalotes
1 botte de coriandre
10 cl de vin blanc
2 tiges de citronnelle
1 l de lait de coco

Après avoir rincé les moules, versez-les dans une grande marmite sur feu moyen, puis ajoutez les échalotes et la moitié de la botte de coriandre préalablement hachées. Arrosez les moules de vin blanc, puis laissez cuire jusqu'à ce que les coquilles s'ouvrent.

Pelez les tiges de citronnelle et hachez-les finement. Récupérez le jus des moules, versez-le dans une casserole et faites chauffer à feu doux. Ajoutez le lait de coco et les tiges de citronnelle, mélangez bien le tout et laissez mijoter 10 minutes.

Versez le bouillon bien chaud sur les moules, c'est prêt !

Soupe

Safran | Tomate | Vin blanc

Pour 4 personnes

Préparation : 10 minutes

Cuisson : 30 minutes

1 kg de moules
25 cl de vin blanc
2 noisettes de beurre
2 tomates
1 oignon
2 gousses d'ail
½ l d'eau
1 bouquet garni
1 dose de safran
3 c. à soupe de crème fraîche épaisse
1 échalote
Quelques feuilles de persil

Après avoir rincé les moules, versez-les dans une grande marmite sur feu moyen. Arrosez-les de vin blanc, puis laissez cuire jusqu'à ce que les coquilles s'ouvrent. Filtrez le jus dans un récipient, décortiquez les moules et réservez les deux au chaud.

Faites fondre une noisette de beurre dans la même marmite, puis faites-y blondir les tomates coupées grossièrement, ainsi que l'oignon et l'ail finement hachés. Ajoutez l'eau, le bouquet garni et le safran, salez, poivrez et laissez mijoter 20 minutes. Délayez ensuite avec la crème fraîche et le jus des moules.

Pour terminer, ajoutez les moules à la soupe, ciselez un peu de persil dessus et dégustez bien chaud !

POULPE

Le poulpe, que certains appellent pieuvre, a pour nom scientifique *Octopus vulgari*. Ce céphalopode possède huit tentacules de même taille, doté chacun de dizaines de ventouses. Il est à l'origine d'une multitude de légendes, comme celle du Kraken, narrant qu'il aurait coulé à lui seul des navires. Mais n'ayez crainte, le poulpe est un mets délicieux lorsque sa cuisson est bien maîtrisée !

Saisonnalité

Il n'y a pas vraiment de saison pour le poulpe, celui-ci peut être pêché tout au long de l'année – même s'il est un peu plus présent en automne/hiver. Vous pouvez donc trouver du poulpe frais tout au long de l'année.

Conseils

Nettoyez bien le poulpe avant la cuisson, videz la tête de ses organes et à l'aide d'un jet d'eau, retirez l'encre présente dans les ventouses. Veillez à bien respecter la cuisson pour obtenir un poulpe tendre et non caoutchouteux.

Techniques de pêche

Le poulpe peut être pêché de différentes manières, au filet maillant, au chalut, mais il faut privilégier la pêche au casier. Cette pêche dite douce permet de respecter l'espèce, de relâcher les spécimens dont la taille ne convient pas et de déguster un poulpe de meilleure qualité.

Carpaccio de poulpe →

Carpaccio

Persil | Citron | Huile d'olive

Pour 4 personnes

Pour le carpaccio
1 poulpe de 1,2 à 1,5 kg
2 c. à soupe d'huile d'olive
½ citron
Quelques feuilles de persil
Sel, poivre

Pour le court-bouillon
5 l d'eau
1 citron - 1 pomme de terre
1 oignon - 2 carottes
1 bouquet garni
Quelques branches de persil frais
1 pincée de gros sel
1 pincée de poivre noir moulu
1 pincée d'estragon

Préparation :
25 minutes

Cuisson :
45 minutes

Dans une grande marmite, préparez le court-bouillon pour la cuisson du poulpe et portez à ébullition (voir p. 20).

Videz et rincez le poulpe (voir p. 12). Plongez-le une vingtaine de secondes dans l'eau bouillante en le tenant par la tête pour que les tentacules se lovent de façon esthétique. Sortez-le de l'eau, puis plongez-le une seconde fois, cette fois-ci en comptant 45 minutes de cuisson.

Laissez refroidir le poulpe dans un plat, puis coupez les tentacules en fines rondelles et disposez-les dans le plat de service. Assaisonnez avec l'huile d'olive, le citron et le persil, puis salez et poivrez.

Terrine

Piment | Poivron | Ail

Pour 1 terrine

Pour la terrine
1 poulpe d'environ 2 kg
¼ de botte de persil
4 gousses d'ail - 2 échalotes
1 pincée de piment oiseau - 1 poivron
2 l d'eau - 8 feuilles de gélatine
2 pincées de sel
2 pincées de poivre noir moulu

Pour le court-bouillon
5 l d'eau
1 citron - 1 pomme de terre
1 oignon - 2 carottes
1 bouquet garni
Quelques branches de persil frais
1 pincée de gros sel
1 pincée de poivre noir moulu
1 pincée d'estragon

Préparation :
4 heures

Cuisson :
45 minutes

Pour la cuisson du poulpe, préparez le court-bouillon dans une grande marmite et portez à ébullition (voir p. 20).

Videz et rincez le poulpe (voir p. 12). Plongez-le une vingtaine de secondes dans l'eau bouillante en le tenant par la tête pour que les tentacules se lovent de façon esthétique. Sortez-le de l'eau, puis plongez-le une seconde fois, cette fois-ci en comptant 45 minutes de cuisson.

Coupez et séparez les tentacules de la tête et placez-les une à une dans une terrine. Coupez la tête en morceaux et disposez-les au-dessus. Préparez l'assaisonnement en hachant finement le persil, l'ail, les échalotes, le piment oiseau et le poivron. Versez de l'eau dans une casserole, Pendant ce temps, laissez tremper les feuilles de gélatine dans un bol d'eau froide, et faites chauffer.

Une fois l'ébullition atteinte, ajoutez l'assaisonnement, les feuilles de gélatines essorées, salez, poivrez, mélangez bien, puis versez le tout dans le plat, sur le poulpe. Laissez refroidir au moins 4 heures au réfrigérateur, le temps que la terrine prenne en gelée.

Terrine de poulpe →

Salade

Pommes de terre | Pomme | Coriandre

Pour 4 personnes

Préparation : 22 minutes

Cuisson : 45 minutes

Pour la salade
1 poulpe de 1,2 à 1,5 kg
400 g de pommes de terre nouvelles
2 pommes Granny Smith
1 oignon rouge
Quelques feuilles de persil plat
3 c. à soupe d'huile d'olive
½ citron
Sel
Poivre noir moulu

Pour le court-bouillon
5 l d'eau
1 citron
1 pomme de terre
1 oignon
2 carottes
1 bouquet garni
Quelques branches de persil frais
1 pincée de gros sel
1 pincée de poivre noir moulu
1 pincée d'estragon

Dans une grande marmite, préparez le court-bouillon pour la cuisson du poulpe et portez à ébullition (voir p. 12). Remplissez une casserole d'eau froide, plongez-y les pommes de terre et portez à ébullition. Laissez cuire 20 minutes environ.

Videz et rincez le poulpe (voir p. 12). Plongez-le une vingtaine de secondes dans l'eau bouillante en le tenant par la tête pour que les tentacules se lovent de façon esthétique. Sortez-le de l'eau, puis plongez-le une seconde fois, cette fois-ci en comptant 45 minutes de cuisson. Une fois les pommes de terre cuites, laissez-les tiédir, puis retirez leur peau.

Coupez le poulpe en grosses tranches, les pommes de terre en quatre et les pommes en petits dés. Émincez l'oignon rouge et le persil, puis mélangez délicatement le tout dans un gros saladier. Enfin, ajoutez l'huile d'olive, le jus du citron, salez et poivrez !

Grillé

Courgette | Asperge verte | Salicorne

Pour 4 personnes

Préparation : 25 minutes

Cuisson : 50 minutes

Pour le poulpe grillé et les légumes
1 poulpe d'1,2 kg
1 botte d'asperges vertes
2 courgettes
2 gousses d'ail
8 cl d'huile d'olive
3 tomates
½ botte de ciboulette
10 cl de vin blanc
250 g de salicorne fraîche
Sel, poivre

Pour le court-bouillon
5 l d'eau
1 bouquet garni
2 pincées de gros sel
1 c. à soupe de poivre noir moulu
1 tomate
1 oignon
2 carottes
2 pommes de terre

Préparez le court-bouillon dans une grande marmite et portez à ébullition (voir p. 20).

Videz et rincez le poulpe (voir p. 12). Plongez-le une vingtaine de secondes dans l'eau bouillante en le tenant par la tête pour que les tentacules se lovent de façon esthétique. Sortez-le de l'eau, puis plongez-le une seconde fois, cette fois-ci en comptant 45 minutes de cuisson.

Coupez les asperges en morceaux et les courgettes en fines rondelles, puis hachez les gousses d'ail. Faites chauffer une poêle à feu moyen avec l'huile d'olive et faites-y revenir les légumes 10 minutes.

Séparez les tentacules du poulpe et tranchez la tête en fines rondelles. Coupez les tomates en petits dés, ciselez finement la ciboulette. Ajoutez le tout aux légumes, arrosez avec un filet d'huile d'olive et 10 cl de vin blanc, puis laissez mijoter 5 minutes. Ajoutez la salicorne en fin de cuisson.

ROUGET BARBET

Le rouget barbet a pour nom scientifique *Mullus surmuletus*. L'origine du nom « barbet » est due au double barbillon qu'il possède au niveau du menton et qui lui permet de détecter ses proies dans le sable. Il est reconnu pour sa chair savoureuse, très fine, et sa couleur vive. Le rouget barbet peut être cuisiné de manières très différentes. Sa taille est très variable ; les petits rougets barbets sont qualifiés de rougets fritures.

Saisonnalité

Le rouget barbet peut se pêcher tout au long de l'année, mais celui-ci est plus abondant entre août et janvier.

Conseils

Pour sélectionner au mieux votre poisson, vérifiez que son œil est bien vif et bombé, que l'anus est serré et que le poisson est bien raide. Les petits rougets barbets peuvent être cuits avec leurs entrailles, cela leur donnera davantage de goût.

Techniques de pêche

Le rouget barbet peut être pêché de manières très différentes, filets maillants, chaluts, etc. Selon la technique de pêche, il sera plus ou moins beau : c'est un poisson très fragile, qui perd ses écailles assez facilement.

Rouget au barbecue →

Au barbecue

Laurier | Romarin

Préparation :
10 minutes

Cuisson :
6 minutes

Pour 4 personnes

8 rougets barbets de 100 à 150 g pièce ou 4 rougets barbets de 200 à 300 g pièce
1 botte de laurier
1 bouquet de romarin

Videz les poissons en faisant une entaille depuis l'anus jusqu'aux ouïes (voir p. 10). Faites aussi quelques incisions profondes de quelques millimètres de chaque côté des poissons pour que la cuisson soit plus homogène.

Faites chauffer un barbecue ou une plancha, en veillant à bien huiler la surface.

Farcissez les rougets de laurier et de romarin. Saisissez-les 3 minutes de chaque côté en veillant à ce que la chair n'accroche pas. Dégustez aussitôt.

Ballottine

Légumes croquants

Préparation :
25 minutes

Cuisson :
18 minutes

Pour 4 personnes

8 rougets barbets de 100 à 150 g pièce ou 4 rougets barbets de 200 à 300 g pièce
2 c. à soupe de fécule de maïs
6 cébettes
4 petites courgettes
4 petits poivrons
1 filet d'huile d'olive
Sel, poivre

Rincez les rougets barbets et levez les filets par le dos (voir p. 9). Coupez l'arête centrale avec des ciseaux, puis videz les poissons. Au pinceau, étalez de la fécule de maïs sur la chair du rouget côté dos. Ainsi, les poissons se tiendront mieux.

À l'aide de film alimentaire, réalisez des ballottines pour la cuisson à l'eau. Faites bouillir une casserole d'eau, une fois l'ébullition atteinte, plongez les ballottines à feu moyen pour une cuisson de 10 minutes.

Enlevez les tiges des cébettes et coupez les têtes en deux. Coupez également en deux les courgettes et les poivrons préalablement épépinés. Versez l'huile d'olive dans une poêle bien chaude, puis faites-y revenir les légumes 3 à 4 minutes de chaque côté. Salez et poivrez.

Retirez délicatement le film alimentaire des rougets, puis dressez les assiettes en disposant un poisson entier sur chacune d'elles suivi des légumes croquants.

Ballottine de rouget →

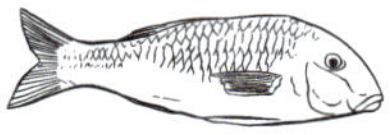

Tacos

Mayonnaise épicée | Chou | Pickles

Pour 2 personnes

Préparation : 30 minutes

Cuisson : 7 minutes

Pour les tortillas
15 cl d'eau
4 c. à soupe d'huile de tournesol
200 g de farine
1 pincée de sel

Pour la garniture
3 rougets barbets
1 œuf
1 c. à soupe de moutarde
1 filet de jus de citron
25 cl d'huile de tournesol
1 c. à café de Tabasco®
1 grosse pincée piments forts concassés
1 filet d'huile d'olive
¼ chou chinois
1 citron vert
Sel, poivre

Réalisez les tortillas : portez l'eau et l'huile à ébullition. Dans un récipient, mélangez la farine et le sel, formez un puits et versez-y l'eau et l'huile petit à petit tout en pétrissant, jusqu'à l'obtention d'une pâte lisse et souple. Couvrez la pâte d'un torchon et laissez reposer 30 minutes.

Dans un cul-de-poule, préparez la mayonnaise (voir p. 25), puis ajoutez le Tabasco® et les piments forts concassés.

Levez les filets des rougets barbets (voir p. 9). Faites chauffer l'huile d'olive dans une poêle, puis déposez-y les filets côté peau et faites-les cuire 3 minutes à l'unilatérale. Laissez tiédir. Pendant ce temps, hachez le chou très finement et coupez le citron vert en quatre.

Façonnez la pâte en 10 à 12 boulettes et abaissez-les en fines galettes sur un plan de travail fariné. Découpez-les ensuite à l'aide d'un emporte-pièce si vous souhaitez leur donner une forme parfaitement ronde. Faites chauffer une poêle à sec, puis déposez-y les tortillas une à une et faites-les cuire 1 minute de chaque côté.

Garnissez les tortillas de mayonnaise épicée, de chou haché et de rouget. Ajoutez des pickles d'oignons, d'algues ou de cornichons pour encore plus de gourmandise.

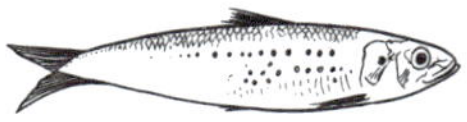

SARDINE

La sardine tire son nom de la Sardaigne : les Grecs qui y étaient présents en trouvaient en abondance dans leurs eaux côtières. Ayant pour nom scientifique *Sardina pilchardus*, c'est une espèce pélagique qui vit en banc, en profondeur le jour et plus près de la surface la nuit. Très fragile, la sardine s'abîme assez facilement si elle est un peu trop manipulée. Elle possède un goût très prononcé et, lorsqu'elle est grillée au barbecue, elle diffuse une odeur caractéristique qui évoque les belles journées ensoleillées entre amis.

Saisonnalité

Les sardines sont pêchées du printemps à l'automne ; les principaux pêcheurs sont la France, l'Espagne, le Maroc, le Portugal et l'Italie.

Conseils

Comme pour tout poisson, il est préférable de l'acheter entière.
Une sardine fraîche doit avoir l'œil vif et une apparence brillante. Mettre des sardines en boîte soi-même est très simple et surtout excellent.
Les sardines à l'huile se conservent longtemps et, avec le temps, la chair devient de plus en plus confite et se gorge de saveurs. C'est pour cela que l'on parle de sardines millésimées !

Techniques de pêche

Deux techniques de pêche sont très répandues pour la pêche à la sardine : la bolinche et le chalut pélagique.

Sardines à l'huile →

À l'huile

Citron | Clous de girofle | Thym

Préparation : 15 minutes

Cuisson : 60 minutes

Pour 2 bocaux

16 sardines
2 carottes
2 gousses d'ail
1 oignon
1 citron
5 clous de girofle
2 branches de thym
40 cl d'huile d'olive
1 c. à soupe de poivre noir moulu

Étêtez les sardines et videz-les (voir p. 10). Rincez-les et séchez-les en les enveloppant de papier absorbant.

Remplissez une casserole d'huile d'olive, de clous de girofle et de thym puis portez à ébullition. Émincez l'ail, l'oignon et les carottes puis coupez le citron en fines rondelles.

Dans un bocal hermétique disposez un peu d'oignon, d'ail, de carottes, de citron dans le fond. Caler ensuite 8 sardines puis rajouter de l'oignon, de l'ail et des carottes par-dessus. Enfin, une fois l'ébullition atteinte, versez l'huile d'olive infusée de thym et de clous de girofle en recouvrant toutes les sardines, poivrez. Répétez la même opération dans un second bocal.

Fermez hermétiquement les bocaux. Stérilisez 60 minutes en cocotte. Sans stérilisation, les sardines peuvent se consommer 3 semaines au réfrigérateur. Laissez mariner pendant au moins 24 heures au frais avant de les déguster.

Grillées

Romarin | Huile d'olive

Préparation : 10 minutes

Cuisson : 5 minutes

Pour 4 personnes

16 sardines
10 cl d'huile d'olive
1 bouquet de romarin

Commencez par éviscérer les sardines en faisant une entaille de l'anus à la tête (voir p. 10). Rincez-les et séchez-les en les enveloppant de papier absorbant, puis disposez-les dans un plat.

Faites chauffer un barbecue ou une plancha en veillant à bien huiler la surface. Arrosez les sardines d'huile d'olive et placez-les sur l'appareil bien chaud. Déposez des branches de romarin sur les poissons en ayant brûlé l'extrémité de la branche auparavant. Laissez cuire à l'étouffée quelques minutes, en vérifiant que la face posée sur la grille ne colle pas.

Sardines grillées →

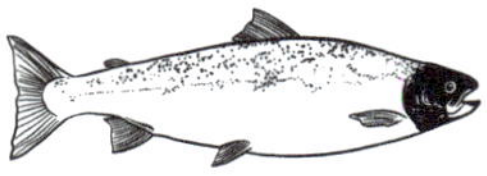

SAUMON

Le saumon de l'Atlantique, ou *Salmo salar*, est l'un des poissons les plus consommés en France. Toutefois, les saumons sauvages sont de plus en plus rares et le saumon que nous consommons est pour la plupart du temps issu d'élevages plus ou moins qualitatifs. La salmoniculture est très présente en Norvège, Écosse, Irlande, mais il existe aussi des élevages en France, notamment à Cherbourg et Isigny.

Saisonnalité

L'élevage permet de consommer du saumon toute l'année, mais il faut surtout penser à varier et à ne pas consommer uniquement ce genre de poisson venant d'élevages assez éloignés de chez nous.

Conseils

Nous ne sommes pas de grands aficionados des labels, car ceux-ci sont souvent trompeurs, mensongers ou très orientés. Toutefois, nous vous conseillons d'acheter du saumon issu de l'agriculture biologique ou bien d'un élevage certifié Label rouge. N'hésitez pas à consulter le cahier des charges de ce type d'élevage sur Internet.

Tartare de saumon & crevettes →

Tartare

Crevettes roses | Basilic thai

Pour 4 personnes

1 filet de saumon de 600 g
16 crevettes roses
1 citron
2 c. à soupe de sauce soja
1 c. à soupe de crème fraîche épaisse
½ botte de ciboulette
Quelques feuilles de basilic thaï
Sel
Poivre

Préparation:
15 minutes

Coupez le filet de saumon en petits cubes. Décortiquez les crevettes et coupez-les en morceaux. Mettez le tout dans un récipient.

Ajoutez le zeste et le jus du citron, la sauce soja, la crème fraîche, la ciboulette et le basilic thaï préalablement émincés. Salez, poivrez et mélangez bien le tout.

Fumé à froid

1 filet de saumon de 800 g
1,5 kg de gros sel
Sciure de bois

Matériel
Fumoir à froid

Préparation:
8 heures

Cuisson:
4 heures

La première étape est la salaison: versez du gros sel dans le fond d'un récipient puis posez dessus le filet côté peau. Recouvrez-le d'une fine couche de gros sel, en veillant à en mettre davantage au niveau de la tête et moins au niveau de la queue, la chair étant moins épaisse à cet endroit. Réservez 3 à 4 heures au réfrigérateur.

Procédez au rinçage: placez une grille au-dessus de l'évier et déposez-y le filet, côté peau contre la grille. Rincez doucement pour enlever le sel. Ensuite, essuyez le filet avec du papier absorbant pour le sécher en apparence.

Transférez le filet dans un récipient et laissez-le sécher au moins 3 heures au réfrigérateur.

Placez le filet sur la grille du fumoir et remplissez la spirale à fumer avec la sciure de bois. Allumez la sciure 1 minute et soufflez doucement pour vous assurer que la braise brûle. Vérifiez bien que la sciure est allumée. Laissez-la se consumer, et comptez un temps de fumage d'environ 4 heures. Une fois le saumon fumé, ôtez les arêtes à l'aide d'une pince à désarêter, ainsi la chair sera plus ferme et ne sera pas abîmée.

Vous pouvez conserver le saumon fumé 10 jours au frais, enveloppé de film alimentaire.

Saumon fumé à froid →

Fumé à chaud

Pour 6 personnes

Préparation : 7 minutes

Cuisson : 10 minutes

1 filet de saumon de 800 g
5 c. à soupe d'herbes de Provence
½ bouquet de romarin
20 cl d'alcool à brûler
Sciure de bois

Matériel
Fumoir à chaud

Commencez par désarêter le filet de saumon, puis détaillez-le en petits pavés d'environ 150 g chacun. Parsemez-les d'herbes de Provence et de romarin avant de les déposer sur la grille du fumoir à chaud.

Remplissez le fond du fumoir avec de la sciure de bois et ajoutez des herbes de Provence et du romarin. Versez l'alcool à brûler dans les deux brûleurs et allumez-les. Quand le feu est stabilisé, posez le caisson inox dans le fumoir, en ouvrant légèrement l'aération située sur le dessus. Laissez cuire 10 à 15 minutes. Vous pouvez déguster les pavés chauds ou froids.

Ceviche

Piment | Citron | Pickles d'oignon

Pour 2 personnes

Préparation : 15 minutes

Pour le ceviche
1 filet de saumon de 350 g
1 piment doux
3 c. à soupe d'huile d'olive
1 citron vert
1 citron jaune
Quelques feuilles de coriandre
Sel, poivre

Pour les pickles d'oignons
2 oignons rouges
150 g de sucre
30 cl de vinaigre blanc
45 cl d'eau

Versez le sucre, le vinaigre et l'eau dans une casserole et portez à ébullition en mélangeant. Une fois l'ébullition atteinte, versez le contenu de la casserole dans un bocal hermétique contenant les oignons rouges préalablement émincés. Fermez et laissez mariner au moins 2 heures.

Détaillez le filet de saumon en fines tranches ou en petits cubes. Dans un cul-de-poule, mélangez le piment très finement haché, l'huile d'olive, le jus des citrons, le sel et le poivre. Ajoutez le saumon et laissez mariner.

Dressez le ceviche dans un plat de service. Arrosez de marinade, ajoutez des pickles d'oignons et quelques feuilles de coriandre, puis dégustez !

Gravlax
& mayonnaise sucrée

Aneth | Gros sel

Pour 4 personnes

Préparation : 24 heures

Pour le gravlax
1 filet de saumon de 800 g
800 g de gros sel
800 g de sucre
1 botte d'aneth frais

Pour la mayonnaise sucrée
1 c. à café de vinaigre de vin
1 c. à soupe de sucre
1 œuf
1 c. à soupe de moutarde
25 cl d'huile de tournesol
Quelques brins d'aneth frais
Sel, poivre

Coupez le filet de saumon en deux. Mélangez le gros sel, le sucre et l'aneth, puis versez le mélange au fond d'un récipient. Disposez le premier filet côté peau dessus, puis recouvrez du second, chair contre chair. Recouvrez le tout du mélange. Posez un poids sur le saumon et laissez mariner 24 heures au réfrigérateur.

Le lendemain, placez une grille au-dessus de l'évier et déposez-y les filets, côté peau contre la grille. Rincez-les doucement pour enlever le sel et le sucre. Ensuite, essuyez les filets avec du papier absorbant pour en sécher la surface.

Mélangez bien le vinaigre et le sucre dans un cul-de-poule, puis ajoutez le jaune d'œuf et réalisez une mayonnaise (voir p. 25). Ajoutez l'aneth ciselé à la fin.

Détaillez le gravlax en fines tranches et dégustez avec la mayonnaise sucrée.

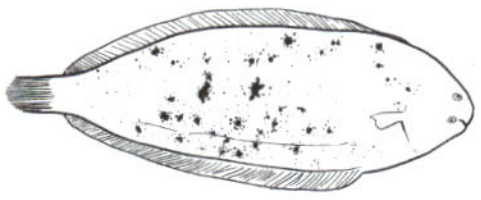

SOLE

La sole, poisson connu de tous qui a pour nom scientifique *Solea Solea*, ne doit pas être confondue avec la limande-sole ou d'autres poissons plats. La sole a très bonne réputation et est souvent cuisinée à la façon meunière dans les restaurants. La raison d'un tel engouement est sa chair succulente, mais surtout dépourvue d'arêtes. Ce poisson est composé d'une arête centrale et de quatre filets : deux du côté de sa peau grise, que l'on retire à chaque fois, et deux du côté de la peau blanche qui peuvent se déguster bien cuits.

Saisonnalité

La sole étant en période de ponte entre janvier et mars, évitez d'en consommer à cette période, car les poissons seront probablement grainés, avec des œufs. La sole atteint sa maturité sexuelle à environ 3 ans. Il faut donc consommer des spécimens de 250 g minimum pour laisser les juvéniles en mer et assurer la pérennité de l'espèce.

Conseils

Une sole est bien fraîche est assez raide et recouverte d'une muqueuse. Si vous trouvez que le poisson semble pâle et sec, cela veut dire qu'il a déjà plusieurs jours de pêche.

Techniques de pêche

Les poissons plats sont généralement pêchés à l'aide de filets ou bien au chalut. La sole sera normalement moins abîmée si elle est pêchée à l'aide d'un filet maillant.

Sole meunière →

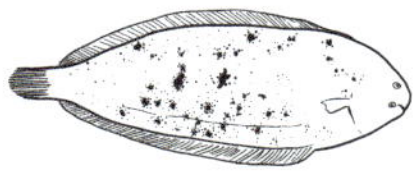

Meunière

Beurre salé | Farine

Préparation :
5 minutes

Cuisson :
7 minutes

Pour 2 personnes

1 sole de 600 g ou 2 soles de 250 à 300 g
4 c. à soupe de farine
60 g de beurre demi-sel
Sel
Poivre

Retirez la peau brune de la sole (voir p. 10) et videz-la de ses entrailles. Remplissez un récipient de farine et plongez-y la sole pour la fariner des deux côtés.

Faites fondre 20 g de beurre dans une poêle portée à feu moyen. Ajoutez la sole côté peau blanche et laissez cuire en arrosant l'autre face de beurre – rajoutez-en si besoin. Une fois que la sole est bien dorée des deux côtés la cuisson est terminée. Servez immédiatement.

Roulés

Citron | Beurre salé

Préparation :
15 minutes

Cuisson :
5 minutes

Pour 4 personnes

2 soles de 600 g ou 4 soles de 250 à 300 g
60 g de beurre demi-sel
½ citron
Sel
Poivre

8 piques à brochettes

Retirez la peau brune et la peau blanche des soles (voir p. 10) et videz-les de leurs entrailles. Levez les 4 filets de chaque sole (voir p. 8). Enroulez chacun d'eux sur lui-même et maintenez-les avec une pique.

Faites fondre le beurre dans une poêle portée à feu moyen. Faites-y cuire les roulés en les retournant régulièrement pour cuire l'intérieur pendant environ 5 minutes. Arrosez d'un filet de jus citron avant de servir. Cette recette permet de cuisiner plusieurs soles en même temps en n'ayant qu'une petite poêle !

Roulés de sole →

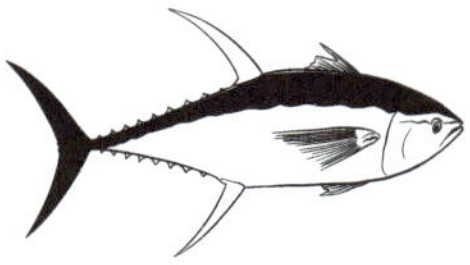

THON

Thon germon, thon rouge, thon jaune, thonine, bonite, etc. La liste est longue, mais nous avons voulu regrouper cette famille de poissons dans la même catégorie pour les recettes à suivre. Cette famille est celle des scombridés et regroupe les maquereaux, les thons et les thazards. Nous les avons regroupés, mais il ne faut pas les confondre. Chaque espèce à ses spécificités : par exemple, le thon rouge est une espèce menacée et extrêmement protégée en France. Nous n'avons qu'une seule chose à dire, arrêtez de consommer des boîtes de thon industrielles.

Saisonnalité

Les saisons de pêche du thon sont différentes selon la variété et selon le lieu de pêche. La saison du thon blanc (germon) est de mi-juillet jusqu'à mi-octobre. Concernant le thon rouge, elle débute en juillet et peut être prolongée jusqu'à début octobre si les quotas ne sont pas atteints avant. La saison de la bonite débute en août et se termine en novembre. Le thon jaune (albacore) est pêché toute l'année tout autour du globe.

Conseils

Nous vous conseillons de consommer du thon seulement durant la saison, et du thon issu des côtes françaises. Achetez une bonite de ligne entière, utilisez une partie en tartare, la seconde en tataki et le reste en rillettes. Les goûts sont variés, mais le thon en général se décline facilement en cru, en mi-cuit ou en cuit.

Techniques de pêche

Ces gros poissons peuvent être pêchés au filet, à la senne, au chalut mais ils sont beaucoup plus souvent pêchés à la ligne, une technique sélective et plus respectueuse de l'espèce.

Tataki de thon & tsukemono de légumes →

Tataki & tsukemono de légumes

Sauce soja | Saké | Graines de sésame

Préparation:
3 heures

Pour 4 personnes

Pour le tataki de thon
800 g de longe de thon
10 cl de sauce soja salée
7 cl de sauce soja sucrée
2 c. à soupe de saké
Un peu de gingembre frais
4 pincées de graines de sésame
Poivre

Pour le tsukemono de légumes
1 petit concombre
8 radis
3 carottes
½ chou-fleur
½ brocoli
2 c. à soupe de gros sel
1 c. à soupe de sucre en poudre
1 c. à soupe de mirin
2 c. à soupe de vinaigre
1 filet de jus de citron
2 c. à soupe d'eau

Pour le tsukemono de légumes, coupez le concombre, les radis et les carottes en morceaux, puis les bouquets de chou-fleur et de brocoli en deux. Réunissez le tout dans un sac de congélation, ajoutez le gros sel, le sucre, le mirin, le vinaigre, le citron, l'eau et refermez le sac en retirant le plus d'air possible. Malaxez bien le tout et placez le sac au réfrigérateur avec un poids dessus pendant 3 heures.

Dans un grand récipient, préparez la marinade du tataki en mélangeant les deux sauces soja, le saké, le gingembre frais et le poivre. Plongez-y la longe de thon et laissez-la mariner 30 minutes en la retournant plusieurs fois et en l'arrosant.

Une fois le tsukemono de légumes prêts, snackez la longe de thon 15 secondes de chaque côté dans une poêle bien chaude. Pendant ce temps, récupérez la marinade et faites-la réduire à la poêle. Badigeonnez-en le tataki de thon, parsemez-le de graines de sésame et coupez-le en fines tranches. Servez le reste de la marinade à part pour y tremper les morceaux de tataki. À déguster chaud ou froid !

Carpaccio

Pamplemousse | Avocat

Préparation:
10 minutes

Cuisson:
5 minutes

Pour 2 personnes

300 g de longe de thon
2 c. à soupe d'huile de pépins de raisin
1 pamplemousse
½ avocat
Sel
Poivre

Versez l'huile de pépins de raisin et le jus de la moitié du pamplemousse dans une casserole et faites chauffer le tout. Laissez refroidir. Pendant ce temps, coupez l'autre moitié du pamplemousse en petits morceaux et l'avocat en petits dés.

Tranchez très finement la longe de thon, disposez le carpaccio dans une assiette et ajoutez le pamplemousse et l'avocat. Arrosez du mélange d'huile et de jus de pamplemousse, salez, poivrez et dégustez !

Carpaccio de thon →

Rillettes

Ciboulette | Échalote | Citron

Pour 6 personnes

Préparation : 15 minutes

Cuisson : 5 minutes

400 g de longe de thon
1 c. à soupe d'huile d'olive
½ botte de ciboulette
5 échalotes
1 citron jaune
25 cl de crème fraîche épaisse
Sel, poivre

Détaillez la longe de thon en petits pavés. Chauffez une poêle avec l'huile d'olive et faites-y cuire les pavés à feu vif en faisant griller les deux faces. Laissez refroidir.

Ciselez la ciboulette et les échalotes, puis pressez le citron. Écrasez les pavés à la main ou à l'aide d'une fourchette et mettez-les dans un récipient. Ajoutez le jus du citron, la ciboulette, les échalotes et mélangez.

Ajoutez la crème fraîche, salez et poivrez, puis mélangez de nouveau. Vous pouvez conserver ces rillettes quelques jours au réfrigérateur.

Tartare

Kiwi | Sauce soja | Sésame

Pour 4 personnes

Préparation : 10 minutes

600 g de longe de thon
2 kiwis
2 c. à soupe de sauce soja salée
1 c. à soupe d'huile d'olive
Quelques gouttes d'huile de sésame
1 pincée de graines de sésame
1 filet de jus de citron
Sel, poivre

Épluchez les kiwis, coupez-les en petits dés et transférez-les dans un cul-de-poule. Arrosez-les de jus de citron. Coupez la longe de thon en petits dés également et mettez-les dans le récipient.

Assaisonnez le tout avec la sauce soja, l'huile d'olive, la sauce sésame, salez et poivrez. Mélangez bien et parsemez des graines de sésame. Le tartare est prêt !

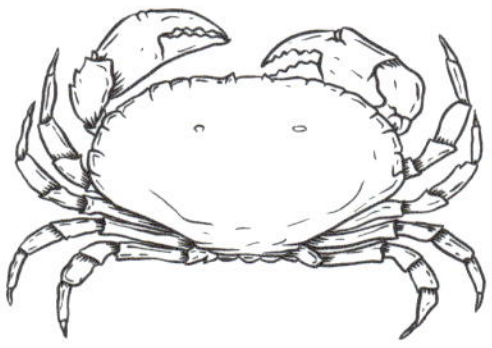

TOURTEAU

Le tourteau, ou *Cancer pagurus*, peut être désigné de plusieurs manières: dormeur, crabe ou poing-clos.
Très présent sur les côtes françaises et anglaises, il vit au bord des côtes et dans des fosses très profondes.
Sa chair est assez dense et compacte.
Les mâles possèdent des pinces plus imposantes que les femelles. On dit souvent que la femelle sera plus pleine de l'intérieur, mais les pinces du mâle rattrapent cet écart.

Saisonnalité

Le tourteau est présent toute l'année, mais surtout entre octobre et avril.
Selon la période de l'année, il se rapproche plus ou moins des côtes.
Les gros spécimens seront souvent pêchés au large, à des profondeurs allant jusqu'à 300 m.

Conseils

Il est préférable d'acheter un tourteau entier et vivant pour s'assurer de la qualité de celui-ci. Une bonne technique est de sous-peser le tourteau pour savoir si celui-ci est bien plein. Bien qu'il ait le surnom de dormeur et qu'il ne bouge pas forcément sur l'étal d'un poissonnier, pour vérifier qu'il est vivant, il faut qu'il se tienne bien: si ses pinces et ses pattes tombent, il est mort.

Techniques de pêche

La plupart du temps, le tourteau est pêché au casier, mais il se peut qu'il soit pêché au filet avec ses cousines, les araignées de mer.

Velouté de tourteau →

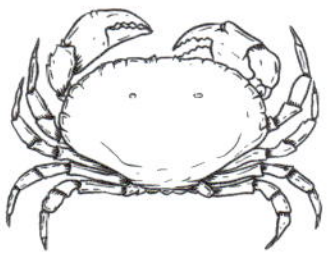

Velouté

Ail | Tomate | Vin blanc

Préparation : 30 minutes

Cuisson : 45 minutes

Pour 4 personnes

2 tourteaux de 1 kg
1 noisette de beurre - 1 oignon
2 gousses d'ail - 1 échalote
3 carottes - 2 tomates
2 c. à soupe d'huile d'olive
1 bouquet garni - 10 cl de vin blanc
Quelques feuilles de persil
Sel, poivre

Pour le court-bouillon
5 l d'eau
1 citron - 1 pomme de terre
1 oignon - 2 carottes
1 bouquet garni
Quelques branches de persil frais
1 pincée de gros sel
1 pincée de poivre noir moulu
1 pincée d'estragon

Préparez le court-bouillon dans une très grande marmite et portez à ébullition (voir p. 20). Plongez-y les tourteaux et laissez-les cuire 15 minutes, puis décortiquez les pinces pour en prélever la chair et coupez les corps en quatre (voir p. 14).

Faites fondre le beurre dans une poêle bien chaude et faites-y revenir l'oignon, l'ail, l'échalote et les carottes à feu vif. Ajoutez l'huile d'olive et les corps coupés en quatre, puis faites-les revenir en les écrasant le plus possible à l'aide d'une cuillère en bois. Ajoutez les tomates préalablement coupées en quatre et le bouquet garni, mouillez avec le vin blanc et 1 l d'eau. Laissez mijoter 30 minutes environ.

Passez le mélange au chinois pour en extraire seulement le jus, salez et poivrez. Ajoutez la chair des pinces et dégustez la soupe bien chaude !

Œufs mimosa

Mayonnaise | Persil

Préparation : 25 minutes

Cuisson : 15 minutes

Pour 4 personnes

1 tourteau de 1,2 kg - 7 œufs
1 c. à soupe de moutarde
25 cl d'huile de tournesol
1 filet de jus de citron
Quelques feuilles de persil
Sel, poivre

Pour le court-bouillon
5 l d'eau
1 citron - 1 pomme de terre
1 oignon - 2 carottes
1 bouquet garni
Quelques branches de persil frais
1 pincée de gros sel
1 pincée de poivre noir moulu
1 pincée d'estragon

Préparez le court-bouillon dans une grande marmite et portez à ébullition (voir p. 20). Plongez le tourteau dans l'eau bouillante et laissez-le cuire 15 minutes, puis décortiquez-le et prélevez la chair (voir p. 14).

Portez une casserole d'eau à ébullition. Plongez-y 6 œufs, faites-les cuire 9 minutes, puis transférez-les dans de l'eau froide pour stopper la cuisson. Écalez-les, coupez-les en deux et séparez délicatement les jaunes des blancs.

Préparez la mayonnaise dans un cul-de-poule (voir p. 25).

Dans un autre récipient, émiettez les jaunes d'œufs à l'aide d'une fourchette. Ajoutez la mayonnaise, la chair du tourteau, le persil préalablement haché, salez, poivrez et mélangez bien le tout. Enfin, ajoutez le mélange dans les creux des blancs d'œufs.

Œufs mimosa au tourteau →

Ravioles

Ciboulette | Crème fraîche

Pour 4 personnes

Préparation : 40 minutes

Cuisson : 35 minutes

Pour le fumet
La carapace du tourteau
1 noisette de beurre
1 tomate
1 oignon
2 gousses d'ail
10 cl de vin blanc
1 échalote
1 bouquet garni

Pour la pâte
300 g de farine
3 œufs
1 c. à soupe d'huile d'olive
3 c. à soupe du fumet de tourteau
1 pincée de sel
1 pincée de poivre

Pour la farce
1 tourteau de 1,2 kg ou plus
½ botte de ciboulette
1 c. à soupe de crème fraîche

Pour le court-bouillon
5 l d'eau
1 citron
1 pomme de terre
1 oignon
2 carottes
1 bouquet garni
Quelques branches de persil frais
1 pincée de gros sel
1 pincée de poivre noir moulu
1 pincée d'estragon

Préparez le court-bouillon dans une grande marmite et portez à ébullition (voir p. 20). Plongez-y le tourteau et faites-le cuire 15 minutes. Décortiquez le tourteau, prélevez la chair (voir p. 14) et réservez la carapace.

Mettez la carapace du tourteau, la noisette de beurre, la tomate, l'oignon et l'ail haché dans la marmite et réalisez le fumet de tourteau (voir p. 22). Passez-le au chinois au-dessus d'une casserole pour en extraire seulement le jus, jetez la carapace et gardez les ingrédients du fumet pour la suite de la recette.

Dans un cul-de-poule, mélangez la farine, le sel, et le poivre. Creusez un puits et cassez-y les œufs. Incorporez-les délicatement, puis ajoutez l'huile d'olive et les 3 cuillerées à soupe de fumet – réservez le reste du fumet pour la suite. Pétrissez bien le tout jusqu'à l'obtention d'une boule bien compacte. Laissez reposer au frais 30 minutes.

Dans un récipient, mélangez la chair du tourteau, les ingrédients du fumet, la ciboulette préalablement hachée et la crème fraîche. Sur le plan de travail fariné, divisez la pâte en deux et abaissez les deux pâtons au rouleau à pâtisserie ou à l'aide d'une machine à pâte sur 2 mm d'épaisseur. Avec un verre ou un emporte-pièce, détaillez des disques de 10 cm et déposez un peu de farce au centre de la moitié d'entre eux. Humidifiez légèrement les bords, puis recouvrez des disques de pâte restants.

Portez une casserole d'eau salée à ébullition. Plongez-y les ravioles 5 minutes, égouttez-les, répartissez-les dans des assiettes creuses et arrosez-les du fumet préalablement réchauffé.

INDEX

Les fruits de mer

Les céphalopodes

Les coquillages

Les crustacés

Les poissons

Les poissons blancs ou maigres

Les algues

Les beurres composés

Les sauces

Les cuissons

Les techniques

des fruits de mer

du poisson

REMERCIEMENTS

Un grand merci à la maison d'édition, en particulier Rose-Marie et Cédric pour leur confiance et leur accompagnement tout au long de ce beau projet.

Merci à Géraldine d'avoir magnifié les produits de la mer à travers ses photographies.

À Sabrina, pour le choix de la vaisselle et des fonds, ainsi que Neolith® pour les fonds.

À Mauviel 1830, pour la qualité de leur matériel et leur professionnalisme.

Un grand merci à toutes nos équipes Oyster Club de Dinard et Paris, qui nous accompagnent chaque jour dans notre aventure culinaire.

À nos mareyeurs, pêcheurs, ostréiculteurs bretons, pour la beauté et le respect des produits fournis.

ISBN : 978-2-412-06314-9
Dépôt légal : octobre 2020

Photogravure : Point 11
Imprimé en Espagne par Macrolibros

Direction éditoriale : Marie-Anne Jost-Kotik
Responsable éditoriale : Rose-Marie Di Domenico
Édition : Cédric Le Brun
Mise en pages : Frédéric Voisin et Élodie Bourgeois
Photographies : Géraldine Martens
Relecture et correction : Améline Néreaud et La Machine à mots

Richard Blonna

Effektiver coachen mit ACT

Psychologisches Handwerkszeug für Coaches

Ausführliche Informationen zu jedem unserer lieferbaren und geplanten Bücher finden Sie im Internet unter ↗ http://www.junfermann.de. Dort können Sie unseren Newsletter abonnieren und sicherstellen, dass Sie alles Wissenswerte über das Junfermann-Programm regelmäßig und aktuell erfahren. – Und wenn Sie an Geschichten aus dem Verlagsalltag und rund um unser Buch-Programm interessiert sind, besuchen Sie auch unseren Blog: ↗ http://blogweise.junfermann.de.

RICHARD BLONNA

EFFEKTIVER COACHEN MIT ACT

PSYCHOLOGISCHES HANDWERKSZEUG FÜR COACHES

Aus dem Amerikanischen von Inge Welling

Junfermann Verlag
Paderborn
2013

Copyright	© der deutschen Ausgabe: Junfermann Verlag, Paderborn 2013
	© der Originalausgabe: Richard Blonna, 2010
	Die Originalausgabe ist 2010 unter dem Titel *„Maximize your coaching effectiveness with acceptance and commitment therapy“* bei New Harbinger Publications erschienen.
Übersetzung	Inge Welling
Coverbild	© wimammoth9 – Fotolia.com
Covergestaltung / Reihenentwurf	Christian Tschepp
Satz	JUNFERMANN Druck & Service, Paderborn

Bibliografische Information der Deutschen Nationalbibliothek	Die Deutsche Nationalbibliothek verzeichnet diese Publikation in der Deutschen Nationalbibliografie; detaillierte bibliografische Daten sind im Internet über http://dnb.d-nb.de abrufbar.

ISBN 978-3-87387-840-2

Dieses Buch erscheint parallel als E-Book (ISBN 978-3-87387-930-0).

Ich widme dieses Buch meiner Coaching-Mentorin,
Lyn Kelley, Ph. D.

Inhalt

Danksagung

Ich möchte mich bei all denjenigen bedanken, die zu diesem Buch beigetragen und mich in meiner Entwicklung zum ACT-Coach unterstützt haben. Die Reise war definitiv eine lange und kuriose.

Als Erstes geht mein Dank an Lyn Kelley, die mich mit dem Gebiet des Coachings bekannt gemacht und mich zum Coach (*certified professional coach*, CPC) ausgebildet hat. Lyn hat mir die Augen geöffnet für einen neuen Beruf, der meiner Persönlichkeit voll entspricht und mit meiner Vorstellung von meinem zukünftigen Privat- und Berufsleben im Einklang steht. Sie ist Meisterin im Motivieren und half mir dabei, einen neuen Kurs für mein Leben zu bestimmen, der das Verfassen dieses Buches beinhaltet. Ich bedanke mich außerdem bei Frank Healy, der mich beim Coachen betreut und mir während dieses Projektes Mut gemacht hat.

Trudy Boyle werde ich auf ewig dafür dankbar sein, dass sie mich mit der Acceptance und Commitment Therapie (ACT) und der Arbeit von Steven Hayes bekannt gemacht hat. Hätte Trudy mir nicht von der Acceptance und Commitment Therapie erzählt, wäre mir die dritte Welle der Kognitiven Verhaltenstherapie entgangen. So gelang es mir noch, auf den Zug aufzuspringen und einen Teil der Reise zu genießen.

Als Nächstes möchte ich den Herausgebern der (amerikanischen) ACT-Reihe für die Möglichkeit danken, dieses Buch zu veröffentlichen: Georg H. Eifert, John P. Forsyth, Steven C. Hayes und Robyn Walser. Durch ihre Bereitschaft, mich die ACT-Prinzipien und Methoden auf den Bereich des Coachings anwenden zu lassen, zeigten sie eine Großzügigkeit und Offenheit, die in der abgeschiedenen Welt von Hochschule und Psychotherapie selten ist. Ich möchte ihnen dafür danken, dass sie Herz und Geist für diese Anwendungsweise der ACT geöffnet haben. Ich hoffe, dass sich dadurch der Bekanntheitsgrad ihrer Arbeit weiter erhöht. Ich fühle mich geehrt, meinen Namen neben denen der Herausgeber gedruckt zu sehen, und hoffe, dem hohen Anspruch der ACT-Reihe zu entsprechen. Mein Dank geht außerdem an den „Wildling" der ACT, Kevin Polk, für seine Fürsorge und Unterstützung und dafür, dass er mich ACT lehrte. Ohne ihn wäre ich zweifellos nicht da, wo ich jetzt bin.

Ich danke Linda Anderson Krech und Gregg Krech für deren unermüdliche Großzügigkeit und Unterstützung. Die Arbeit der beiden am ToDo-Institute in Vermont ist nach wie vor maßgebend in dem Bestreben, Therapeuten auf der ganzen Welt mit japanischen Therapieprinzipien und -methoden bekannt zu machen. Da ihre Herangehensweise in der Arbeit mit Klienten die ACT-konforme Art des Helfens ergänzt, habe ich diese sowohl in mein Buch als auch meine Arbeit mit Studenten und Klienten integriert.

Als Nächstes bedanke ich mich bei Matt McKay, dem Mitbegründer und Verleger von New Harbinger Publications, für seine ununterbrochene Unterstützung. Unter seiner Leitung wuchs die ACT-Reihe sowohl quantitativ als auch inhaltlich und entwickelte sich zur unbestrittenen Schaltstelle der Acceptance und Commitment Therapie. Durch die Veröffentlichung meiner und ähnlicher Arbeiten hat Matt Offenheit für neue Anwendungsweisen der ACT bewiesen, wodurch New Harbinger seine Vorreiterposition als Verlag für Psychotherapie und Selbsthilfe verteidigen kann.

New Harbinger hat ein Team von Mitarbeitern zusammengestellt, deren unterstützende Arbeit nur als erstklassig bezeichnet werden kann. Ich habe niemals zuvor mit einer besseren Gruppe aus Lektoren zusammengearbeitet als der bestehend aus Tesilya Hanauer, Kayla Sussell, Jess Beebe, Heather Garnos, Jean Blomquist, Melissa Valentine, Jesse Burson, Nelda Street, Jeannette Mann, Michele Waters und Will DeRooy. Diese Personen leiteten und verbesserten dieses Projekt in jedem Schritt auf dem Weg vom Einkauf bis zur finalen Textversion. Ohne ihre Förderung und Fürsorge hätte ich niemals ein so gutes Buch hervorbringen können. Ich konnte zu jeder Zeit auf ihre Ermutigungen und Unterstützung zählen. Besonderen Dank möchte ich Amy Shoup und Tracy Carlson für ihre ausgezeichnete Arbeit am Design aussprechen. Amy erstaunt mich immer wieder aufs Neue; durch ihre brillante Umschlaggestaltung wird der potenzielle Leser nahezu magisch angezogen und muss das Buch einfach in die Hand nehmen. Tracys unübertroffene Inhaltsgestaltung macht das Buch zu einem Genuss für die Augen und einer reinen Lesefreude.

Ein Dank geht auch an meinen guten Freund Ken Horvath, der mir mit Tiefsinn und Vorschlägen zum Manuskript und in schwierigen Schreibphasen zur Seite stand. Vielen Dank auch dafür, dass er für mich da war, wenn ich einen kritischen Gesprächspartner brauchte.

Ich bedanke mich bei meiner Frau Heidi dafür, dass sie meine beste Freundin und Kritikerin ist und in den letzten zwei Jahren standhafte Unterstützung bewies, während ich die Arbeit an diesem und drei weiteren Büchern abschloss. Sie lässt mir stets den Platz und die Unterstützung zukommen, die ich zum Schreiben, Unterrichten und zur Arbeit mit meinen Studenten und Klienten benötige. Ich hoffe, ich kann mich revanchieren, indem ich ihr ein besserer Bridge- und Tennispartner werde.

Einleitung

Ich setze hohe Erwartungen in dieses Buch, da es das *einzige* ist, das sich an ausgebildete Coaches richtet und die Prinzipien und Methoden der Acceptance und Commitment Therapie (ACT) mit dem Coaching verbindet. Ich bin mir sicher, dass Sie nach der Lektüre erkennen werden, warum ACT und Coaching so gut zusammenpassen und warum ich heute noch genauso begeistert von dieser Tatsache bin wie vor ein paar Jahren, als ich zum ersten Mal davon hörte.

Vor einigen Jahren ließ mir ein Bekannter einen Artikel über Steven Hayes zukommen, einem Professor an der Universität von Nevada in Reno. Hayes hatte eine wundersame Reise hinter sich, die ihn aus den Tiefen der Verzweiflung und des psychischen Leidens zu der Gründung einer neuen Form von Psychotherapie führte – der Acceptance und Commitment Therapie. Diese Therapie eroberte die Nation und die Welt im Sturm. Fasziniert von Steven Hayes' Geschichte und der Entwicklung der ACT begann ich alles zu lesen, was ich zu diesem Thema finden konnte.

Als Folge meines Interesses trat ich der amerikanischen Vereinigung für Kontextuelle Verhaltensforschung (ACBS) bei, der Mutterorganisation, die ACT-Forscher und -Therapeuten auf der ganzen Welt vertritt. Die ACBS ist die Schaltstelle für ACT-bezogene Informationen und Hilfsmittel, und durch sie kam ich mit Kevin Polk in Kontakt, einem bekannten ACT-Trainer und Psychotherapeuten, der in Maine arbeitet. Polks Klienten waren zum größten Teil Kriegsveteranen, die unter Posttraumatischer Belastungsstörung litten, ein Bereich, der mich sehr interessierte. Nach meinem ersten Treffen mit Polk wusste ich, dass ich mit ihm arbeiten und so viel wie nur möglich über ACT lernen wollte. Polk strahlte eine Leidenschaft für ACT aus, lehrte auf bodenständige Art und Weise und schien einen trockenen Humor zu haben, der mir sehr entgegenkam. Wir arbeiteten mehr als ein Jahr zusammen, und ich erhielt die nötige Ausbildung und professionelle Supervision, um grundlegende ACT-Prinzipien in meiner Arbeit als Ausbilder und Coach von Klienten und Studenten anwenden zu können.

Ein Ergebnis meiner Arbeit mit Polk ist mein erstes Buch über ACT, *Stress Less, Live More: How acceptance and commitment therapy can help you live a busy yet balanced life* (Blonna, 2010). ACT entsprach auf wunderbare Weise genau meiner Art, Menschen bei der Bewältigung von Stress zu helfen, und ich wusste, ich würde nicht eher ruhen können, bevor ich dieses Buch geschrieben hätte. Während ich *Stress Less, Live More* schrieb, wurde mir schnell bewusst, dass sich das Material, welches ich gerade in Worte fasste und an die breite Öffentlichkeit richtete, ebenfalls auf Coaches und deren Klienten übertragen ließ. Ich erkannte, dass die Weise, auf die ich ACT bei unter Stress leidenden Menschen anwendete, auch auf das Coaching zurechtgeschnitten werden konnte. Dieser Art von Klienten half ACT, wenn sie sich in eine der verschiedenen Sackgassen verlaufen hatten und ihren persönlichen oder beruflichen Zielen nicht näher kamen. Ich entschloss mich, ein Exposé für dieses Buch zu verfassen und erhielt glücklicherweise eine Zusage vom Verlag.

Meine interdisziplinäre Arbeit als Universitätsprofessor, Autor, Coach (CPC), Gesundheitsberater (*national certified counselor*, NCC) und Spezialist für Gesundheitserziehung (*certified health education specialist*, CHES) ermöglichte es mir, einen einzigartigen Ansatz für die Arbeit mit meinen Klienten zu entwickeln. Ich entwarf eine eklektische Coachingmethode, in die ich die oben genannten Bereiche integrierte und traditionelle Coachingverfahren mit östlichen und westlichen Techniken der Psychotherapie mischte. Hinzu kam ein vernünftiger Umgang mit der Gesundheit, zu dem tägliche körperliche Betätigung und Meditation gehören.

Obwohl ich ein geprüfter Gesundheitsberater bin, habe ich keinen Abschluss als staatlich anerkannter Therapeut. Im Alter von 55 Jahren, ich war gerade dabei, mich beruflich zu verändern und Gesundheitsberater zu werden, entdeckte ich das Coaching, entschied mich um und bewegte mich in diese Richtung. Während ich weiterhin Leistungspunkte in meiner Ausbildung zum Gesundheitsberater sammelte, nahm ich an einem Coaching-Workshop von Lyn Kelley teil. Kelley ist staatlich anerkannte Therapeutin und Coach. Bei diesem Workshop wurde mir klar, dass mir Coaching mehr lag als Psychotherapie, da ersteres von der Art der Arbeit und der Klientengruppe meinen Wünschen und Neigungen besser entsprach. Kelley beeindruckte mich so sehr, dass ich die nächsten zwei Jahre mit ihr zusammenarbeitete, um mich am Grow Training Institute zum Coach ausbilden zu lassen. Kelley ist eine dynamische Trainerin und Coach, die mir sehr dabei half, mich darauf zu konzentrieren, mein Wissen, meine Fertigkeiten und meinen eklektischen Ausbildungshintergrund zu einer einzigartigen Herangehensweise an das Coaching zu verbinden.

Eine Sache, die ich gleich zu Anfang dieses Buches klarstellen möchte, ist, dass ich nicht die Absicht habe, Sie zu einem ACT-Therapeuten auszubilden oder Sie zu lehren, therapeutische Methoden anzuwenden. Dazu bin ich nicht autorisiert oder qualifiziert. Der Begriff „Therapie“ hat bei Ihnen möglicherweise bereits die Alarmglocken schrillen lassen – doch seien Sie beruhigt, dieses Buch handelt *nicht* von Psychotherapie. Es lehrt Sie vielmehr, Grundsätze und Methoden der Acceptance und Commitment Therapie bei Coachingklienten anzuwenden, die in eine Sackgasse geraten sind, und diesen dabei zu helfen, ihre Ziele zu erreichen. Es besteht ein großer Unterschied zwischen Coaching und therapeutischer Behandlung. Solange Sie sich über Ihre Absichten klar und der Grenzen Ihrer Ausbildung und Abschlüsse bewusst sind, können Sie Methoden aus einem breiten Spektrum von Arbeitsweisen anwenden, um Ihren Klienten zu helfen. Vor allem auf ACT basierende Methoden können Sie anwenden, ohne ein staatlich anerkannter Therapeut zu sein – solange Sie als Coach mit Klienten zusammenarbeiten, die keine psychotherapeutische Behandlung benötigen.

In Theorie und Praxis dreht sich im Coaching alles darum, den Klienten dabei zu helfen, ihre Ziele zu erreichen und ein sinnerfülltes, auf persönlichen Werten basiertes Leben zu führen. Der Coachingtheorie zufolge sind Klienten vollständige, funktionsfähige Persönlichkeiten, deren Ziel es ist, ihr Leben zu verbessern. Ein Coach geht davon aus, dass die Klienten selbst wissen, was das Beste für sie ist, und in der Lage sind, ihre Zukunft zu planen und ihre Probleme selbst zu lösen. Sollten Ihre Klienten so sein wie meine, dann suchen sie oft nach Hilfen, weil sie in eine Sackgasse geraten sind und ihren Zielen nicht näher kommen. Obwohl sie keineswegs dysfunktional sind, leiden sie doch oft zusätzlich an Angstgefühlen, Sorgen, Stress und einer Reihe anderer Probleme. Sie kämpfen täglich mit wenig hilfreichen Gedanken und schmerzlichen Gefühlen, die dazu beitragen, dass die Klienten psychisch inflexibel werden, sich festfahren und ihre Ziele nicht erreichen können.

In der ACT dreht sich in Theorie und Praxis alles darum, die Klienten psychisch flexibler zu machen, ihre unterschwelligen psychischen Erkrankungen zu verbessern und einen Weg aus ihrer Sackgasse zu finden. Der ACT-Theorie zufolge führen diese sechs Schlüsselfaktoren zu der psychischen Inflexibilität der Klienten:

- Festhalten an einem bestimmten Selbstkonzept
- Kognitive Fusion
- Vorherrschen veralteter Skripte (Handlungsschemata) und Lerninhalte
- Erlebensvermeidung
- Unklare Wertvorstellungen
- Untätigkeit, Impulsivität und beharrliches Vermeiden

Aber lassen Sie sich durch den ACT-Jargon keine Angst machen. In Kapitel 1 und 3 verwende ich viel Zeit darauf, diese Faktoren zu erklären und deren Auswirkungen auf das Coaching zu demonstrieren. In späteren Kapiteln verdeutliche ich, dass diese Faktoren die Wurzel von Stress, Sorge, Angst und anderen Schmerzen und Leiden sind, welche die Klienten wiederum in eine Sackgasse treiben und sie vom Erreichen ihrer Ziele abhalten.

ACT verwendet sechs zentrale therapeutische Prozesse, die den Klienten dabei helfen, ihre psychische Flexibilität zu verbessern, sich aus Sackgassen zu befreien und wieder funktionsfähig zu werden:

- Präsent (gegenwärtig) sein
- Als wertvoll eingeschätzte Orientierungen definieren
- Engagiertes Handeln
- Das Selbst als Kontext (*self as context*)
- Akzeptieren üben
- Kognitive Defusion anwenden

In Kapitel 3 gehe ich detaillierter auf diese therapeutischen Prozesse ein und zeige Ihnen, wie Sie sie an Ihre Arbeit mit Coachingklienten anpassen können.

Obwohl sich die Probleme bei Klienten, die gecoacht werden möchten, anders darstellen als bei Klienten, die therapeutische Hilfe benötigen, sind beide Gruppen doch psychisch inflexibel und festgefahren. Der bedeutendste Unterschied besteht darin, dass Coachingklienten trotz ihrer psychischen Inflexibilität funktionsfähig sind (oft auf höchstem Niveau), während Therapiepatienten mindestens auf einem Gebiet funktionsunfähig sind. Stellen Sie sich nur einmal vor, zu welcher Höchstform Ihre Klienten auflaufen würden, wenn Sie ihnen beibringen könnten, mit ihren beunruhigenden Gedanken und schmerzlichen Gefühlen umzugehen. Ihre Klienten würden ihre Ziele nicht einfach bloß erreichen, sie würden sie auf eine sehr viel effektivere und erfreulichere Weise erreichen. Kurz gesagt würde ihnen die Arbeit am Erreichen der Ziele genauso viel Spaß machen wie das erfolgreiche Ergebnis.

Sie können alle sechs zentralen therapeutischen Prozesse der ACT verändern und mit diesen Ihren Klienten dabei helfen, sich aus Verstrickungen zu befreien und ihre Ziele zu erreichen. Schauen wir uns einmal das Beispiel der als wertvoll eingeschätzten Orientierungen des Klienten an. Einer der Aspekte, der mich von Anfang an am meisten an ACT interessiert hat, ist, dass es sich hierbei um eine Therapieform handelt, die auf Werten basiert. ACT hilft den Klienten, ein sinnerfülltes Leben zu leben – oder anders gesagt, ein Leben, das ihnen eine Bestimmung gibt, weil die Werte *der Klienten* in seinem Mittelpunkt stehen. Das erste Ziel der ACT besteht darin, den Klienten dabei zu helfen, ihre Werte zu definieren, sich wertbasierte Ziele zu setzen und deren Erreichen engagiert anzustreben. Dabei müssen sie lernen, mit den wenig hilfreichen Gedanken, veralteten Denkmustern und beunruhigenden Vorstellungen und negativen Gefühlen zu leben, die engagierten Handlungen oft im Wege stehen.

Verschiedene Coaches mögen verschiedene Begriffe verwenden, doch alle Formen des Coachings haben zum Ziel, den Klienten dabei zu helfen, ihre als wertvoll eingeschätzten Orientierungen zu definieren. Coaches könnten davon profitieren, die ACT-Prinzipien und -Methoden zu erlernen, die sich mit der Klärung von Werten beschäftigen, da diese auf soliden Forschungsresultaten und einem starken theoretischen Gerüst fußen. Letzteres verknüpft das Definieren der wertebasierten Orientierungen mit den anderen zentralen therapeutischen Prozessen der ACT und zeigt auf, wie diese Teile ineinandergreifen. Ich bin ein großer Freund von fundierten theoretischen Rahmen; genau wie ein Gebäude ohne starkes Fundament wird jede Methode, die Sie auf Klienten anzuwenden versuchen, ohne ein solches Bezugssystem auf wackeligen Beinen stehen und kann jederzeit in sich zusammenfallen. Viele Coaches verwenden eine eklektische Mischung von Techniken, die in keiner Verbindung zu einem forschungsbasierten, theoretischen Gerüst stehen. Dadurch wird Coaching zuweilen mehr zur Kunst als zu einer Wissenschaft, was wiederum in manchen Fällen alle Ihre Mühen in der Arbeit mit einem Klienten zunichtemachen könnte. Coaches und deren Klienten profitieren also sehr von einer Methode, die auf einer soliden theoretischen Grundstruktur basiert – wie zum Beispiel die sechs zentralen therapeutischen Prozesse der ACT.

Ein weiterer zentraler therapeutischer Prozess der ACT, der bei Coaches Anklang finden sollte, ist, sich zu Handlungen zu verpflichten und diese auch auszuführen. „Commitment" in Bezug auf ACT bedeutet, den Klienten dabei zu helfen, auf zuvor festgelegte Ziele, die mit ihren Werten in Einklang stehen, engagiert hinzuarbeiten. Dies fällt ihnen sehr schwer, wenn sie von schmerzhaften Gefühlen und beunruhigenden Gedanken zurückgehalten werden. ACT lehrt die Klienten, trotz dieser negativen Faktoren bereitschaftlich zu handeln und mit ihnen zu leben. Diese Bereitschaft zu entwickeln, ist ein wichtiger Bestandteil der ACT.

Ein bedeutender Teil des Coachings besteht darin, den Klienten dabei zu helfen, sich selbst zu Handlungen zu entschließen und diese auch auszuführen. Klienten haben Ihnen sicher schon tausendmal erzählt, wie schwierig es ist zu handeln, wenn man von Zweifeln, Ängsten, Sorgen und Befürchtungen geplagt wird. Wäre es nicht wunderbar, ihnen erklären zu können, warum sie diese Gefühle empfinden und wie Sie ihnen bei der Bewältigung von beunruhigenden Gedanken und schmerzhaften Emotionen helfen werden? Wäre es nicht noch besser zu wissen, dass Ihre Erklärungen auf soliden bewiesenen Forschungsresultaten basieren? Sobald Sie die theoretische Grundstruktur der ACT verstanden haben, die das Akzeptieren (*acceptance*) und die Verpflichtung (*commitment*) mit den zentralen therapeutischen Prozessen verbindet, sind Sie in der Lage, Ihre Effektivität im Behandeln der Klienten voll auszuschöpfen und diesen dabei zu helfen, im Leben voranzukommen und Ziele zu erreichen.

Viele der Schemata und Aufgaben aus diesem Buch finden Sie als Kopiervorlagen in der Mediathek des Junfermann Verlags. Klicken Sie dazu auf der Website des Verlags die Printausgabe des vorliegenden Buches an und wählen Sie die Option

„Mediathek“. Zudem sind sie auf der Internetseite von New Harbinger auf Englisch zugänglich (dazu ist eine einmalige Anmeldung mit E-Mail-Adresse und Passwort erforderlich).

> Das Symbol der PC-Maus 🖱 neben einem Schema oder einer Aufgabe gibt an, dass Sie hierzu eine Kopiervorlage auf der Website des Junfermann Verlags finden können (und eine digitale Ausgabe auf Englisch über die Internetseite von New Harbinger).

Sie werden vielleicht feststellen, dass Sie nicht alle Schemata oder Aufgaben benötigen oder nicht alle in diesem Buch beschriebenen Methoden bei Ihren Klienten Anwendung finden. Die Auswahl ist Ihnen überlassen. Sie kennen Ihre Klienten und Ihre eigenen Interessen und Grenzen selbst am besten.

Ich hoffe, es wird Ihnen Spaß machen, dieses Buch zu lesen und über ACT zu lernen – unabhängig davon, ob Sie sich dazu entscheiden, ACT in die Arbeit mit Ihren Klienten einzubinden.

1. ACT-Coaching und Psychotherapie

Was bedeutet es eigentlich, ein ACT-Coach zu sein? Was unterscheidet einen ACT-Coach von anderen Life Coaches und Psychotherapeuten? Ein ACT-Coach ist jemand, der die ACT-Prinzipien versteht, anwendet und mit ihnen seinen Klienten (auch Coachee genannt) hilft, im Leben voranzukommen und absichtsvolles Verhalten zu zeigen, welches den eigenen Werten entspricht und zu persönlichen Zielen führt. Klienten kämpfen oft mit beunruhigenden Gedanken und schmerzlichen Gefühlen, die dieses Vorhaben erschweren. Je flexibler die Klienten im Umgang mit ihren beunruhigenden Gedanken und schmerzlichen Gefühlen sind, desto wahrscheinlicher ist es, dass sie sich stetig vorwärtsbewegen, Fortschritte beim Erreichen ihrer Ziele machen und ein Leben führen, das ihren Werten entspricht. Je starrer und kontrollierender die Klienten mit beunruhigenden Gedanken und schmerzlichen Gefühlen umgehen, desto größer ist die Wahrscheinlichkeit, dass sie von ihnen überwältigt werden, in eine Sackgasse geraten und Schwierigkeiten beim Erreichen ihrer Ziele bekommen.

ACT bezeichnet letzteres Szenario als *psychische Inflexibilität* und hat ein Modell entwickelt, das sechs Faktoren identifiziert, die zu dieser Inflexibilität beitragen und Klienten in Sackgassen führen:

- Festhalten an einem bestimmten Selbstkonzept
- Kognitive Fusion
- Vorherrschen veralteter Skripte und Lerninhalte
- Erlebensvermeidung
- Unklare Wertevorstellungen
- Untätigkeit, Impulsivität und beharrliches Vermeiden

Ich möchte Sie noch einmal ermutigen, sich nicht von dem psychotherapeutischen Klang dieser Begriffe beirren zu lassen. Ich werde zu einem späteren Zeitpunkt näher darauf eingehen und Ihnen erläutern, wie Sie Ihren Klienten die Faktoren erklären können. Bis auf Weiteres möchte ich Sie darum bitten, die Tatsache zu akzeptieren, dass diese Faktoren ihren Ursprung in unserem Geist haben. Sie entstehen, wenn Klienten die Produkte ihres Geistes (Gedanken, Gefühle, mentale Bilder und Denkmuster) mit realen Dingen verwechseln, die sie mit ihren fünf Sinnen erleben können.

Zur Verdeutlichung möchte ich Sie bitten, das Folgende zu tun: Beschaffen Sie sich alle Zutaten, die Sie für das Mischen Ihres Lieblingsdrinks benötigen. Wählen Sie Ihr Lieblingsglas, fügen Sie Eis hinzu und mischen Sie den Drink. Dieser kann Alkohol enthalten oder auch nicht. Halten Sie das Glas nun gegen das Licht und schauen Sie sich die Farbe und Konsistenz der Mischung genau an. Fühlen Sie das Gewicht des Glases in Ihrer Hand. Schließen Sie die Augen und nehmen Sie das Aroma des Getränkes wahr. Hören Sie, wie die Eiswürfel gegen das Glas klirren. Trinken Sie einen Schluck und verteilen Sie die Flüssigkeit in Ihrem Mund, während Sie langsam schlucken. Stellen Sie das Glas ab und schließen Sie die Augen. Nun möchte ich Sie bitten, nur an das Getränk zu denken. Trinken Sie nicht, sondern denken Sie nur daran. Welche Gedanken zu dem Drink haben Sie? Ist das Denken an das Getränk das Gleiche wie es tatsächlich zu trinken? In Kapitel 3 werde ich Ihnen erklären, wie Sie dieses Beispiel in einer formellen Sitzung als Übung für Ihre Klienten verwenden können.

Klienten verwechseln ihre Gedanken zu einem Ereignis häufig mit der tatsächlichen Erfahrung. In manchen Fällen führt dies in eine Sackgasse. Mit anderen Worten: Die Klienten hängen in ihrem Gedankenleben fest, anstatt ihr wahres Leben zu führen. In diesem Buch werde ich Sie ACT-Methoden lehren, mit denen Sie Ihren Klienten dabei helfen können zu verstehen, wann ein Gedankengang ihnen auf dem Weg zu ihren Zielen hilft oder im Weg steht.

Sie müssen kein Psychotherapeut sein, um Ihre Klienten mithilfe der ACT-Grundsätze und -Methoden aus Sackgassen zu führen. Sie können die Grundsätze und Methoden in Ihre Beratungsarbeit einbauen und Ihren Klienten so helfen, sich zu befreien, auf ihre Ziele hinzuarbeiten und das Leben zu leben, von dem sie schon immer geträumt haben.

Um eine Tradition in der ACT weiterzuführen, möchte ich Ihnen sehr ans Herz legen, alle Übungen in diesem Buch selbst durchzuführen. Das hat gleich zwei Vorteile: Es wird Ihnen dabei helfen zu verstehen, wie alle Vorgänge funktionieren, und Sie werden Ihren Klienten die Wirkung der Übung besser vermitteln können, da Sie sie persönlich erlebt haben.

Bevor ich erkläre, was es bedeutet ein ACT-Coach zu sein, wollen wir einen kurzen Blick auf die Gemeinsamkeiten und Unterschiede zwischen Coaches und Therapeuten werfen und uns deren Klienten näher anschauen.

1.1 Coaching: eine sich ständig weiterentwickelnde Disziplin

Life Coaching erscheint als der nächste Schritt in der Evolution traditioneller Psychotherapie. Ähnlich wie Berater und Sozialarbeiter sich darum bemühten, ihre Methoden zu definieren und von denen der klinischen Psychologie abzugrenzen, haben Life Coaches um die Einrichtung ihrer eigenen Nische im weiten Feld der helfenden Berufe gekämpft. Die traditionelle Therapie ist durch das Coaching nicht ausgestorben. Traditionelle Psychotherapie hilft immer noch Patienten mit diagnostizierbaren psychischen Störungen, die klinische Dienste benötigen. Das Coaching hilft jenen Klienten, die durch professionelle Unterstützung ein sinnerfüllteres Leben führen möchten und ihr Potenzial voll ausschöpfen wollen. Patrick Williams (2007) beschreibt vier Hauptbereiche, durch die sich Coaching und Psychotherapie klar voneinander unterscheiden lassen:

1. Zweck
2. Fokus
3. Art der Klient-Helfer-Beziehung
4. Klientenwerbung

Wir wollen uns diese vier Bereiche im Folgenden einmal genauer anschauen. Seien Sie sich aber immer bewusst, dass hinsichtlich der Darstellung dieser Bereiche große Unterschiede zwischen der ACT und anderen Arten der Psychotherapie bestehen. Ich werde jeweils aufzeigen, an welchen Stellen ACT von anderen Formen der Psychotherapie abweicht.

Zweck

Der Zweck des Coachings besteht darin, dem Klienten dabei zu helfen, sein Potenzial voll auszuschöpfen und ein sinnerfülltes, für ihn bedeutsames Leben zu führen. Im Coaching geht man davon aus, dass der Klient die immanente Fähigkeit besitzt, einen Plan zu entwickeln, um dieses Ziel zu erreichen, oft aber Hilfe und Anleitung benötigt, um die Details auszuarbeiten. Coaching geht nicht davon aus, dass der Klient krank ist und geheilt werden muss. Ein Coach arbeitet mit Klienten, denen keine Diagnose einer psychischen Krankheit gestellt wurde und die bis zu einem befriedigenden Grad in der Gesellschaft funktionieren. Der Coach hilft dem Klienten, seine Werte klar zu definieren, sich Ziele zu setzen und Hindernisse aus dem Weg zu räumen, sodass es ihm gelingt, nicht bloß zufriedenstellend, sondern hervorragend seinen Weg zu gehen. Anstatt die Klienten als kranke Patienten zu betrachten, die geheilt werden müssen, sieht ein Coach sie als in einer Sackgasse feststeckende Menschen, die Hilfe benötigen, um sich zu befreien.

Der Zweck der Psychotherapie besteht darin, Menschen mit psychischen Störungen, die nicht in zufriedenstellendem Maße in der Gesellschaft klarkommen, zu helfen, wieder normal interagieren zu können. Die hierfür infrage kommenden psychischen Störungen entsprechen den im *Diagnostic and Statistical Manual of Mental Disorders* (*DSM-IV-TR*, Diagnostisches und Statistisches Handbuch Psychischer Störungen) (APA, 2000) festgelegten Kriterien. Auf den Punkt gebracht, behindern die psychischen Störungen die Fähigkeiten des Klienten, zu arbeiten, Kinder zu erziehen, mit anderen zu interagieren, in sozialen Situationen angebracht zu reagieren usw. Einige ACT-Therapeuten arbeiten zwar auch mit psychisch kranken Klienten, teilen dann aber die Sicht der Coaches, dass der Klient in einer Situation „feststeckt" und nicht krank ist. ACT-Therapeuten konzentrieren sich darauf, dem Klienten zu helfen, seine störenden Gedanken und schmerzlichen Gefühle zu akzeptieren, statt zu versuchen, sie zu verändern.

Fokus auf die Zukunft

Coaching ist zukunftsorientiert. Klienten suchen einen Coach auf, weil sie Hoffnungen, Träume und Ziele haben, die sie erreichen möchten. Sie freuen sich auf ein besseres Leben und wünschen sich Hilfe, um dorthin zu gelangen. Obwohl sie eigentlich zufriedenstellend zurechtkommen, wollen sie im Job, in der Beziehung und im Leben mehr erreichen. In vielen Fällen handelt es sich bei Coachingklienten um sehr erfolgreiche Menschen, die in den meisten Bereichen ihres Lebens ausgezeichnet zurechtkommen, sich aber manchmal festfahren und Hilfe benötigen, um sich zu befreien. Um ihnen zu helfen, sieht man sich mit ihnen zusammen gewöhnlich die Zukunft an und spricht über ihre Ziele und die Hindernisse, die ihnen im Wege stehen.

Coaches verwenden selten Zeit darauf, sich die Vergangenheit anzuschauen, um herauszufinden, an welcher Stelle die Klienten von ihrem Weg abgekommen sind. Obwohl sie die Klienten darin unterstützen, Kraft aus vergangenen Niederlagen und Erfolgen zu schöpfen, richten sie doch ein geringes Maß an Energie darauf, Sackgassen oder Unzufriedenheit mit der gegenwärtigen Situation zu analysieren. Nach kurzer Beurteilung aller Informationen beginnt ein Coach auch schon damit, mit dem Klienten zusammen eine Route zu planen, die den Coachee an sein Ziel bringen wird. ACT-Therapeuten verwenden eine ähnliche Herangehensweise, schauen sich die Vergangenheit nur kurz an und versuchen nicht, herauszufinden, was im Leben des Klienten schiefgelaufen ist. Sie konzentrieren sich auf die Gegenwart und darauf, den Klienten dabei zu unterstützen, Maßnahmen zu ergreifen, die seinen Werten entsprechen und durch die er seine beunruhigenden Gedanken und schmerzlichen Gefühle akzeptiert.

Obwohl die meisten anderen Formen der traditionellen Psychotherapie den Klienten ebenfalls darin unterstützen, in die Zukunft zu schauen, ist ihr primäres Ziel doch eher, die Wurzel eines Problems zu identifizieren, indem man zurückblickt und das kritische Ereignis findet und analysiert, das den Präzedenzfall für eine gegenwärtige Dysfunktion darstellt. Klienten kommen zur Psychotherapie mit krankhaften Symptomen, bekommen eine Diagnose gestellt und arbeiten danach mit ihrem Therapeuten an der Lösung ihrer Probleme. Ein Therapeut verwendet gewöhnlich viel Zeit darauf, mit dem Klienten über den Verlauf seiner Symptome, das Ausmaß und die Dauer seines Leidens sowie mögliche Versuche, das Problem zu beheben, zu sprechen. Therapeut und Klient diskutieren die Vergangenheit lange und ausführlich in der Hoffnung, dem Klienten Einsicht in die Ursache seines Problems zu gewähren.

Art der Klient-Helfer-Beziehung

Coaches sind Moderatoren, die ihre Klienten als gleichgestellte, ganzheitliche Persönlichkeiten ohne Heilungsbedarf sehen. Sie gehen davon aus, dass der Klient bereits die Möglichkeiten und Fähigkeiten besitzt, um seine Funktionsfähigkeit zu erhöhen und seine Ziele zu erreichen. Diese Möglichkeiten werden durch den Coachingprozess freigesetzt, sodass dem Klienten seine Fähigkeiten, sie zu nutzen, wieder zur Verfügung stehen. Dies ist der Grund dafür, dass zwischen Coach und Klient weniger formelle Abgrenzungen bestehen als zwischen Psychotherapeut und Klient. Die traditionelle Psychotherapie basiert auf der Festlegung formeller Grenzen und der Schaffung professioneller Distanz zwischen Klient und Therapeut. Die meisten Psychotherapeuten sind dazu ausgebildet, ein bestimmtes Maß an Professionalität aufrechtzuerhalten, das darin besteht, sich gewöhnlich als freundliche, aber etwas distanzierte Person zu geben. Klienten sehen traditionelle Therapeuten häufig als Experten, die ihnen die Lösung ihrer Probleme und den Weg zur Besserung aufzeigen werden. Hierdurch fällt es den Klienten schwerer, sich im Behandlungsprozess als gleichgestellt mit ihren Therapeuten zu sehen.

Klientenwerbung

Dem Coach sind in der Akquise oder Werbung von Klienten keine Grenzen gesetzt. Für ihn ist es einfacher, seine Dienste anzupreisen als für einen Psychotherapeuten, da sich sein Angebot an den Klienten nicht um Probleme oder psychische Störungen dreht. Ein Coach kann zum Beispiel einen Vortrag halten oder einen Tag der offenen Tür für potenzielle Kunden abhalten und frei von seinen Diensten und seiner einzigartigen Herangehensweise an die Arbeit mit Klienten berichten. Eine Person, die an einem Tag der offenen Tür teilnimmt, könnte aus vielen verschiedenen Gründen anwesend sein. Sie müsste nicht notwendigerweise ein Problem oder eine psychische Störung haben, um mehr über das Thema und den Coach erfahren zu wollen und dann zu entscheiden, ob die Zusammenarbeit eine gute Idee wäre. Stellen Sie sich nun einmal vor, ein Psychotherapeut, der neue Klienten werben möchte, böte der breiten Öffentlichkeit einen Vortrag zu Depression an. Menschen, die an Depression leiden, würde es sehr schwerfallen, sich anzumelden und Fragen zu stellen, ohne sich dabei stigmatisiert zu fühlen. Der Vortrag haltende Therapeut hätte Schwierigkeiten, mit den Menschen im Publikum zu interagieren, ohne Gefahr zu laufen, gegen seine Schweigepflicht zu verstoßen oder die Personen bloßzustellen.

Obwohl noch andere Unterschiede zwischen Psychotherapie und Coaching bestehen, legen die vier oben genannten Bereiche die grundlegenden Eckdaten für die beiden Methoden fest. Die Grundstruktur dieses Buches basiert darauf, dass die Schnittmenge der Psychotherapie- und Coachingklienten aus jenen besteht, deren emotionales Leiden sie psychisch unflexibel macht, in eine persönliche Sackgasse führt und vom Erreichen ihrer Ziele und Träume abhält. Es ist nicht so, als würden nicht beide Arten von Klienten leiden; alle leiden. Der Unterschied zwischen den Kliententypen ist der Funktionsgrad. Klienten in einer Psychotherapie weisen Störungen auf, die ihre normale Funktionsfähigkeit so sehr beeinträchtigt, dass sie den Kriterien des *DSM-IV* entsprechen. Bei Coachingklienten ist dies nicht der Fall. Zwischen klinischer Diagnose und normaler Funktionsfähigkeit besteht ein schmaler Grat, und eine Diagnose zu stellen, ist in gleichem Maße Kunst und Wissenschaft.

Im Rest dieses Kapitels werde ich untersuchen, wie Coaches die ACT-Grundsätze und -Methoden dazu verwenden können, ihre Klienten aus Sackgassen zu befreien und ihnen dabei zu helfen, im Leben voranzukommen.

1.2 ACT-Grundsätze und -Methoden für Coaches

Die *Acceptance und Commitment Therapie* (ACT) ist eine Form von Psychotherapie, deren Prinzipien und Methoden in Zusammenhang mit der Kognitiven Verhaltenstherapie und der Bezugsrahmentheorie stehen. Die Prinzipien und Methoden der ACT wurden ursprünglich für Klienten mit diagnostizierbaren psychischen Krankheiten entwickelt, später aber an Klienten angepasst, die an Stress leiden oder milde Formen von Angst- und Besorgniszuständen zeigen, *DSM-IV* Kriterien aber nicht erfüllen. Grundsätzlich können die ACT-Prinzipien und -Methoden bei allen Menschen angewandt werden, die sich durch psychische Inflexibilität und den Versuch, beunruhigende Gedanken und schmerzhafte Emotionen zu kontrollieren, statt sie zu akzeptieren, in eine Sackgasse manövriert haben. Ich habe sie sowohl privat als auch in meiner Coachingtätigkeit angewandt.

Um ACT in Ihre Arbeit als Coach zu integrieren, müssen Sie sich zuerst den Unterschied zwischen einem Anwender der ACT-Prinzipien und -Methoden und einem ACT-Therapeuten klarmachen. Wie zuvor erwähnt, müssen Sie kein ACT-Psychotherapeut sein, um die ACT-Prinzipien und -Methoden in Ihre Arbeit einzubinden. Solange Sie sich bewusst sind, wo Ihre Grenzen als Coach liegen und dass ein Unterschied zwischen dem bloßen Anwenden von ACT und der ACT-Therapie besteht, bewegen Sie sich juristisch und ethisch gesehen auf sicherem Boden. Im letzten Teil dieses Kapitels finden Sie Richtlinien für die Überweisung von Klienten, die Psychotherapie oder andere Dienste benötigen, die Sie moralisch, ethisch und rechtlich nicht anbieten können.

1.3 Die Anwendung von ACT im Coaching

Wie schon zu Beginn dieses Kapitels erwähnt, gibt es nach der Acceptance und Commitment Therapie sechs Schlüsselfaktoren, die zu psychischer Inflexibilität beitragen und zu einer festgefahrenen Situation für den Klienten führen (Festhalten an ein bestimmtes Selbstkonzept, Kognitive Fusion etc.). Wie in der Einleitung beschrieben, basiert die ACT-Therapie auf sechs zentralen therapeutischen Prozessen, die den Klienten dabei helfen, die Faktoren zu überwinden, die zu ihrer psychischen Inflexibilität beitragen. Diese Prozesse sind:

- Präsent (gegenwärtig) sein
- Als wertvoll eingeschätzte Orientierungen definieren
- Engagiertes Handeln
- Das Selbst als Kontext
- Akzeptieren[1] üben
- Kognitive Defusion anwenden

Präsent sein bedeutet das Gleiche wie aufmerksam sein, sich stärker zu fokussieren und achtsamer zu werden. Das Achtsamkeitstraining hilft den Klienten dabei, sich den Vorgängen in ihrem Geist und Körper sowie in ihrer Umwelt bewusster zu sein. Coaches können ihre Klienten mit dem Achtsamkeitstraining dabei unterstützen, sich ihrer Gedanken, Gefühle und Handlungen bewusst zu werden und zu entscheiden, ob diese dem Erreichen ihrer Ziele zuträglich sind oder hinderlich erscheinen.

1 Der für ACT wichtige englische Begriff *acceptance* wird in diesem Buch bewusst nicht als „Akzeptanz", sondern als *Akzeptieren* übersetzt. Laut Duden-Fremdwörterbuch ist „Akzeptanz" die *„Bereitschaft* zu akzeptieren", also nicht das Akzeptieren selbst; das Akzeptieren ist die primäre Eigenschaft, die Akzeptanz etwas Vermitteltes, von außen Betrachtetes.

Um die als wertvoll eingeschätzten Orientierungen eines Klienten zu definieren, müssen Sie zuerst die Werte der Person klarstellen. Dies geschieht in einem vierstufigen Prozess:

1. Werte identifizieren
2. Werte nach Priorität ordnen
3. Anderen diese Werte mitteilen
4. Nach den Werten handeln

Durch den Prozess der Werteklärung kann ein Coach dem Klienten dabei helfen, sich Ziele zu setzen, die seine Werte widerspiegeln.

Das Akzeptieren zu üben bedeutet, anzuerkennen, wie unser Geist Gedanken und Gefühle generiert, und aufzugeben, beunruhigende Gedanken und schmerzhafte Gefühle kontrollieren zu wollen. Akzeptieren geht Hand in Hand damit, sich zu Handlungen zu verpflichten und diese auch auszuführen. Ein Klient, der sich für eine Handlung entscheidet, ist auch bereit, trotz seiner beunruhigenden Gedanken und schmerzhaften Emotionen voranzuschreiten. Er hat nicht das Gefühl, sie beseitigen zu müssen, bevor er handeln kann.

Wie das Akzeptieren und das Commitment (Engagement, im Deutschen auch Verpflichtung) fungieren auch das Selbst als Kontext und die Kognitive Defusion im Zusammenspiel. Wenn ein Klient das eigene Selbst im Kontext wahrnimmt, statt sich von seinen Gedanken und Gefühlen definieren zu lassen, kann er letztere wie ein Außenstehender betrachten. Die eigenen Gedanken und Gefühlen gewissermaßen zu „sein" wird als „Selbst-als-Inhalt"-Betrachtensweise (*self as content*) bezeichnet, was das Gegenteil der „Selbst-als-Kontext"-Perspektive darstellt. Ich werde diesen Sachverhalt in Kapitel 2 näher erläutern. Durch die Kognitive Defusion wird die Selbst-als-Inhalt-Perspektive rückgängig gemacht. Wenn der Klient seine hinderlichen Gedanken und Gefühle nicht mehr so ernst nimmt, kann er seine übermäßige Bindung an sie durchbrechen.

Diese therapeutischen Prozesse helfen dem Klienten dabei, 1) größere psychische Flexibilität zu entwickeln, indem er Schmerz und Leiden schneller akzeptiert und eher bereit ist, seinen Werten entsprechend zu handeln; 2) mit seinen beunruhigenden Gedanken und schmerzhaften Gefühlen zu leben, statt sie kontrollieren zu wollen; 3) die Arbeitsweise seines Geistes zu akzeptieren, statt sich gegen sie zu wehren.

Als Coach könnten Sie davon profitieren, sich die ACT-Prinzipien und -Methoden anzueignen, welche mit diesen therapeutischen Prozessen in Zusammenhang stehen. Das Verständnis der theoretischen Grundstruktur, die das Definieren von wertebasierten Richtungszielen mit den anderen therapeutischen Kernprozessen der ACT verbindet, wird Ihnen ebenfalls von Nutzen sein. Wie zuvor erwähnt, verwenden viele Coaches eine vielfältige Mischung aus Techniken, die in keinem durch Forschung belegten theoretischen Rahmenwerk verankert sind. Hier wäre es von großem Nutzen, einige dieser Techniken in ein Gerüst wie die sechs zentralen therapeutischen Prozesse der ACT einzubinden.

1.4 Der psychisch inflexible Klient

Ähnlich wie Klienten in psychotherapeutischer Behandlung gelangen Ihre Coachingklienten aufgrund ihrer psychischen Inflexibilität oft in festgefahrene mentale Situationen. Ihnen ist bestimmt schon aufgefallen, dass viele Ihrer hocherfolgreichen Coachingklienten ein wenig nervös, gestresst, eindimensional, unnachgiebig, aggressiv und kompromisslos sind. Obwohl diese und andere Eigenschaften nicht notwendigerweise auf nicht diagnostizierte psychische Störungen hinweisen, spiegeln sie doch möglicherweise eine psychische Inflexibilität wider, die die Menschen davon abhält, ihr volles Potenzial auszuleben. Lassen Sie mich dies am Beispiel einer gestressten Klienten mit Namen Lynette verdeutlichen:

Lynettes Geschichte

Lynette ist ehemalige Studentin und frühere Klientin von mir. Ich habe ihren Namen und einige andere Details geändert, um ihre Privatsphäre zu wahren. Die entscheidenden Aspekte ihrer Geschichte habe ich jedoch beibehalten, um zu demonstrieren, wie ich ihr durch die Anwendung von ACT geholfen habe.

Lynette ist eine „Überfliegerin" und kehrte erst kürzlich wieder als Vollzeitstudentin an die Universität zurück, um mit 35 Jahren ihren Bachelor in Wirtschaft, Schwerpunkt Management, zu machen. Sie sieht dies als Sprungbrett zum Master und einer Spitzenposition im Management einer großen Reisegesellschaft. Vor 15 Jahren hat Lynette bereits eine Ausbildung zur Reiseverkehrskauffrau (*associate's degree in travel agency management*) abgeschlossen, und seit zehn Jahren arbeitet sie erfolgreich als Reisekauffrau und Inhaberin ihres eigenen kleinen Reisebüros. Neben ihrem Vollzeitstudium leitet Lynette immer noch ihr Reisebüro und ist Mutter und Hausfrau. Sie ist eine intelligente, dynamische, perfekt organisierte und hart arbeitende Frau.

Auf dem Papier sieht es aus, als würde Lynette ihre verschiedenen Rollen erfolgreich meistern, doch in der Realität steht sie kurz vor dem Zusammenbruch, da sie sich in ihren beunruhigenden Gedanken und schmerzhaften Gefühlen in Zusammenhang mit ihrem „Superfrau“-Dasein verstrickt hat. Lynette hat ein persönliches Skript und mentales Bild von sich selbst, nach dem sie alle ihre Rollen nicht nur meistert, sondern sie perfekt ausführt. Sie hält immer noch an den gleichen Standards fest, die sie für jede Rolle einzeln festgesetzt hat, obwohl sie nun in allen gleichzeitig steckt. Ihr Anspruch auf Perfektion, den sie sich im Geiste einmal gesetzt hat, war vielleicht in der Vergangenheit zu erfüllen, als sie lediglich in einer oder zwei ihrer Rollen gleichzeitig steckte (z. B. arbeiten gehen und als Einzelperson eine Wohnung finanzieren). Zu erwarten, dass sie den gleichen perfektionistischen Ansprüchen noch gerecht werden kann, wenn sie alle ihre Rollen gleichzeitig spielt, ist nicht nur unrealistisch, sondern äußerst stressauslösend. Lynette fühlt sich durch ihre Unfähigkeit, alle ihre Rollen perfekt zu erfüllen, bedroht und wird nicht damit fertig, sich mit weniger als perfekt zufriedenzugeben.

Lynette ist nicht psychisch krank, d. h., sie weist keine Krankheit auf, die laut den diagnostischen Kriterien des *DSM-IV* als solche definiert wird. Nichtsdestotrotz ist sie erschöpft, unglücklich, ängstlich und besorgt und kann ohne Schlaftabletten nicht einschlafen. Sie hat das Gefühl, festzustecken, weil sie ein persönliches Skript und ein mentales Bild des perfekten Lebens für sich selbst erschaffen hat, das sie nun zerbröckeln sieht. Lynette weiß nicht, wie sie ihre Ziele und Prioritäten neu organisieren kann, um voranzukommen.

Ich teile ihr mit, dass ich nicht viel Zeit darauf verwenden werde, über ihre Vergangenheit zu reden, dass wir uns aber kurz anschauen wollen, wie ihre Erfahrungen ihre Sicht auf die Gegenwart und Zukunft beeinflussen. Ich gehe speziell darauf ein, wie ihr Geist aus der Sicht der ACT funktioniert, wenn er nicht weiterkommt und destruktive Informationen aus ihrer Vergangenheit auf die Zukunft projiziert. Ich teile Lynette auch mit, dass ich ihr beibringen werde, wie sie destruktive Gedanken und Gefühle akzeptieren und als Ansporn nutzen kann, statt zu versuchen, sie zu kontrollieren, zu vermeiden oder abzuschalten. Ich erkläre ihr kurz, dass Studien zu ACT erwiesen haben, dass das Brüten über beunruhigenden Gedanken und schmerzhaften Gefühlen diese lediglich verschlimmert (vgl. Kapitel 2 für eine genaue Analyse).

Im nächsten Schritt helfe ich Lynette dabei, ihre Werte zu untersuchen und zu definieren. Dies hilft ihr, sich ihr Ziel (der Bachelor) noch einmal im Licht ihrer wirklichen Wertevorstellungen anzuschauen: Das Wichtigste in ihrem Leben sind Bildung, Familie und Karrierechancen. Als wir ihre Werte nach Wichtigkeit sortieren, findet Lynette heraus, dass ein perfekter Haushalt und Arbeitsplatz ihr am wenigsten bedeuten. Wir stellen zudem fest, dass ihr Wunsch nach einem Bachelorabschluss ein weitgefasstes Langzeitziel darstellt und sie sich messbare Kurzzeitziele setzen muss, die ihr dabei helfen, ihre Fortschritte im Auge zu behalten. Lynette ist der Ansicht, dass sich durch ihr Studium vierteljährliche Zielmessungen anbieten, da es in Quartale eingeteilt ist. Bevor wir die Erörterung ihrer Ziele abschließen, schauen wir uns noch die Kriterien an, nach denen sie Erfolg definiert, speziell ihr Bestreben, alles perfekt zu machen. Lynette sieht ein, dass dieses Ziel einfach nicht mehr möglich ist, da sie schlicht nicht die Zeit hat. Sie gesteht sich sogar ein, dass sie einige Dinge als nicht vollkommen perfekt akzeptieren kann (die Sauberkeit ihres Hauses zum Beispiel). Lynette versteht, dass die Maßstäbe für Perfektion, die ihr Verstand ihr durch veraltete Gedankenbilder und persönliche Skripte übermittelt, sie in eine Sackgasse geleitet haben und dass diese ihr nicht länger dabei helfen, ihre Ziele zu erreichen.

Ich erkläre Lynette, dass sie darauf aufpassen muss, was ihr Geist ihr über ihre Ziele, Absichten und Ansprüche auf Perfektion mitteilt, und dass sie achtsamer werden muss. Ich bringe ihr bei, Achtsamkeit sowohl als formales meditatives Erlebnis zu praktizieren als auch als einen Teil ihres täglichen Lebens zu betrachten, wie essen, saubermachen und sich um ihren Hund kümmern.

Da Lynette keine Angst davor hat, sich zu der ihr bevorstehenden Arbeit zu verpflichten, gestaltet sich der Commitmentteil der ACT einfach. Was ihr am schwersten fällt zu verstehen, ist die Tatsache, dass sie trotz beunruhigender Gedanken und schmerzhafter Gefühle handeln muss. Als sie erst einmal verstanden hat, dass der Versuch, solche Gedanken und Gefühle kontrollieren, vermeiden oder abstellen zu wollen, diese lediglich verschlimmert, akzeptiert Lynette schließlich, dass sie auch mit ihnen im Gepäck im Leben weiterkommen kann.

Den Rest der Behandlungszeit verbringen wir damit, uns über spezielle Entspannungstechniken und Veränderungen des Lebensstils zu unterhalten, die mit Stressabbau zusammenhängen. Lynette mag insbesondere Zwerchfellatmung und Visualisierung. Sie geht sogar so weit, ihr eigenes Visualisierungsskript zu verfassen und aufzunehmen, welches sich darum dreht, einen entspannten Tag auf einem Floß auf einem Bergsee zu verbringen. Außerdem beginnt sie, ihre Zeit effektiver zu nutzen, indem sie einen Reinigungsdienst mit dem Putzen ihrer Wohnung beauftragt; ihr gelingt es, einen günstigen Vertrag mit der Firma auszuhandeln, die ihr Büro putzt. Anstatt zu versuchen, ihr Reisebüro vollkommen alleine zu leiten, stellt sie einen Büroleiter ein, der an den Tagen die Verantwortung übernimmt, an denen sie in der Universität ist. Schritt für Schritt übernimmt Lynette die Kontrolle über ihre Zeit und beginnt sie mit den Dingen zu verbringen, die ihr wirklich wichtig sind, anstatt sie auf stressauslösende Aktivitäten zu verschwenden.

Lynette schafft es schließlich, ihren Bachelor zu machen, und schreibt sich an einer Fernuniversität für einen Masterstudiengang ein. Diese Lösung gibt ihr gleichzeitig größtmögliche Flexibilität und eine angesehene akademische Ausbildung. Als ich das letzte Mal mit ihr spreche, fühlt sie sich besser und genießt ihr Leben, während sie ihrem neuesten Ziel – dem Mastergrad – immer näher kommt. Sie erzählt, dass unsere Zusammenarbeit ihr im Leben weitergeholfen hat und sie ihre Ziele nun erreichen kann, auch wenn sie ihren Werten treu bleibt. Sie glaubt, gelernt zu haben, wie sie unproduktive Gedanken, die sich aufs Arbeiten, Saubermachen und Perfektsein beziehen, akzeptieren kann. Lynette ist außerdem bereit, mit den Schuldgefühlen zu leben, die sie manchmal empfindet, wenn sie jemanden für das Reinigen ihres Hauses bezahlt oder berufsrelevante Dinge an andere abgibt. Sie hat verstanden, dass ihr die Zeit mit ihrer Familie wichtiger ist, als sauber zu machen und Kleinigkeiten in ihrer Firma zu erledigen.

1.5 Überweisung eines Klienten

Ab und an geraten Sie sicher einmal in die Situation, in der Sie gerne mit einem Klienten arbeiten würden, seine Bedürfnisse und Ihre Fähigkeiten aber leider nicht zusammenpassen. Wenn dies geschieht, sind Sie moralisch, ethisch und rechtlich dazu verpflichtet, diesen Klienten an jemanden zu überweisen, der ihm am besten helfen kann. In einigen Fällen benötigt die Person Hilfe auf einem Gebiet, in dem Sie nicht genug Fachwissen haben. In anderen Fällen stellen Sie fest, dass der Klient höchstwahrscheinlich eine psychische Störung aufweist, die die Hilfe eines Psychotherapeuten erfordert. Um mögliche rechtliche und ethische Verstöße zu vermeiden, ist es am besten, Klienten für zusätzlichen Rat an andere zu überweisen, wenn deren Bedürfnisse Ihre Erfahrung, Fähigkeiten und Qualifikationen übersteigen.

Ein entscheidender Faktor bei der Entscheidung, ob Sie einen Klienten an einen Therapeuten überweisen sollten, ist der Verdacht, dass eine psychische Störung den Grund für seine Erfolglosigkeit darstellt. Diese Störung sollte durch die Kriterien des *DSM-IV* (APA, 2000) definiert sein. Sie müssen kein Therapeut sein, um dieses Nachschlagewerk zu verstehen. Es ist auch nicht notwendig, dass Sie jedes kleinste Detail beherrschen. Sie sollten es jedoch so gut kennen, dass Sie es als Leitfaden verwenden können, wenn Sie bemerken, dass die Bedürfnisse Ihres Klienten Ihre Fähigkeiten übersteigen.

Sollten Sie sich einer eigenen Praxis niedergelassen haben, ist es sinnvoll, gute Beziehungen zu den Therapeuten in Ihrer Nähe zu haben. Damit stehen Ihnen nicht nur gute Adressen zur Verfügung, an die Sie Ihre Klienten bei Bedarf überweisen können, sondern diese werden ihrerseits sicher auch Klienten an Sie weiterleiten. Sollten Sie eine internetbasierte Praxis betreiben, können Sie Ihren Klienten dabei helfen, im Internet seriöse Therapeuten in ihrer Nähe zu finden.

EXKURS

Einen Klienten überweisen

Eine Überweisung besteht aus vier Schritten:

1. Einen überweisungsbedürftigen Klienten erkennen.
2. Mit dem Klienten über einen potenziellen Wechsel sprechen.
3. Die Überweisung ausstellen.
4. Nachbereitung.

Einen überweisungsbedürftigen Klienten erkennen. Die folgenden Kriterien legen nahe, dass ein Klient eine Überweisung benötigt:

1. Während des Aufnahmegesprächs stellen Sie fest:
   - Eine andere Form von Beratung oder sogar Psychotherapie sind hinsichtlich der Bedürfnisse, Hindernisse oder Ziele des Klienten passender.
   - Der Klient möchte seine Bedürfnisse nur ungern mit Ihnen diskutieren.
   - Der Klient wirkt vollkommen hoffnungslos oder hilflos.
   - Der Klient spricht von Selbstmord.
   - Der Klient bittet um Information oder Hilfe, die außerhalb Ihres Erfahrungs-, Fähigkeiten- oder Qualifikationsbereiches liegt.
2. Nach zwei oder drei Sitzungen mit dem Klienten wird Ihnen klar:
   - Einer der Faktoren aus Punkt 1 kommt zum Tragen.
   - Sie haben das Gefühl, dieser Person nicht helfen zu können.
   - Der Klient berichtet von plötzlichen Verhaltensänderungen, die auf Selbstmordabsichten hinweisen (z. B. ein signifikanter Leistungseinbruch in der Schule oder bei der Arbeit; häufige, nicht krankheitsbedingte Abwesenheit von der Schule oder Arbeit; dramatische Veränderungen der äußeren Erscheinung oder Hygiene).

Mit dem Klienten über einen potenziellen Wechsel sprechen. Im Folgenden erhalten Sie einige Hinweise dazu, wie Sie mit dem Klienten über eine mögliche Überweisung sprechen können:

1. Teilen Sie Ihrem Klienten mit, dass Sie sehr um sein Wohl besorgt sind: „Nach dem, was Sie mir gerade berichtet haben, möchte ich, dass Sie wissen, dass ich mir große Sorgen um Ihr psychisches und körperliches Wohlergehen mache."
2. Beschreiben Sie, welche Veränderungen Sie am Verhalten, an der Sprache und der Körperhygiene Ihres Klienten festgestellt haben:
   - „Ihre Leistung und Anwesenheit in der Schule oder bei der Arbeit haben in letzter Zeit wirklich drastisch abgenommen."
   - „Es scheint mir, als ob Sie sich sehr hilflos fühlen und Ihre Situation als hoffnungslos empfinden."
   - „Sie erwähnten, dass Sie an Selbstmord gedacht haben. Das Gesetz und meine Berufsethik zwingen mich dazu, Sie an jemanden zu überweisen, der Ihnen bei Ihren Problemen helfen kann."

3. Erklären Sie dem Klienten, dass Sie außerstande sind, ihm zu helfen, und dass es unethisch wäre, weiter mit ihm zu arbeiten: „Nach Ihren Schilderungen zu urteilen, habe ich das Gefühl, Ihnen nicht die Hilfe bieten zu können, die Sie benötigen. Da Ihre Bedürfnisse außerhalb dessen liegen, was ich Ihnen als Coach bieten kann, zwingt mich meine Berufsethik dazu, Sie an jemanden zu überweisen, der Sie kompetent unterstützen wird. Ich hoffe, Sie verstehen das."
4. Machen Sie Ihrem Klienten klar, dass Überweisungen im Coaching alltäglich sind:
   - „Es ist völlig normal, dass ein Coach einen Klienten für zusätzliche Hilfe weiterleitet, wenn dieser erlebt hat, was Sie erlebt haben. Viele meiner Klienten in Ihrer Situation empfanden es als sehr hilfreich, mit einem Psychotherapeuten zu sprechen."
   - „Sie haben nun einige Sitzungen mit mir gehabt und fühlen sich trotzdem nicht besser. Ich meine, es ist an der Zeit, mit jemandem zu sprechen, der Ihnen möglicherweise helfen kann."

Die Überweisung ausstellen. Diese Schritte müssen Sie unternehmen, um eine Überweisung auszustellen:

1. Erklären Sie Ihrem Klienten, dass Sie keinen Termin für ihn vereinbaren dürfen, ihn aber gerne dabei von Ihrem Büro aus unterstützen werden.
2. Bieten Sie Ihrem Klienten an, den Telefonanruf von Ihrem Büro aus zu tätigen, wenn Sie dabei sind.
3. Sollten Sie Ihren Klienten an einen Therapeuten überweisen, der in Ihrem Gebäude praktiziert, dann bieten Sie Ihrem Klienten an, ihn dorthin zu begleiten und zu warten, bis er einen Termin bekommen hat.
4. Sollte der Klient nicht gleich einen Termin vereinbaren wollen, müssen Sie ihn durch Rollenspiele darauf vorbereiten, zu einem späteren Zeitpunkt Kontakt aufzunehmen. Geben Sie ihm so viele Kontaktinformationen wie möglich (z. B. die richtige Telefonnummer, den Namen einer Kontaktperson, Öffnungszeiten und Informationen über eventuell anfallende Kosten).

Nachbereiten. Sie sollten wie folgt mit Ihrem Klienten in Kontakt bleiben:

1. Erklären Sie Ihrem Klienten, dass Sie den Therapeuten nicht ohne seine Zustimmung kontaktieren dürfen.
2. Machen Sie Ihrem Klienten klar, was Sie von ihm erwarten: Er soll diese Sache zu Ende durchführen und einen Termin bei seinem neuen Therapeuten machen, da dies das Beste für ihn ist.
3. Bitten Sie Ihren Klienten, Sie anzurufen, nachdem er den Termin gemacht hat.
4. Teilen Sie Ihrem Klienten mit, dass Sie ihn anrufen werden, um sich nach seinem Befinden zu erkundigen, wenn Sie nichts von ihm hören.

Wenn Sie diese Richtlinien zu Überweisungen und dem Wohlergehen Ihres Klienten befolgen, sollten Sie sich moralisch, ethisch und rechtlich auf sicherem Boden bewegen.

Im nächsten Kapitel werde ich Ihnen ACT vorstellen und erklären, damit Sie verstehen, wie Sie entsprechende Prinzipien und Methoden in das Coaching integrieren können.

2. Was ist ACT?

Die Acceptance und Commitment Therapie ist eine Form von Psychotherapie, die auf Verhaltenstherapie oder, präziser gesagt, auf der Bezugsrahmentheorie basiert (Hayes, Barnes-Holmes & Roche, 2001). Achtsamkeit und Verhaltensmodifikation stellen die zwei wichtigsten Behandlungsansätze der ACT dar und haben jeweils eine theoretische und eine praktische Dimension. Mit diesen können Sie Ihren Klienten helfen, ihren Zielen näher zu kommen und ihren Werten dabei treu zu bleiben. ACT zielt darauf ab, Klienten zu unterstützen, ihr Leben im Einklang mit ihren Werten und Zielen zu leben.

2.1 A steht für Akzeptieren

Das Akzeptieren hat vier Aspekte:

1. Achtsamkeit
2. Akzeptieren, dass Gedanken und Gefühle sowohl hilfreich als auch hinderlich sein können, wenn Sie im Einklang mit Ihren Werten handeln wollen.
3. Akzeptieren, was *nicht* kontrolliert werden kann (Gedanken, Gefühle, persönliche Skripte, mentale Bilder).
4. Akzeptieren, was kontrolliert werden *kann* (Verhalten und physische Umgebung).

Wir wollen uns diese Aspekte einmal näher anschauen.

Achtsamkeit zieht sich wie ein roter Faden durch alle Aspekte der ACT und beinhaltet, sich jedes Augenblickes aufmerksam bewusst zu sein und innere (Gedanken, Gefühle, Körperempfindungen) und äußere (unmittelbare physische Umwelt) Ereignisse wahrzunehmen, wenn sie geschehen. Achtsamer zu werden ist eine wichtige Fähigkeit, die Ihren Klienten in vielen Bereichen ihres persönlichen und beruflichen Lebens von Nutzen sein kann. Kapitel 6 befasst sich eingehend mit Achtsamkeit und bietet Ihnen viele hilfreiche Übungen für Ihre Klienten.

Um herauszufinden, wie Gedanken und Gefühle wertebasierte Handlungen erleichtern oder behindern, müssen Klienten ihre Werte zuerst klar definieren. Dieser Aspekt der ACT ist so wichtig, dass ich ihm ein ganzes Kapitel (Kap. 4) widme. Darin verwende ich viel Zeit darauf, über Werte zu reden und zu erklären, wie Sie Ihren Coachees beibringen können, diese zu identifizieren und klar darzustellen. Ich beschreibe außerdem einige Übungen, in denen Ihre Klienten ihre Werte erkennen und darüber nachdenken sollen, wie diese Werte mit ihren Zielen in Zusammenhang stehen.

Zu akzeptieren, was nicht kontrolliert werden kann, ist eines der Schlüsselelemente der ACT. Einer der Aspekte, die mich anfangs am meisten an ACT fasziniert haben, war die Forschungsarbeit, auf der diese Therapieform basiert. Statt sich auf Spekulation und Mystik zu stützen, kann ACT durch solide empirische Studien belegt werden, die die Beziehung zwischen Sprache, Gefühlen und Verhalten erforschen – Studien, die zeigen, dass das Fokussieren von Aufmerksamkeit und Selbstgesprächen auf den Versuch, schmerzhafte Gedanken und Gefühle kontrollieren, vermeiden oder beseitigen zu wollen, das Leiden lediglich verschlimmert (Hayes, Strosahl & Wilson, 1999; Eifert & Heffner, 2003). Dies steht in Widerspruch zu der vorherrschenden, grundlegenden Ansicht der meisten Formen westlicher Psychotherapie. Höchstwahrscheinlich werden Sie dies als Coach jedoch als vollkommen sinnvolles Studienergebnis ansehen, da Sie nicht durch historische Vorurteile beeinflusst sind, die die Ausbildung zum Therapeuten mit sich bringt. Als Coach werden Sie nicht allzu lange bei den schmerzhaften Gedanken und Gefühlen Ihres Klienten verweilen; Sie lehren Ihre Klienten, diese als gegeben anzunehmen und ihr Leben weiter zu leben.

ACT erkennt an, dass Schmerz und Leiden ein Teil des Lebens sind und uns wertvolle Dinge lehren können. Leider machen viele Menschen das Abstellen jeglichen Schmerzes und Leidens zum Hauptziel ihres Lebens und probieren dabei jeden Modetrend auf ihrer Suche nach einem schmerzfreien Dasein. Der Mediziner und führende ACT-Autor, Trainer und Therapeut Russ Harris (2007) nennt dieses Phänomen die „Glücksfalle“ und meint damit den fehlgeleiteten Glauben, dass Menschen jeglichen Schmerz und Leiden kontrollieren, vermeiden oder abstellen könnten. Über die Jahre habe ich festgestellt, dass viele meiner Klienten und Schüler dies tatsächlich als ihr Lebensziel sehen. Obwohl dieses Ziel sich anfänglich gut anhört, ist es kontraproduktiv und verschlimmert das Leiden in Wirklichkeit nur, da es unmöglich erreicht werden kann.

Was die Klienten hingegen kontrollieren *können*, ist ihr Verhalten und bestimmte Bereiche ihrer physischen Umwelt (wo sie arbeiten, wo sie leben etc.). Obgleich Klienten die Gedanken, Gefühle, persönlichen Skripte und mentalen Bilder, die fast ununterbrochen in ihrem Geist auftauchen, nicht kontrollieren können, ist es ihnen sehr wohl möglich zu kontrollieren, wie sie *im Zusammenhang* mit diesen reagieren. Beispielsweise muss Ihr Klient nicht zwangsläufig die nächstbeste Person angreifen, die ihn schief anschaut, nur weil er wütend ist. Nur weil Ihre Klientin sich aufreizend fühlt, wird sie nicht notwendigerweise den Kollegen verführen, der mit ihr im Büro sitzt.

Ich werde mich diesen Komponenten des Akzeptierens später in diesem Kapitel im Detail zuwenden, wenn ich die Feinheiten der ACT-Theorie erkläre. In diesem Kapitel müssen Sie mir die Treue halten, obwohl es formal und fachspezifisch wird. Es stellt die Grundlage des gesamten Buches dar. Sie werden danach mit einer Vielzahl von Übungen belohnt, durch die Sie und Ihre Klienten die hier beschriebenen Prinzipien praktisch umsetzen können.

2.2 C steht für Commitment

Commitment, oder Selbstverpflichtung, ist ein bedeutender Teil des Coachings. Einen Klienten dazu zu bringen, sich zu einer Handlung zu verpflichten, die im Einklang mit seinen Zielen steht, und diese dann auch auszuführen, bildet die Grundlage des Coachings. Bei Selbstverpflichtung geht es darum, Menschen zu helfen, nicht lockerzulassen, wenn sie eine Handlung begonnen haben, die ihren Werten und Zielen entspricht. Dies stellt auch einen wichtigen Aspekt der ACT dar. Wenn Sie sich zu etwas verpflichten, versprechen Sie sich selbst, Ihre Pläne auch in die Tat umzusetzen. In Kapitel 5 befasse ich mich ausschließlich mit Commitment und erkläre Ihnen, wie Sie Ihren Klienten dabei helfen, ihre Ziele und Pläne nicht aus den Augen zu verlieren, obwohl sie mit Schmerzen und Leiden leben. Selbstverpflichtung üben zeigt Ihren Klienten, dass sie ihre schmerzhaften Gedanken und Gefühle nicht kontrollieren, vermeiden oder abstellen müssen, um in ihrem Leben voranzukommen. Klienten empfinden Schmerz und Leiden oft als Hindernis, das ihnen trotz aller Mühen den Weg in eine bessere Zukunft versperrt. ACT lehrt diese Menschen, verwirrende Schmerzen und Leiden nicht mit echten Hindernissen, die ihre Aufmerksamkeit verdienen, zu verwechseln. So lange die Klienten verstehen, dass es normal ist, schmerzhafte Gedanken und Empfindungen zu haben und Leiden zu empfinden, werden sie das Gefühl haben, diese bewältigen und weiter an ihren Zielen arbeiten zu können. Durch ACT lernen sie, dass Akzeptieren der beste Weg ist, Schmerz und Leiden zu mindern, und dass Kontrollieren, Vermeiden oder Abstellen nicht helfen.

2.3 T steht für Therapie

Der therapeutische Teil der ACT besteht darin, den Klienten zu helfen, psychisch flexibler zu werden. Die ACT-Theorie geht davon aus, dass Menschen durch eine Vielzahl von Gründen (auf welche ich später genauer eingehen werde) ihre psychische Flexibilität verlieren und in eine mentale Sackgasse geraten. Wenn ein Klient feststeckt, kann er sich im Leben nicht mehr vorwärtsbewegen, nicht persönlich wachsen und seine Ziele und Träume nicht verwirklichen. In der ACT verwenden Sie verschiedene Techniken, um Ihren Klienten dabei zu helfen, sich zu befreien und psychisch flexibler zu werden. Als eine Form der Kognitiven Verhaltenstherapie geht die ACT davon aus, dass Gedanken und innere Monologe eine bedeutende Rolle im Zusammenhang mit psychischer Flexibilität oder Inflexibilität spielen.

ACT ist eine sehr pragmatische Form von Psychotherapie, die sich mit dem Nutzen von Gedanken, Gefühlen und Verhalten in spezifischen Situationen oder Zusammenhängen, bei wertebasierten Handlungen und dem Erreichen von Zielen befasst. Um herauszufinden, was nützlich ist und was nicht, rät Ihnen die ACT dazu, Ihre Klienten die folgende Frage beantworten zu lassen: *Helfen mir diese Gedanken und Gefühle dabei, auf eine Weise zu handeln, die im Einklang mit meinen Werten und Zielen steht?* Lautet die Antwort Ja, dann sind die Gedanken und Gefühle nützlich. Bei Nein helfen sie nicht dabei, wertebasierte Entscheidungen zu treffen. Sowohl hilfreiche als auch hinderliche Gedanken und Gefühle werden gleichwertig akzeptiert. Klienten können lernen, wie sie trotz destruktiver Gedanken und Gefühle zu Handlungen imstande sind.

Stellen Sie sich einmal vor, einer Ihrer Klienten wäre eine Autorin, die gerade die erste Version ihres Manuskriptes eingereicht hat und aufgrund der Kommentare ihres Lektors negative Gedanken und schmerzhafte Gefühle empfindet. Sie sagt zu sich selbst: *Ich werde dieses Buch niemals fertig bekommen. Ich bin eine schlechte Autorin. Ich verstehe einige der Konzepte gar nicht, über die ich schreibe.* Wenn sie sich hinsetzt, um zu schreiben, überkommt sie ein Angstgefühl (Magenkrämpfe, Muskelanspannung, Nervosität, flache Atmung). Erklären Sie ihr, dass diese Gedanken und Gefühle für Autoren völlig normal sind und sie sich dadurch nicht vom Schreiben abhalten lassen muss. Um dies zu demonstrieren, bitten Sie sie, zu ihrer nächsten Sitzung eine Kopie von einem Kapitel mitzubringen, an dem sie gerade arbeitet (z. B. auf einem USB-Stick). Lassen Sie Ihre Klientin das Kapitel auf Ihren Computer kopieren und bitten Sie sie darum, an Ihrem Schreibtisch Platz zu nehmen und sich auf das Schreiben vorzubereiten. Wenn sie sich gesetzt hat, fragen Sie sie, was ihr Verstand ihr über ihr Schreiben mitteilt und wie sich ihr Körper anfühlt. Erklären Sie ihr, dass es vollkommen in Ordnung ist, diese Gedanken und Gefühle zu haben, und bitten Sie sie dann, sich eine der Änderungen anzuschauen, die ihr Lektor vorgeschlagen hat. Sie sehen ihr dann dabei zu, wie sie sich abkämpft, bevor sie schließlich etwas niederschreibt. Wenn sie fertig ist, bitten Sie sie aufzuhören, und bemerken Sie, dass sie trotz ihres Schmerzes und Leidens in der Lage war, sich hinzusetzen und etwas zu schreiben. Obwohl es ihr nicht leichtfiel, ist es ihr gelungen. Diese Handlung stand im Einklang mit dem, was ihr wichtig ist (Schreiben). Erklären Sie Ihrer Klientin, dass Schmerz und Leiden, die sie beim Ändern ihres Manuskripts empfindet, mit der Zeit abnehmen können, wenn sie sie einfach akzeptiert und schreibt, statt zu versuchen, das Gefühl zu vermeiden.

2.4 Die theoretischen Grundlagen der ACT

Die ACT-Theorie basiert auf vier Schlüsselkonzepten:

1. Das Gehirn ist eine Nonstop-Denkmaschine.
2. Gegenwärtige Gedanken und Gefühle werden durch Bezugsrahmen der Vergangenheit gefiltert.
3. Wörter und Sprache spielen Schlüsselrollen in Hinsicht auf Ihr Wohlergehen.
4. Das Denken kann nicht kontrolliert werden, das Verhalten, das als Reaktion auf dieses Denken erfolgt, jedoch sehr wohl.

2.4.1 *Der Verstand ist eine Nonstop-Denkmaschine*

Studien zu ACT haben herausgefunden, dass unser Verstand eine Nonstop-Denkmaschine darstellt, die ununterbrochen daran arbeitet, Gedanken und Gefühle zu produzieren. Wie ein Computer, der ständig eingeschaltet ist, verarbeitet das Gehirn fortwährend Informationen und ist in der Lage, mehrere Programme gleichzeitig auszuführen. Statt aus Textverarbeitungs-, Präsentations- oder anderen Computerprogrammen, bestehen die Programme des Verstandes aus *Gedanken, Gefühlen, mentalen Bildern und persönlichen Skripten*. Die Programme des Gehirns laufen wie das Betriebssystem und andere Programme auf der Computerfestplatte im Hintergrund ab, ohne dass wir sie überhaupt wahrnehmen. Zum Beispiel ist Ihr Gehirn, während Sie diese Seite hier lesen, zeitgleich damit beschäftigt, den Geräuschen in Ihrer Umgebung zu lauschen, sensorische Informationen zu verarbeiten (Änderungen in Beleuchtung, Temperatur, Geruch etc.) oder sogar in Tagträume abzuschweifen, ohne dass Sie es merken. Ihr Verstand steht niemals still; selbst wenn Sie wollten, könnten Sie ihn nicht abstellen.

Genauso wie ein Virus Ihren Computer angreift und lahmlegt, können unlogische Gedanken und negative Selbstgespräche die Programme Ihres Verstandes überfallen, ihre Rechenleistung mindern und sie lahmlegen (wie einen Computerprozessor). Die Programme funktionieren dementsprechend schlecht. Sie haben sicher schon einmal bemerkt, dass Sie einfach nicht klar denken können und sich nervös und sprachlos fühlen, wenn Sie gestresst sind. Zuweilen stürzt Ihr Verstand einfach ab. Das Gleiche geschieht mit Ihren Klienten, wenn deren Verstand sich in hinderlichen Gedanken, persönlichen Skripten, mentalen Bildern und Gefühlen verstrickt.

Die Definitionen für Gedanken, Gefühle und mentale Bilder sind Ihnen ohne Frage bekannt. Lassen Sie mich jedoch kurz den Begriff „persönliches Skript" erklären. *Persönliche Skripte* gestalten sich wie Szenen in einem Film, der in diesem Fall aus dem Leben Ihres Klienten besteht. Jedes Skript besteht aus dem Dialog zu einer jeweiligen Szene und den Angaben dazu, wie die Szene sich in den Gesamtkontext des Filmes einfügt. Sie haben persönliche Skripte zu allem – von Ihrer Karriere als Coach bis zu dem Reiseziel Ihres Urlaubes nächsten Monat. Das Gleiche gilt für Ihre Klienten. Diese haben Skripte für die Ziele, die sie sich gesetzt haben, und über ihre subjektive Fähigkeit oder Unfähigkeit, diese zu erreichen.

Persönliche Skripte hängen wie Gedanken, Gefühle und mentale Bilder von der Vergangenheit ab (was ACT als Bezugsrahmen der Vergangenheit bezeichnet; *past relational frames*). Ihre Aufgabe als Coach besteht nicht darin, zurückzuschauen und ausführlich über die Vergangenheit Ihres Klienten zu sprechen. Sie sollen sich stattdessen auf die Zukunft konzentrieren und Ihre Klienten dabei unterstützen, ihre Ziele zu erreichen. Erfreulicherweise ist es nicht nötig, in der Vergangenheit zu schwelgen, um Ihren Klienten mit den ACT-Methoden aus ihrer Verstrickung zu helfen. Im nächsten Kapitel werde ich die sechs zentralen therapeutischen Prozesse erklären, die im Rahmen der ACT entwickelt wurden, um Klienten dabei zu unterstützen, sich aus Verstrickungen zu befreien. Außerdem werde ich Ihnen zeigen, wie Sie sie in Ihr Coaching integrieren können.

2.4.2 Bezugsrahmen der Vergangenheit

In Studien zu ACT wurde herausgefunden, dass in der Vergangenheit Gelerntes großen Einfluss darauf hat, wie Sie schmerzhafte oder bedrohliche Situationen in der Gegenwart verarbeiten. Alles, was wir lernen, so haben Steven Hayes und seine Kollegen (2001) von der Universität von Nevada (Reno) festgestellt, lernen wir im Zusammenhang mit den anderen Dingen, die für die Zeit und den Ort bestimmend waren. Dies bedeutet, dass der *Kontext* Ihrer Lernerfahrungen genauso wichtig ist wie der Inhalt.

Stellen Sie sich beispielsweise vor, Sie hätten eine neue Klientin namens Jane, deren Ziel es ist, ihre eigene Graphikagentur zu eröffnen. Jane macht sich Sorgen und hat Angst, den Sprung zu wagen und die Sicherheit ihrer festen Arbeitsstelle aufzugeben. Die gegenwärtigen Gedanken, Gefühle, mentalen Bilder und persönlichen Skripte, die im Zusammenhang mit dieser bedeutenden Lebensveränderung stehen, sind mit den ursprünglichen Bezugsrahmen ihrer Vergangenheit verknüpft. In diesen Bezugsrahmen erfuhr Jane zum ersten Mal etwas über die Vor- und Nachteile vom Angestellt- oder Selbstständigsein. Diese ersten Lernerfahrungen können von direkter persönlicher Erfahrung (selbstständig tätig sein), Informationen aus einflussreicher zweiter Hand (z. B. ein Vater, der ihr ständig von den Gefahren der Selbstständigkeit berichtet hat) oder von indirekten Formen erfahrungsbasierten Lernens (Bücher, Zeitschriften, Zeitungen, TV o. ä.) herstammen. Ihre Reaktion in der gegenwärtigen Situation wird von der Fähigkeit ihres Gehirns bestimmt, Informationen aus den ursprünglichen Bezugsrahmen zu verwenden.

Der Verstand benutzt Informationen aus früheren Bezugsrahmen als Grundlage, um gegenwärtige Aufgaben und Situationen zu bewerten. Zusätzlich kann er noch einen Schritt weitergehen und mit der gleichen früheren Information eine unbegrenzte Anzahl Zukunftsvisionen erschaffen, die die gegenwärtige Aufgabe und Situation mit einbinden. Die Fähigkeit des Verstandes, die Vergangenheit und Gegenwart zu benutzen, um durch einen Gedankensprung die Zukunft vorherzusagen (insbesondere mögliche Probleme), stellt eine Quelle von Sorgen, Ängsten und Widerwillen zu Handlungen dar.

Lassen Sie uns einmal bei dem Beispiel von Jane und ihrem Plan, ihre eigene Grafikagentur zu eröffnen, bleiben, um diesen Prozess darzustellen. Stellen Sie sich vor, dass Jane vielen anderen Menschen ähnelt, die den Sprung in die Selbstständigkeit wagen. Sie besitzt das nötige Interesse, die Motivation und solide Arbeitserfahrung auf dem Gebiet, in dem sie sich etablieren möchte. Sie hat sich eingehend informiert, ihre Geschäftsnische gefunden und Startkapital gespart, steckt nun aber in den letzten Zügen fest, bei denen sie ihren Geschäftsplan entwickeln und durch den entscheidenden Schritt den Ball ins Rollen bringen muss. Jane wird von Selbstzweifeln geplagt und von der Angst und Sorge übermannt, die mit dem Kündigen ihrer derzeitigen Arbeitsstelle und dem Übergang in eine neue Karriere einhergehen. Obwohl auf dem Papier alles großartig aussieht und ihre Vernunft ihr sagt, dass dies der richtige Schritt ist, hat sie sich in ihrer Unfähigkeit verstrickt, den nächsten aktiven Schritt zu machen.

Jane teilt Ihnen mit, dass sie dem ganzen Prozess mit ängstlichen Gefühlen entgegensieht und sich bei den folgenden Gedanken ertappt: *Ich kann das nicht. Ich werde sterben, wenn es nicht funktioniert. Ich habe nicht das entscheidende Etwas, um*

Geschäftsfrau zu werden. Mein Vater hat recht: Für geschäftliche Dinge bin ich nicht schlau und gewitzt genug. Ich sollte dankbar dafür sein, überhaupt einen Job zu haben, und diesen lieber behalten. Jane hat bemerkt, dass sie sich umso schlechter fühlt, je mehr sie sich diese Dinge selbst einredet. Sie hat verstanden, dass ihre negativen inneren Monologe ihre Pläne sabotieren und ihre positiven Eigenschaften herabsetzen, kann ihre Selbstgespräche aber nicht stoppen.

Ihre erste Reaktion war der Versuch, ihre Gedanken und Gefühle über die Veränderung ihrer Arbeitssituation zu kontrollieren. Sie meint, ihre negativen Gedanken und schmerzhaften Gefühle am Ende abschalten zu können, wenn sie sie nur erst einmal unter Kontrolle hat. Unglücklicherweise hat sich der gegenteilige Effekt eingestellt. Je mehr sie die negativen Gedanken und schmerzhaften Gefühle zu kontrollieren, vermeiden oder abzustellen versucht, desto schlimmer werden sie.

Janes Vater ist ein hochrangiger leitender Angestellter, der immer von seiner Tochter erwartet hat, dass sie in seine Fußstapfen treten würde. Er ging davon aus, dass sie Wirtschaft studieren und ihren Master machen würde, um dann eine Stelle in einer erfolgreichen Firma in New York zu bekommen und die gleiche Karriereleiter hinaufzusteigen wie er. Er war ein strenger Lehrmeister, der alles außer Perfektion als Niederlage ansah. Er ging mit Jane sehr kritisch um und setzte den Maßstab für alle Aspekte ihres Lebens (Ausbildung, Sport etc.) so hoch an, dass sie immer das Gefühl hatte, nicht gut genug zu sein, und sich allgemein inkompetent vorkam. Ihre Kindheit wurde durch Selbstzweifel und geringes Selbstbewusstsein bestimmt.

Jane erinnert sich daran, während ihrer Kindheit nicht viel von ihrem Vater gesehen zu haben. Er arbeitete immer lange und war zu müde, um mit ihr zu spielen. Wenn sie die Augen schließt, kann sie ihren Vater sehen, wie er nach Hause kommt, Aktenkoffer in der einen Hand, den Mantel über den Arm geschlungen. Er sieht müde aus, wenn er um 20.00 Uhr durch die Haustür tritt. Das Bild ihres erschöpften Vaters, der sich in der „Geschäftswelt" abrackert, hat sich fest in ihre Psyche eingebrannt. Sie erinnert sich an die Worte ihrer Mutter, die ihr heimlich zuflüsterte: „Fang bloß nicht an, in der Geschäftswelt zu arbeiten. Das ist kein Platz für eine Frau, insbesondere wenn sie eine Familie haben will."

In der Schule interessierte Jane sich für Kunst, später suchte sie sich eine kleine Universität in Colorado aus, wo sie Grafisches Design studierte. Sie erinnert sich ganz genau an die Reaktion ihres Vaters an dem Tag, an dem sie ihm mitteilte, dass sie Grafisches Design statt Finanzwirtschaft als Hauptfach gewählt hatte. Er sagte: „Als Grafikdesignerin wirst du niemals Geld verdienen. Außerdem warst du noch nie eine besonders gute Künstlerin." Wenn Jane die Augen schließt, kann sie den Ausdruck von Abscheu und Enttäuschung in den Augen ihres Vaters sehen. Als sie ihren Vater vor ungefähr fünf Jahren das letzte Mal sah, sagte er ihr, wie enttäuscht er gewesen sei, dass sie „ihr Leben damit verschwenden würde, in Colorado im Schnee herumzuspielen."

Nach ihrem Universitätsabschluss entschied Jane sich, in Colorado zu bleiben und als Grafikdesignerin für einige kleinere Firmen zu arbeiten, während sie ihre Leidenschaft für Snowboarding auslebte. Sie ist eine sehr talentierte Grafikdesignerin, die sich von der einfachen Angestellten bis zum Creative Director der kleinen Firma hinaufgearbeitet hat, bei der sie derzeit arbeitet. Sie ist ganz von ihrer Fähigkeit überrascht, neue Klienten zu akquirieren und die geschäftliche Seite ihrer Stelle zu meistern.

Trotz der Tatsache, dass all die negativen Ereignisse aus ihrer Kindheit und die Beziehung zu ihrem Vater Jahre zurückliegen, sieht sie sie vor ihrem inneren Auge, als ob sie gestern geschehen wären. Obwohl sie bei ihrer Arbeit bisher immer großen Erfolg genossen und in den letzten Jahren jede Herausforderung gemeistert hat, fühlt sie sich bei dem Gedanken an das Ziel, sich beruflich zu verändern, wie das kleine inkompetente Mädchen, das seinen Vater enttäuscht hat und dessen Ansprüchen niemals genügen konnte. Diese Bezugsrahmen aus ihrer Vergangenheit tragen zu ihrer festgefahrenen Situation bei, in der sie gemütlich lebt, aber niemals ihr volles Potenzial ausnutzen oder ihre Ziele erreichen wird.

2.4.3 *Die Bedeutung von Wörtern und Sprache*

Bezugsrahmen der Vergangenheit sind gewöhnlich voll von Wörtern und Monologen, die das gegenwärtige Denken erschweren und die Funktionsfähigkeit herabsetzen, was wiederum zu den festgefahrenen Situationen beiträgt. Auf gewisse Weise besteht der einzige Ausweg darin, zu lernen, sie zu akzeptieren. Wie zuvor erwähnt, wird in der ACT überprüft, wie nützlich Gedanken, Gefühle und Verhaltensweisen für das Erreichen von Zielen sind. Es wird davon ausgegangen, dass nicht alle Gedanken gleichermaßen hilfreich sind. Aus der ACT-Perspektive betrachtet, gibt es drei Arten von Gedanken:

1. hilfreiche,
2. kaum wichtige oder unkluge,
3. unlogische, negative und selbstzerstörerische.

Hilfreiche Gedanken stützen die Werte des Klienten und helfen ihm, seine Ziele zu erreichen. Einem Klienten, der sich zum Beispiel mit einer schwierigen Aufgabe abmüht, könnte der Gedanke kommen: *Mensch, das ist viel schwieriger, als ich gedacht hatte. Ich plane lieber mehr Zeit ein, um die Aufgabe zu erledigen.* Diese Art von Gedanke hilft ihm dabei, sich zu konzentrieren und die harte Arbeit zu akzeptieren, die mit dem Erreichen seiner Ziele einhergeht.

Gedanken, die kaum wichtig oder ziemlich unklug sind, können leicht von der Hand gewiesen werden. Sie haben gewöhnlich nichts mit festgefahrenen Situationen zu tun. Stellen Sie sich beispielsweise Jane bei der Arbeit vor, wie sie sich bei dem Gedanken an ihren bevorstehenden Urlaub in der Karibik ertappt. Sie erkennt, dass ihre Gedanken von ihrer Arbeit abgeschweift sind und um ihren Urlaub kreisen, akzeptiert einfach, dass dies geschehen ist und sagt zu sich selbst: *Ich sollte mich besser wieder auf meine Arbeit konzentrieren, sonst werde ich niemals mit diesem Projekt fertig.*

In die dritte und letzte Gedankenkategorie fallen unlogische, negative und selbstzerstörerische Gedanken, die es dem Klienten erschweren, seine Ziele zu erreichen und das Leben zu leben, das er sich wünscht. Genau dies trifft auf Jane zu. Durch Gedanken wie: *Ich kann das nicht; Ich werde sterben, wenn dies nicht funktioniert; Ich habe nicht das entscheidende Etwas, um Geschäftsfrau zu werden; Mein Vater hat recht: Für geschäftliche Dinge bin ich nicht schlau und gewitzt genug; Ich sollte dankbar dafür sein, überhaupt einen Job zu haben, und diesen lieber behalten,* verstrickte sie sich in unlogische, negative und selbstzerstörerische Denkweisen, die auf früheren Bezugsrahmen beruhen, die nicht länger zu ihrer Situation passen. Obwohl diese Gedankengänge unnütz sind, müssen sie trotzdem anerkannt und akzeptiert werden.

In meinem ersten Buch über ACT, *Stress Less, Live More: How acceptance and commitment therapy can help you live a busy yet balanced life* (Blonna, 2010), habe ich eine Liste der zehn häufigsten Denkfallen erstellt, die Klienten gefangen halten. Im nächsten Abschnitt werde ich im Detail auf diese eingehen.

2.5 Die zehn häufigsten Denkfallen

Wenn Klienten sich in negativen Gedanken verstricken, sind sie oft in weit verbreitete Denkfallen getappt, die auf Mythen hinsichtlich kultureller Normen, veralteter Studien oder allgemeiner falscher Auffassungen beruhen. Diese Denkfallen sind zudem untrennbar mit kontraproduktiven Bezugsrahmen aus der Vergangenheit verknüpft. Der Klient kann seinen Verstand zwar nicht davon abhalten, diese Denkfallen zu erzeugen, doch er kann lernen, sie als das zu erkennen, was sie sind – Fallen –, und sie auf andere Weise zu behandeln. Denken Sie stets daran: Obwohl der Klient seinen Geist nicht daran hindern kann, Denkfallen zu erschaffen oder zu eliminieren, kann er sehr wohl kontrollieren, wie er sich verhält, wenn er in eine getappt ist. Durch Übung wird er sie frühzeitiger bemerken und das Hineintappen vermeiden können.

2.5.1 *Die Ich-muss-die-Sache-nur-gut-durchdenken-Falle*

Eine der häufigsten Denkfallen, in die meine Klienten tappen, beruht auf der Selbst-als-Inhalt-Perspektive, von der aus Möglichkeiten und Herausforderungen betrachtet werden, mit denen sie begrenzte oder keine echten Erfahrungen gemacht haben. Angesichts dieser neuen Situationen machen Klienten oft den Fehler, zu glauben, sie könnten den damit zusammenhängenden Schmerz und das Leid kontrollieren, indem sie nur intensiv genug darüber nachdenken. Sie verbringen Stunden damit, über der Situation zu grübeln und darüber, wie sie all das kontrollieren werden, was schiefgehen könnte. Zusätzlich zu dem Versuch, alle Variablen der Situation zu kontrollieren, bemühen sie sich, den Schmerz und das Leid einzudämmen und abzustellen, das die neue Möglichkeit oder Herausforderung auslöst. Das einzige Problem hierbei besteht darin, dass der Verstand die Fähigkeit hat, einen endlosen Fluss an situationsbezogenen Gedanken und Gefühlen zu produzieren, die wiederum Schmerz und Leiden mit sich bringen. Anstatt diese zu kontrollieren, erschafft der Geist mehr und mehr Dinge, über die sich der Klient Sorgen machen muss. Dies verstärkt die beunruhigenden Gedanken und schmerzhaften Gefühle in Bezug auf eine bestimmte Situation.

In Wahrheit werden sich die Klienten niemals alle negativen (oder positiven) Szenarien vorstellen können, die sich bei einer neuen Möglichkeit oder Herausforderung eröffnen. Genauso wenig werden sie die mit der neuen Erfahrung zusammenhängenden beunruhigenden Gedanken und schmerzhaften Gefühle jemals abstellen können, indem sie lediglich *über sie nachdenken*. Das tatsächliche Erleben der eigentlichen Situation ist meist völlig anders, als die Klienten es sich vorgestellt hatten, und viele Details, über die sie sich Sorgen gemacht haben, erweisen sich als gutartig oder positiv.

Klienten tappen in die Ich-muss-die-Sache-nur-gut-durchdenken-Falle, wenn sie glauben, Schmerz und Leiden kontrollieren zu können, indem sie nur lange genug nachdenken, anstatt Unbehagen zu akzeptieren und die Situation bewusst zu erleben.

Ein perfektes Beispiel für diese Falle war ich vor Kurzem selbst, als ich darum gebeten wurde, Menschen, die mit psychisch kranken Patienten arbeiten, ACT-Prinzipien und -Methoden beizubringen, damit sie sie bei ihren Klienten anwenden können. Obwohl mir die Möglichkeit, im Gesundheitswesen tätige Personen zu schulen und dadurch zusätzliches Geld zu verdienen, schmeichelte und ich sie aufregend fand, löste doch der Gedanke daran eine Flut an beunruhigenden Gedanken und schmerzhaften Gefühlen aus.

Die folgenden Gedanken und persönlichen Skripte tauchten auf: *Ich habe nicht genug klinische Erfahrung, um mit diesen Menschen zu arbeiten. Ich werde einen Narren aus mir machen, wenn ich versuche, sie zu unterrichten. Ich werde nicht alle ihre Fragen beantworten können und dumm dastehen. Ich weiß nicht genug über ACT, um jemanden unterrichten zu können. Ich werde eine schlechte Leistung abliefern und nie wieder darum gebeten werden, jemanden zu schulen. Der Aufwand ist zu groß. Ich bin dazu nicht bereit.* Wenn ich meine Augen schloss, sah ich die folgenden Bilder vor meinem inneren Auge: *Alle sind still und geben mir keine Rückmeldung. Alle sehen gelangweilt aus. Nach einiger Zeit stehen viele der Anwesenden auf und verlassen den Raum.*

Anstatt zu akzeptieren, dass mein Verstand diese unwahrscheinlichen, unlogischen Dinge und Vorstellungen produziert, versuchte ich, sie abzustellen, indem ich darüber nachdachte, wie ich alle Variablen der Schulungssituation und die sich daraus ergebenden Selbstzweifel und Ängste kontrollieren könnte. Am Schluss verstand ich, dass ich weder alle Variablen noch den damit verbundenen Schmerz und das Leiden kontrollieren konnte. Anstatt zu versuchen, mein Problem durch Grübeln zu lösen, entschied ich mich, die Dinge zu akzeptieren, die außerhalb meiner Kontrolle lagen, und drei Schulungen als Training für mich selbst durchzuführen. Sollte ich nach den drei Schulungen feststellen, dass ich die Erfahrung nicht mochte, würde ich keine mehr durchführen müssen. Ich akzeptierte die Tatsache, dass ich nur herausfinden konnte, wie es sich anfühlt, klinisches Personal zu schulen, wenn ich es auch tat.

Überraschenderweise stellte sich die reale Erfahrung als vollkommen anders heraus, als mein Verstand mir vorgegaukelt hatte. Ich wusste mehr als genug über ACT, um meine Zuhörer zufriedenzustellen. Mein Reichtum an Wissen über das Thema überraschte mich ehrlich gesagt selbst. Bei allen drei Schulungen waren meine Zuhörer engagiert, stellten viele konstruktive Fragen und teilten ihre klinischen Erfahrungen miteinander. Statt gelangweilter, missmutiger Mienen sah ich viele lächelnde Gesichter, ermutigendes Nicken und wissende Blicke. Zudem lernte ich einige wundervolle Menschen kennen, erweiterte mein berufliches Netzwerk und sah die interessanten Städte, in denen die Schulungen stattfanden. Mir wurde klar, dass es mir gefiel, mit dieser Art Publikum zu arbeiten, und freute mich darauf, diese Tätigkeit in der Zukunft weiter ausführen zu können.

Hätte ich auf meinen Verstand gehört und versucht, die beunruhigenden Gedanken und schmerzhaften Gefühle zu vermeiden, indem ich den Auftrag abgelehnt hätte, hätte ich niemals erfahren, wie es sich anfühlt. Ich hätte mir eine bereichernde Erfahrung und eine völlig neue Karriererichtung entgehen lassen.

2.5.2 *Die Gedanken-sind-real-Falle*

In seinem Buch *Wer dem Glück hinterherrennt, läuft daran vorbei* (*The Happiness Trap,* 2007) beschreibt Autor Russ Harris weitere übliche Gedankenfallen, in die Klienten hineintappen. Das Gefangensein in diesen Fallen trägt häufig zu persönlichen Sackgassen und dem Ausbleiben von Erfolg bei.

Die Gedanken-sind-real-Falle beruht auf dem Mythos, dass die Gedanken des Klienten in Bezug auf eine Sache deren objektivem Zustand gleichzustellen sind. In Wirklichkeit sind ihre Gedanken zu etwas genau das: Gedanken. Gedanken werden im Gehirn produziert und oft durch Interpretationen, Urteile und andere kognitive Prozesse verzerrt. Was dem Klienten als Realität erscheint, ist in Wirklichkeit seine Version der Dinge, nachdem diese durch die Filter seines Gehirns und seiner angesammelten Bezugsrahmen wahrgenommen wurden. Dies ist nirgendwo offensichtlicher als bei Gedanken an vergangene Ereignisse.

Ein Beispiel hierfür ist die Frage an die Klientin nach einem Ziel, das sie in der Vergangenheit erreicht hat. Ihre Gedanken über das frühere Ereignis stellen es in der Weise dar, wie der Verstand es sich heute in Erinnerung ruft und betrachtet. Was sie Ihnen beschreiben würde, wäre ihre Erinnerung an das Ereignis. Ihre Gedanken könnten dabei durch Auslassen oder Ausschmücken von bestimmten Informationen verändert worden sein. Dieser Vorgang ist normal für Klienten, die über Ereignisse aus der Vergangenheit nachdenken.

Klienten tappen in die Gedanken-sind-real-Falle, wenn sie glauben, ihre Gedanken würden die eigentliche Situation darstellen, statt bloße Gedanken zu sein.

2.5.3 *Die Alle-Gedanken-sind-gleich-wichtig-Falle*

In der Alle-Gedanken-sind-gleich-wichtig-Falle betrachtet der Betroffene alle seine Gedanken als gleichwertig. Wie bereits erklärt, sind die meisten Gedanken in Wirklichkeit Meinungen, Urteile oder Bewertungen. Einige Gedanken sind sehr wichtig und stehen in Zusammenhang mit Schlüsselzielen und -entscheidungen, die wiederum an Werte gebunden sind. Andere sind wenig bedeutend und für tagtägliche Aktivitäten kaum relevant. Stellen Sie sich beispielsweise vor, dass ihre Klientin in San Diego gerade damit fertig geworden ist, die Zeitung zu lesen. Im ersten Teil las sie beunruhigende Artikel über die schlechten Arbeitsbedingungen in Fabriken in Malaysia, über einen Braunbären, der erschossen werden musste, als er sich in die Innenstadt von Boston verlaufen hatte, und über die Vorhersage steigender Benzinpreise in Südkalifornien zu einem bevorstehenden Feiertag. Sie beobachtet die folgenden

Gedanken: *Es ist schrecklich, welche Zustände diese malaysischen Arbeiter aushalten müssen. Diese Menschen leiden wirklich. Der arme Bär – warum mussten sie ihn bloß töten? Sie hätten ihn doch einfach betäuben und zurück in den Wald bringen können. Diese riesigen Ölfirmen sollten sich dafür schämen, wie sie die Leute abzocken. Die Menschen werden diesen Sommer niemals in der Lage sein, in den Urlaub zu fahren. Super, was für ein Start in den Sommer. Jetzt wird es doppelt so teuer werden wegzufahren.* Die meisten dieser Gedanken berühren ihre Klientin weder direkt, noch beeinflussen sie ihr tägliches Leben. Daher sind sie weniger wichtig als andere Dinge, über die sie nachdenkt. Tatsächlich betrifft sie lediglich der steigende Benzinpreis für das Wochenende – und nur begrenzt, da sie nicht vorhatte wegzufahren. Für jeden der obigen Gedanken gilt, dass es vollkommen in Ordnung wäre, wenn sie dächte: *Dieser Gedanke ist es nicht wert, dass ich ihm viel Aufmerksamkeit schenke. Es betrifft mich kaum, und darüber zu grübeln ist wenig hilfreich.*

Klienten tappen in die Alle-Gedanken-sind-gleich-wichtig-Falle, wenn sie alle ihre Gedanken gleich ernst nehmen und ihnen gleich große Bedeutung beimessen.

2.5.4 *Die Gedanken-sind-Befehle-Falle*

Die Gedanken-sind-Befehle-Falle basiert auf dem Glauben, dass Klienten ihre Gedanken ausleben müssen, bloß weil sie sie gedacht haben. Klienten können zwar ihre Gedanken nicht kontrollieren, haben ihr Verhalten, das auf diese Gedanken folgt, jedoch sehr wohl selbst in der Hand. Da nicht alle Gedanken gleich viel wert sind – einige peinlich oder sogar lächerlich sind –, ist es völlig in Ordnung, dass ein Klient zu sich selbst sagt: *Mein Verstand geht wieder einmal mit mir durch. Ich muss diese verrückten Ideen nicht in die Tat umsetzen.* Klienten *müssen* nicht notwendigerweise alle ihre Gedanken ausleben. Als ihr Coach können Sie ihnen die beste Methode zum Überprüfen ihrer Gedanken vermitteln. Wenn sie dazu hingerissen sind zu handeln, ohne die Vor- und Nachteile ihres Verhaltens zuvor genau ausgelotet zu haben, raten Sie ihnen, sich die folgende Frage zu den Gedanken zu stellen, die ihrem Handeln zugrunde liegen: *Nutzen mir diese Gedanken und Befehle?* Sollten die Gedanken nicht hilfreich sein, muss Ihr Klient sie als das akzeptieren, was sie sind: hinderliche Gedanken.

Stellen Sie sich vor, Sie hätten eine Klientin, die ständig zwischenmenschliche Konflikte auslöst, da sie das Bedürfnis hat, andere Menschen jedes Mal zu korrigieren, wenn ihre Aussagen sachlich falsch sind oder sie einen Fehler begehen. Die Klientin selbst ist nicht imstande, ihre eigenen Fehler zu tolerieren, und fühlt sich dazu verpflichtet, den gleichen Maßstab auch an ihre Interaktionen mit anderen anzulegen.

Sogar in Situationen, in denen sie die andere Person mag und besser kennenlernen will, muss sie sie korrigieren und oft vor anderen bloßstellen. Dabei rechtfertigt sich die Klientin mit folgenden Aussagen vor sich selbst: *Das hätte er wissen müssen. Das ist doch völlig falsch. Ich kann ihn nicht damit durchkommen lassen.* Die Klientin schneidet der anderen Person daraufhin das Wort ab und korrigiert den Fehler.

Doch nur, weil ihr Verstand ihr mitteilt, dass die andere Person einen Fehler begangen hat und nicht die Erlaubnis bekommen sollte, falsche Informationen zu verbreiten, muss die Klientin nicht zwangsweise zur Tat schreiten und ihr Gegenüber öffentlich zurechtweisen. Es ist völlig in Ordnung, dass sie denkt, *Ich sollte ihn wirklich nicht damit durchkommen lassen,* doch es ist besser, dem Impuls nicht nachzugeben, da dies die andere Person beschämen und die Versuche der Klientin, Freundschaften zu schließen, unterminieren würde.

Klienten geraten in die Gedanken-sind-Befehle-Falle, wenn sie hinderliche Gedanken unreflektiert als Handlungsbefehle interpretieren.

2.5.5 *Die Gedanken-sind-Bedrohungen-Falle*

Die Gedanken-sind-Bedrohungen-Falle ist meine Lieblingsdenkfalle. Hierbei denke ich immer an meine Kindheit zurück und an die Erinnerung an den bekannten Reim: „Stock und Stein brechen mein Gebein, doch Worte bringen keine Pein." Jahrelang dachte ich, dass dies eine ziemlich dumme Aussage sei. Es machte erst Sinn für mich, als ich die Macht von Wörtern wirklich verstanden hatte. Gedanken (ähnlich Worten) können Ihnen nichts anhaben, solange Sie sie nicht zu ernst nehmen oder sie zwanghaft in die Tat umsetzen. *Zu glauben,* man sei verletzt worden, ist nicht das Gleiche wie *tatsächlich verletzt worden zu sein.* Stellen Sie sich beispielsweise vor, eine Ihrer Klientinnen hat einen Bericht über Bandenkriminalität in Städten gelesen und ist darüber sehr bestürzt. Nach der Lektüre fühlt sie sich persönlich durch die hiermit in Zusammenhang stehende hohe Kriminalitäts- und Gewaltrate bedroht und hilflos angesichts ihrer Unfähigkeit, mit diesem Problem zurechtzukommen. In Wahrheit wohnt diese Klientin aber in einer sehr sicheren Vorstadt mit wenig Gewaltkriminalität und einer äußerst aktiven Nachbarschaftswache, die eng mit der lokalen Polizei zusammenarbeitet. Ihre Gedanken zu den Problemen mit innerstädtischer Kriminalität sind lediglich Gedanken; sie stellen in keiner Weise die Realität ihres derzeitigen Lebens dar.

Klienten tappen in die Gedanken-sind-Bedrohungen-Falle, wenn sie die Rückschlüsse, die ihr Verstand ihnen über die Gefahren für andere mitteilt, auf sich selbst beziehen und als bedrohend auffassen.

2.5.6 Die Veraltete-Gedanken-und-persönliche-Skripte-Falle

Ihre Klienten tragen Gedanken und persönliche Skripte mit sich herum, die veraltet sind und die Personen nicht länger richtig darstellen. Wie ausgeblichene Fotos oder Zeitungsausschnitte im eigenen Fotoalbum repräsentieren diese Abbildungen einen Teil der Persönlichkeit Ihrer Klienten, sind aber oft nur eine veraltete Erinnerung an deren Vergangenheit. Diese veralteten Abbildungen, Gedanken und Skripte können ihren Verstand ins Trudeln bringen wie Glatteis, das man erst sieht, wenn man bereits ausgerutscht ist. Dadurch werden auch die besten Versuche, auf Kurs zu bleiben und Ziele zu erreichen, sabotiert.

Ich denke hierbei zum Beispiel an Jane zurück, die Graphikdesignerin aus Colorado, über die wir zuvor in diesem Kapitel sprachen. Obwohl sie eine hocherfolgreiche Designerin ist und alle Herausforderungen in ihrem Leben spielend gemeistert hat, erschafft ihr Verstand jedes Mal, wenn sie an die bevorstehende berufliche Veränderung denkt, Bilder von ihr als inkompetentes kleines Mädchen, das nie in der Lage war, den unmöglichen Ansprüchen ihres Vaters zu genügen. Diese Selbstbilder sind eindeutig veraltet und können sie nicht länger zu ihrem Ziel führen.

Klienten geraten in die Veraltete-Gedanken-und-persönliche-Skripte-Falle, wenn sie an alte Gedanken und persönliche Skripte glauben und unnötige Hindernisse für die wertebasierten Handlungen erschaffen, die sie so verzweifelt durchführen wollen und müssen.

2.5.7 Die Furchterregende-Bilder-sind-real-Falle

Harris (2007) nennt beunruhigende mentale Bilder „furchterregende Bilder". Im Laufe ihres Lebens haben Ihre Klienten ein mentales Sammelalbum furchterregender Bilder erstellt, das bis in ihre frühe Kindheit zurückreicht. Die angsteinflößenden Vorstellungen in ihrem Geist stehen im gleichen Zusammenhang mit der Realität, als würden sie in einen Horrorfilm gehen und glauben, der Zombie auf der Leinwand sei real und nage wirklich am Bein des unschuldigen Opfers. Furchterregende Bilder im Geist Ihrer Klienten sind nicht mehr als das – mentale Bilder. In der realen Welt existieren sie nicht und stellen keine echte physische Bedrohung für Ihren Klienten und sein Wohlbefinden dar. Sie sind nichts anderes als die verrückten Gedanken und Skripte, die sein überaus kreativer Geist tagtäglich und unaufhörlich ausspuckt.

In manchen Fällen können diese furchterregenden Bilder Hindernisse darstellen, die den Klienten von seinem Ziel abhalten. Jane zum Beispiel kann sicher ihre Augen schließen und alle möglichen angsteinflößenden Vorstellungen heraufbeschwören, aufgrund derer sie ihre derzeitige Arbeitsstelle nicht verlassen und keine eigene Graphikagentur eröffnen sollte. Ich bin mir sicher, dass sie sich vor ihrem inneren Auge zuweilen obdachlos und auf der Straße sieht, nachdem sie alles verloren hat. Vielleicht sieht sie sich auch alleine in ihrem leeren Büro sitzen, auf das Telefon starren und auf den Anruf von Klienten warten, die einen Auftrag für sie haben. Oder sie stellt sich vor, dass sie mit einem Berg von unbezahlten Rechnungen in ihrer Küche sitzt und sich fragt, wie sie diese bezahlen soll. Tatsache ist, dass keine dieser Vorstellungen real ist. Keines dieser Szenarien hat sich in Wirklichkeit ereignet; sie sind bloße Erfindungen von Janes sehr aktivem Geist, der es ihr erlaubt, Zukunftsvisionen zu spinnen und eine unendliche Anzahl von negativen Vorstellungen zu produzieren. Anstatt ihre furchterregenden Bilder mit der Realität gleichzustellen, könnte sie ebenso gut sagen: *Da schaltet sich mein guter alter Filmprojektor wieder ein*, und ihre angsteinflößenden Vorstellungen einfach als mentalen Gruselfilm ansehen.

Klienten geraten in die Furchterregende-Bilder-sind-real-Falle, wenn sie glauben, die Vorstellungen in ihrem Kopf seien real statt etwas, das ihr Verstand kreiert, wenn sie Angst empfinden.

2.5.8 *Die Dauerhaftigkeitsfalle*

Martin Seligman, ein Pionier der Positiven Psychologie, prägte den Begriff des erklärenden Attributionsstils (*explanatory style*), um persönliche Eigenschaften zu beschreiben, die damit in Zusammenhang stehen, wie Menschen mit besorgniserregenden Ereignissen umgehen und wie sich dies auf ihren Pessimismus oder Optimismus auswirkt. Der Attributionsstil einer Person besteht aus drei Schlüsselkomponenten: Dauer, Pervasivität und Person. Die Dauer gibt an, wie lange eine Person glaubt, dass eine beunruhigende Situation anhalten wird. Die meisten dieser Situationen dauern nicht ewig an und sind an Zeitrahmen gebunden, die schließlich ein Ende haben. Klienten geraten oft in eine Sackgasse, da sie der Überzeugung sind, besorgniserregende Ereignisse würden niemals enden und sie dauerhaft beeinflussen. Solche Klienten verwenden Wörter wie „immer“ und „niemals“, wenn sie von der Dauerhaftigkeit eines Ereignisses sprechen. Was geschähe zum Beispiel, wenn Ihre Klientin Jane ihre Arbeitsstelle kündigen und ihre eigene kleine Firma eröffnen würde? Es ist nahezu normal, dass neu gegründete Unternehmen in der Anlaufphase erst einmal Verlust machen, bevor die Einnahmen die Ausgaben ausgleichen. Wenn Jane denkt: *Meine Firma wird niemals aus den Schulden herauskommen,* oder *Ich werde niemals genug Kunden akquirieren können, um Gewinn zu machen,* könnte sie sich in dem Gedanken, niemals genug Geld zu verdienen, verstricken und nicht die notwendigen Risiken eingehen, um ihr Unternehmen vorwärtszubringen.

Aus einer realistischeren Sicht betrachtet, sind besorgniserregende Ereignisse vorübergehend. In den meisten Situationen sind die negativen Gedanken und schmerzhaften Gefühle, von denen diese Erlebnisse begleitet werden, zeitbegrenzt und stellen keinen Dauerzustand dar. Jane könnte beispielsweise Folgendes zu sich sagen: *Obwohl dieses Erlebnis sehr schmerzhaft für mich ist, weiß ich doch, dass es einfach zum Start in die Selbstständigkeit dazugehört. Ich werde rechtzeitig einen Kundenstamm aufbauen und genug Einnahmen haben.*

Klienten tappen in die Dauerhaftigkeitsfalle, wenn sie glauben, zeitlich begrenzte Zustände würden ewig dauern. Wenn dies geschieht, verlieren sie den Glauben an die Zukunft, handeln nicht mehr im Einklang mit ihren Werten und leben nicht das Leben, das sie sich wünschen.

2.5.9 Die Pervasivitätsfalle

Pervasivität (pervasiv = durchdringend) stellt die zweite Komponente von Seligmans Attributionsstil dar und beschreibt, für wie durchdringend Klienten ein bestimmtes Problem halten. Klienten bewerten das Ausmaß ihres Problems und ihre negativen persönlichen Eigenschaften oft über. In diesem Fall tendieren sie dazu, zu glauben, die Probleme und Eigenschaften würden *jeden* Aspekt ihres Lebens beeinflussen, statt sie kontextspezifisch zu sehen.

Nehmen wir einmal an, Jane hätte ihre Graphikagentur gegründet und nach ein paar Monaten festgestellt, dass sie die Bürotätigkeiten (den Überblick über Anrufe und Bürobedarf behalten, Rechnungen bezahlen etc.) entmutigen. Nachdem sie einige Fehler im Rechnungswesen gemacht und einige potenzielle Kunden nicht zurückgerufen hat, teilt sie Ihnen mit: *Ich hätte diese Firma niemals gründen sollen. Ich kann aber auch nichts richtig machen. Ich habe einfach kein Geschick in den geschäftlichen Dingen.* In Wahrheit ist sie aber unglaublich künstlerisch begabt, mit einem Händchen für Design, und eine ihrer Arbeiten wurde von ihrer Graphikdesignvereinigung mit einem Preis für das beste Werbedesign ausgezeichnet. Die Tatsache, dass sie nicht unbedingt die fähigste Büroleiterin ist, hat nichts mit ihrem Talent als Designerin zu tun. Im Gegenteil könnte sie durch ihre hervorragende Leistung als Designerin schon nach kurzer Zeit eine Sekretärin einstellen, die alle Aufgaben übernehmen würde, die Jane als lästig empfindet.

Klienten geraten in die Pervasivitätsfalle, wenn sie ihren Gedanken zu kontextspezifischen Schwierigkeiten und persönlichen Eigenschaften erlauben, sich auszubreiten und Facetten ihres Lebens zu beeinflussen, die damit nichts zu tun haben.

2.5. 10 *Die Personalisierungsfalle*

Die letzte Komponente des Attributionsstils ist die Personalisierung. Sie bezeichnet das Ausmaß, in dem der Klient glaubt, die Verantwortung für seine Probleme läge einzig und allein bei ihm oder anderen. Seligman unterteilte in diesem Zusammenhang in *interne* und *externe* Attribution, was bedeutet, dass Klienten die Verantwortung für ihre Probleme entweder intern oder extern begründet sehen. Jene mit einer eher externen Einstellung tendieren dazu, anderen oder der Gesellschaft die Schuld für ihre Schwierigkeiten zu geben. Seligman fand heraus, dass ein externer Stil auf größeren Optimismus hinweist, während eine interne Attribution mit Pessimismus verknüpft ist. Während Seligmans interne und externe Kategorien seine Arbeit über Pessimismus und Optimismus stützten, erweist sich die Verantwortung für Probleme im Sinne der ACT selten als eindimensional oder exklusiv. Daher sind Gedanken und persönliche Skripte wenig hilfreich, die ausschließlich den Klienten selbst oder andere für Probleme oder Hindernisse beschuldigen, die wertebasierten Handlungen im Wege stehen.

Nehmen wir einmal an, Jane hätte ihre Firma gegründet und ihre Probleme als Kleinunternehmerin extern attribuiert gesehen. Dann könnte sie die folgenden personalisierten inneren Monologe geführt haben: *Die Regierung hat es wirklich unmöglich gemacht, ein kleines Unternehmen zu führen. Zu viele Sachen, über die man den Überblick behalten muss, zu viele Formulare, die man ausfüllen muss. Die Klienten erwarten einen zu hohen Einsatz und verlangen ständig Dinge von mir, die ich nicht tun will.* Wenn Jane mehr intern attribuiert hätte, würde sie auf solche Situationen wahrscheinlich wie folgt reagieren: *Es ist mein Fehler, dass ich so große Probleme damit habe, diese Formulare und Bestimmungen zu verstehen. Entweder muss ich mir mehr Zeit nehmen, um diese Regierungsbestimmungen nachvollziehen zu können, oder einen Büroleiter einstellen, der über diese Sachen Bescheid weiß. Außerdem muss ich in Bezug auf meine Designideen ein wenig flexibler werden und die Bedürfnisse und Einfälle meiner Klienten stärker berücksichtigen.*

Tatsächlich wären an Janes Problemen mit ihrer neuen Firma verschiedene Faktoren schuld, die sowohl mit der Regierung als auch mit ihr selbst in Zusammenhang stehen.

Klienten tappen in die Personalisierungsfalle, wenn sie die Verantwortung für ihre Probleme entweder ausschließlich sich selbst oder ausschließlich anderen zuschieben. Als Coach können Sie ihnen helfen, zu verstehen, dass die Wurzel ihres Problems mehrere Urheber hat, und sie lehren, zu erkennen, wann sie sich zu viel oder zu wenig Verantwortung aufbürden.

2.6 Die zehn häufigsten Denkfallen entschärfen

Der Begriff *Defusion* stellt eine Methode dar, mit der ACT-Therapeuten ihren Klienten helfen, sich von ihren hinderlichen Gedanken zu trennen. Im nächsten Kapitel werde ich die Defusion genauer erklären. Die folgende Übung ist eine abgeänderte Version derer, die ich in meinem Buch *Stress Less, Live More* (Blonna, 2010) erstmals veröffentlicht habe. Sie stellt eine großartige Technik dar, mit der man den Klienten beibringen kann, sich von dem zu distanzieren, was ihnen ihr Verstand mitteilt.

ÜBUNG

Defusionsübung: Das Whiteboard (AB 2.1)

Wenn Klienten in eine der häufigsten Denkfallen geraten, *verschmelzen* sie mit ihr. Mit anderen Worten: Sie *werden* zu ihren Gedanken, anstatt zu erkennen, dass letztere lediglich etwas sind, das sie zum jeweiligen Zeitpunkt denken. Wenn der Klient gelernt hat, sich von der Denkfalle zu trennen, in der er gefangen ist, werden die sie begleitenden hinderlichen Gedanken verschwinden.

Um die nachfolgende Übung auszuführen, benötigen Sie entweder ein Whiteboard (Weißwandtafel) mit Stiften und Schwamm oder einen großen Block mit Farbstiften. Geben Sie Ihren Klienten die folgenden Anweisungen:

1. Das nächste Mal, wenn Sie in eine der Denkfallen getappt sind und feststecken, holen Sie Ihr Whiteboard oder einen großen Block und Stifte hervor.
2. Notieren Sie die folgende Überschrift: „Hinderliche Gedanken, die mir mein Verstand hinsichtlich ______________________ übermittelt“ (womit auch immer Sie nicht weiterkommen). Beispiel: „Hinderliche Gedanken, die mir mein Verstand hinsichtlich *Meine eigene Graphikagentur eröffnen* übermittelt.“
3. Zählen Sie alle Gedanken auf, durch die Ihr Verstand Sie in eine Sackgasse treibt. Beispiele:
   - Ich kann das nicht.
   - Mein Vater hatte recht. Ich bin keine Geschäftsfrau.
   - Ich hätte Wirtschaft studieren sollen.
   - Ich werde niemals alles Nötige lernen können, um meine eigene Graphikagentur zu eröffnen.
   - Es wäre das Beste, wenn ich weiter als Angestellte arbeiten würde.
   - Eine eigene Firma zu haben bedeutet eigentlich nicht so viel.
4. Es ist wichtig, dass Sie alle Ihre Gedanken auflisten, ganz gleich, wie verrückt, dumm oder unwichtig sie Ihnen erscheinen mögen.

5. Legen Sie den Stift beiseite, wenn Sie fertig sind, und treten Sie einige Schritte zurück. Schauen Sie sich die Tafel oder den Block aus einigem Abstand an und sagen Sie zu sich: *Das sind bloß meine Gedanken. Sie sind nicht ich. Ich bin viel mehr als diese Gedanken.*
6. Fühlen Sie den Abstand zwischen sich und den hinderlichen Gedanken. Versuchen Sie dann, ihn noch weiter zu vergrößern.
7. Treten Sie Schritt für Schritt zurück, bis Sie fühlen, dass sich die Verbindung zu Ihren Gedanken löst.
8. Wie fühlen sich die Gedanken jetzt an?

Indem Sie Ihre Klienten einige Schritte zurücktreten und sie ihre hinderlichen Gedanken mit Abstand betrachten lassen, setzen Sie ihre Gedanken in einen anderen Zusammenhang. Klienten können sie dadurch besser als etwas erkennen, das ihr Verstand ihnen mitteilt. Wenn Klienten lernen, Dinge wie *Mein Verstand sagt mir* ______________________, oder *Mein Verstand denkt, dass* ______________________ zu denken, dann sehen sie hinderliche schmerzhafte Gedanken als das, was sie sind: hinderliche Gedanken. Dadurch können die Klienten diese Gedanken als etwas verstehen, das ihr Verstand ihnen mitteilt, statt als kleine Teile ihrer selbst. Die Gedanken werden zu bloßen Gedanken, etwas, das ihr Gehirn 24 Stunden am Tag produziert. Denken Sie daran, Ihren Klienten klarzumachen, dass ihnen nicht alle Gedanken in gleichem Maße zu Erfolg verhelfen.

Im nächsten Kapitel werde ich damit fortfahren zu erklären, wie Sie sich befreien, wenn Sie in eine der häufigsten Denk- oder Gefühlsfallen geraten sind.

3. Seelische Sackgassen und wie man sich aus ihnen befreit

In Kapitel 1 und 2 habe ich eine Einführung in das Konzept der psychischen Inflexibilität gegeben und erörtert, wie diese den Klienten in eine Sackgasse treibt und ihm die Fähigkeit zu wertebasierten Handlungen nimmt. Ich habe zudem die sechs Schlüsselfaktoren erwähnt, die mit psychischer Inflexibilität in Verbindung stehen:

- Festhalten an einem bestimmten Selbstkonzept
- Kognitive Fusion
- Vorherrschen veralteter Skripte und Lerninhalte
- Erlebensvermeidung
- Unklare Wertvorstellungen
- Untätigkeit, Impulsivität und beharrliches Vermeiden

Diese Schlüsselfaktoren steuern Klienten geradewegs in eine Sackgasse, indem sie deren Fähigkeit einschränken, eine Situation auf neue und kreative Weise zu handhaben. Wenn Klienten unflexibel sind, haben sie weniger Möglichkeiten, mit ihren Problemen fertigzuwerden oder sie zu lösen.

3.1 Wie geraten Klienten in eine Sackgasse?

Ich halte viel davon, dass zwischen dem Feststecken in einer bestimmten Situation und einer psychischer Störung unterschieden wird, da dies den Klienten entlastet und gleichzeitig gut zu den Grundsätzen des Coaching passt. Jeder Mensch gerät einmal in eine Situation, in der er nicht weiterweiß: Sie, ich, Ihre Klienten. Wenn wir in Verhaltensmustern gefangen sind, können wir im Leben nicht vorankommen. Das ist so, als hätte man ein wunderschönes Auto, das auf Glatteis festsitzt; die Reifen drehen durch und das Auto kommt nicht vom Fleck. Wenn wir Menschen in eine Sackgasse geraten, verschwenden auch wir eine Menge Zeit damit, auf der Stelle zu treten, ohne unsere Ziele zu erreichen. Durch die ACT-Prinzipien und -Methoden können Sie Ihre Klienten befreien und sie wieder auf Kurs bringen.

In diesem Kapitel beschreibe ich, wie die mit psychischer Inflexibilität zusammenhängenden Schlüsselfaktoren dazu beitragen, dass Klienten in einer Sackgasse enden. Ich werde Ihnen zeigen, wie Sie therapeutische ACT-Prozesse anwenden, um Ihre Klienten zu befreien, damit diese sich wieder dem Erreichen ihrer Ziele zuwenden können.

3.2 Wie finden Klienten den Weg aus einer Sackgasse?

Damit die Klienten den Weg aus einer Sackgasse finden, müssen Sie sie dabei unterstützen, eine größere psychische Flexibilität zu entwickeln. Verwenden Sie dabei die sechs zentralen therapeutischen Prozesse:

- Präsent (gegenwärtig) sein
- Wertebasierte Lebensrichtung definieren
- Engagiertes Handeln
- Das Selbst als Kontext
- Akzeptieren üben
- Kognitive Defusion anwenden

Kognitive Defusion wird zum Beispiel dazu verwendet, das Festhalten am Selbstkonzept und die kognitive Fusion zu schwächen. Andere zentrale therapeutische Prozesse haben eine allgemeinere Wirkung und beeinflussen alle Bestandteile psychischer Inflexibilität. Präsent zu sein und das Akzeptieren zu üben, hebt beispielsweise den Effekt aller Faktoren auf, die zu psychischer Inflexibilität beitragen.

Den Rest dieses Kapitels werde ich dazu verwenden, die mit psychischer Inflexibilität in Zusammenhang stehenden Schlüsselfaktoren im Detail darzustellen und zu erklären, wie Sie Ihren Klienten mit den sechs zentralen therapeutischen Prozessen helfen, größere psychische Flexibilität zu entwickeln und sich aus Sackgassen zu befreien. Ich werde Ihnen konkrete Beispiele geben und Aktivitäten beschreiben, die Ihre Klienten sinnvoll auf das eigene Leben übertragen können.

3.2.1 Selbstkonzept und Kognitive Fusion

Steven Hayes (2005) verwendet den Begriff des Selbstkonzeptes *(conceptualized self)*, um zu beschreiben, an was Menschen denken, wenn sie sich selbst beschreiben sollen. Es stellt das verinnerlichte Bild von sich selbst dar. Die meisten Menschen beschreiben ihr Selbstkonzept durch Ausdrücke, die zusammenfassen oder bewerten, wer sie sind und was sie tun. Wenn ich Sie darum bitten würde, sich selbst zu beschreiben, könnten Sie folgende Aussagen treffen: „Ich bin 40 Jahre alt; Ich bin ungefähr 1,78 m groß und durchschnittlich gebaut; Ich bin glücklich verheiratet; Ich bin Lehrer für Kunstgeschichte; Ich bin ehrlich und vertrauenswürdig“ und so weiter. Diese Art von Selbstaussagen fassen zusammen, wer Sie sind und wie Sie im Vergleich mit anderen und den Normen der Gesellschaft wie Intelligenz, Einkommen, Beruf, Körperbau dastehen. ACT bezeichnet diese Methode, sich selbst zu beschreiben, als die Selbst-als-Inhalt-Sichtweise. Mit anderen Worten: Sie stellt die Summe aller Dinge dar, die eine Person ausmachen.

Der Verstand zerteilt das Selbstkonzept in kleine Stücke und versieht diese mit Etiketten. Jeder Bestandteil des Selbstkonzeptes erhält seine eigenen persönlichen Skripte. Jeder Teil und die damit verbundenen Skripte führen zu Stereotypen – oder auch Abkürzungen –, mit denen wir unser Selbst verstehen und es anderen erklären. Stellen Sie sich beispielsweise vor, Sie hätten eine Klientin namens Molly, die neben Tausend anderen Dingen sehr gerne laufen geht. Ein Teil ihres Selbstkonzeptes ist „Läuferin". Die persönlichen Skripte und Stereotypen, die sie mit dieser Bezeichnung verbindet, sind positiv und konzentrieren sich auf ihre Liebe zu körperlicher Aktivität und Bewegung, das Gefühl zu laufen und die positive Nebenwirkung, schlank und gesund zu sein. Ihr „Läuferinnen"-Skript trägt positiv zu ihrem Selbstempfinden und ihrer sinnvollen Lebensweise bei und bildet einen Teil ihres Selbstkonzeptes.

Stellen Sie sich vor, dass Molly nicht nur Läuferin ist, sondern auch an Asthma leidet. Daher hat sie auch persönliche Skripte und Stereotypen über sich selbst, die mit Asthma in Zusammenhang stehen. Statt sich selbst als Person mit Asthma zu sehen, sieht (verinnerlichtes Bild) und beschreibt (externe Charakterisierung) sie sich selbst als *Asthmatikerin*. Asthma ist eine Krankheit, deren Symptome verkrampfte Brustmuskeln, verengte Atemwege und Atembeschwerden sind. Eine Person mit Asthma ist ein Mensch, der auch zufällig eine Krankheit hat, die diese Symptome auslöst. Ein Asthmatiker zu sein stellt eine völlig andere Version des Selbstkonzeptes dar. Wenn Molly sich als Asthmatikerin bezeichnet, *wird* sie zu ihrer Krankheit. All jene persönlichen Skripte und Stereotypen, die sie mit Asthma verbindet (spezifische Situationen und Aktivitäten meiden zu müssen, die einen Anfall auslösen könnten; auf eine Langzeitmedikation und Notfallinhalatoren angewiesen zu sein; sich in Gesellschaft von Menschen, die mit der Krankheit nicht vertraut sind, verlegen zu fühlen), repräsentieren sie, die Person, die zufällig auch an Asthma leidet. Diese beschränkte Sichtweise auf sich selbst und ihre Umwelt begrenzt ihre Entscheidungen und Wahlmöglichkeiten (die realen ebenso wie die vorgestellten), da sie Molly die Welt nicht klar sehen lässt. Es ist, als sähe Molly die Welt durch eine Asthma-Brille, was ihre psychische Flexibilität einschränkt und sie in eine Sackgasse führt.

Wenn Molly sich als Läuferin oder Asthmatikerin sieht statt als Person, die läuft oder Asthma hat, *verschmilzt* sie mit diesen Teilen ihres Selbstkonzeptes. ACT bezeichnet dies als Kognitive Fusion. Der Verstand kann mit allen möglichen hilfreichen oder hinderlichen Aspekten des Selbstkonzeptes verschmelzen. Wenn Klienten mit einem Teil ihres Selbstkonzeptes verschmelzen, sehen sie die Welt durch den Filter dieses fusionierten Selbstkonzeptes, statt die eigentliche Realität des gegenwärtigen Augenblickes zu erkennen. In den meisten Fällen, so wie bei Läufern, ist dies nicht notwendigerweise eine negative Erscheinung, die zu Verstrickungen führt (mit „nicht notwendigerweise" meine ich, dass viele Läufer das Laufen so zwanghaft betreiben, dass ihre Vorstellung von sich selbst als Läufer *tatsächlich* dazu beiträgt, dass sie sich in ihrer eingefahrenen Lebensweise verstricken, zum Beispiel in Form von Verletzungen, Abhängigkeit oder extremen Schuldgefühlen aufgrund einer versäumten Trainingseinheit). Normalerweise trägt aber die Kognitive Fusion mit einem positiven Aspekt des Selbstkonzeptes wie z. B. Laufen nicht zu Verstrickungen bei.

3.2.2 Kognitive Defusion und das Selbst als Kontext

Im Buch *ACT-Training. Handbuch der Acceptance & Commitment Therapie* (*Learning ACT*, 2007) beschreiben die Autoren Jason Luoma, Steven Hayes und Robyn Walser eine zweite Art der Selbstsicht namens *Selbst als Kontext*. Wir erinnern uns daran, dass Klienten eine Selbst-als-Inhalt-Sichtweise einnehmen (*Ich bin der Inhalt, daher bin ich Asthmatiker*), wenn sie mit einem Aspekt ihres Selbstkonzeptes verschmelzen (wie z. B. ein Asthmatiker zu sein). Um sich von dieser Sichtweise zu lösen, müssen die Klienten die Art und Weise verändern, wie sie über sich selbst denken, und eine Selbst-als-Kontext-Sicht annehmen.

Wenn die Klienten eine Selbst-als-Kontext-Sichtweise entwickelt haben, werden sie zu Beobachtern ihrer Gedanken anstatt zu deren Inhalt. Aus einem Selbst-als-Kontext-Blickwinkel haben Klienten die Möglichkeit, einen Schritt zurückzutreten und all ihre Gedanken, persönlichen Skripte und Stereotypen, die ihr Selbstkonzept ausmachen, mit Abstand zu betrachten.

Man kann diese Perspektive besser verstehen, wenn man sich einen großen Krug vorstellt, der für Getränke gedacht ist. Der Krug ist ein Behältnis, das jede Flüssigkeit aufnimmt, die man in ihn hineinschüttet. Er kann mit den verschiedensten Flüssigkeiten gefüllt werden: Wasser, Eistee, Apfelsaft usw. Der Krug kann als Behältnis gesehen werden, das – abhängig von der Situation – verschiedene Flüssigkeiten enthält („Reich mir bitte den Krug"), oder er kann durch seinen Inhalt definiert werden („Reich mir bitte den Eistee"). Wenn Ihre Klienten eine Selbst-als-Kontext-Sichtweise annehmen, dann betrachten sie sich selbst als Behältnis (der Krug), welches das gesamte Arsenal ihrer Gedanken, persönlichen Skripte, mentalen Bilder und Gefühle enthält. Auf gewisse Weise erkennen sie dadurch, dass sie mehr sind, als lediglich die einzelnen Aspekte ihres Selbstkonzeptes. Sie sehen sich selbst als den Zusammenhang, in dem diese Aspekte täglich zum Vorschein treten. Da ihre Gedanken, persönlichen Skripte, mentalen Bilder und Gefühle sich ständig verändern, stellt das Behältnis die einzige Konstante in ihrem Leben dar. Es schließt diese Elemente (Gedanken, Skripte, Bilder etc.) ein und übersteigt sie. Der Beobachter ist das Selbst, das Zeuge aller Ereignisse im Leben ist, die die Klienten zu den Personen machen, die sie sind: der erste Schultag, die erste Verabredung, die erste Niederlage und das erste gebrochene Herz. Das Beobachter-Selbst ist die Konstante, die sich durch alle diese ersten Erlebnisse und durch die Hunderttausend zusätzlichen Erfahrungen zieht, die sich zu dem Mosaik zusammensetzen, das wir Leben nennen.

Klienten müssen lernen, einen Beobachterstandpunkt einzunehmen, wenn sie mit hinderlichen Aspekten ihres Selbstkonzeptes verschmelzen, um sich von diesen zu trennen und sich aus Verstrickungen befreien zu können. Daher sollten wir von Molly nicht als *Asthmatikerin* sprechen, sondern als einer Person mit Asthma, die unter bestimmten Bedingungen zuweilen Atemschwierigkeiten bekommt. Zusätzlich zu der Tatsache, dass sie Asthma hat, führt Molly ein reiches, interessantes Leben voller Herausforderungen, und sie kann auf eine lange Reihe von Erfolgen und positiven Erfahrungen zurückblicken. Neben ihrem Asthma ist Molly eine ausgezeichnete Lehrerin, talentierte Köchin, eine leidenschaftliche Fotografin, eine gute Mutter und eine zuverlässige Freundin. Die Vorstellung, dass ihr Asthma sich in demselben Behältnis wie alle anderen positiven Teile ihres Selbstkonzeptes befindet, setzt den Aspekt, mit dem sie verschmolzen ist, in eine andere Perspektive und hilft ihr dabei, sich von ihm zu befreien.

ACT verwendet den Begriff *Kognitive Defusion,* um den Prozess zu beschreiben, mit dem Sie Ihrem Klienten helfen, sich von den hinderlichen Gedanken zu befreien, die er im Zusammenhang mit seinem Selbstkonzept hegt und die ihn gefangen halten. Wenn Sie Ihrem Klienten beigebracht haben, sich von genannten Gedanken zu lösen, kann er einen Schritt zurücktreten, sie urteilsfrei beobachten und beginnen, zu akzeptieren, dass sie lediglich einen Teil seiner Person darstellen. Der Klient wird auch verstehen, dass er seine Gedanken gar nicht so wichtig nehmen oder sie ausagieren muss, wenn sie ihm nicht bei dem Erreichen seiner Ziele helfen.

Klienten werden zu unparteiischen Beobachtern ihrer hinderlichen Gedanken, sind sich derer dadurch bewusst und erkennen sie an, messen ihnen jedoch nicht den gleichen Wert bei wie hilfreichen Gedanken. Wenn die Klienten akzeptieren, dass sie es lediglich mit hinderlichen Gedanken zu tun haben, üben diese zunehmend weniger Einfluss auf ihr Verhalten aus, was sich für die Klienten als äußerst hilfreich erweisen kann. Indem Sie Ihren Klienten beibringen, wie sie sich von ihren hinderlichen Gedanken lösen, können sie diese hinter sich lassen und Fortschritte machen. Gleichzeitig akzeptieren sie die Gedanken und andere negative Aspekte ihres Selbstkonzeptes. Die folgende Übung zu einfacher Defusion können Sie mit Ihren Klienten durchführen.

ÜBUNG

Defusionsübung: Nehmen Sie die „Asthma-Brille" ab (AB 3.1)

Geben Sie Ihrem Klienten die folgende Anleitung:

1. Stellen Sie sich vor, Sie hätten eine sehr dunkle Sonnenbrille, die Sie benutzen, wenn es draußen wirklich sonnig ist. Die Gläser sind so dunkel, dass Sie drinnen kaum etwas sehen, wenn Sie sie einmal vergessen abzunehmen.
2. Stellen Sie sich nun vor, dass Sie die Handlung wirklich ausführen: Sie setzen die dunkle Sonnenbrille auf, spazieren eine Weile draußen an einem hellen, sonnigen Tag umher, gehen dann ins Haus und vergessen, die Brille abzusetzen.
3. Stellen Sie sich vor, wie es sich tatsächlich anfühlen würde, im Haus mit dieser dunklen Sonnenbrille umherzugehen und ein eingeschränktes Gesichtsfeld zu haben. Sie wären nicht nur in dem eingeschränkt, was Sie sehen könnten, sondern auch in Ihren Handlungen. Es würde Ihnen schwerfallen, einfache Dinge anzugehen, die Ihnen am Herzen liegen, wie zum Beispiel Frühstück zuzubereiten oder Wäsche zu waschen.
4. Stellen Sie sich vor, wie einfach es wäre, Ihr Problem zu lösen, indem Sie einfach die dunkle Sonnenbrille abnähmen.
5. Stellen Sie sich nun vor, Sie hätten Asthma (oder eine andere chronische Krankheit, die Ihre Gesundheit dauerhaft negativ beeinflusst).
6. Stellen Sie sich vor, dass die dunkle Sonnenbrille Ihre Selbst-als-Inhalt-Sichtweise repräsentiert, und sagen Sie zu sich selbst: *Ich bin Asthmatiker* oder *Ich bin Diabetiker* oder verwenden eine andere chronische Krankheit.
7. Stellen Sie sich nun vor, wie Ihre Sicht auf sich selbst als Asthmatiker oder Diabetiker Ihnen dabei im Wege steht, wertebasierte Handlungen auszuführen (wie z. B. Bewegung, Reisen oder Tanzen).
8. Sobald Sie sich dabei ertappen, müssen Sie Ihre „Asthma-Sonnenbrille" aufsetzen und sich daran erinnern: *Ich habe es schon wieder getan: Ich habe meine „Asthma-Brille" aufgesetzt.*
9. Stellen Sie sich einen Augenblick vor, wie Sie mit Ihrer „Asthma-Sonnenbrille" im Dunkeln umherwandern, und machen Sie sich klar, wie einschränkend sie ist und wie sie Sie gefangen hält.
10. Halten Sie nach einem Moment inne und sagen Sie zu sich selbst: *Ich muss diese Brille nicht tragen. Ich kann sie einfach abnehmen, wenn ich Lust habe.* Stellen Sie sich dann vor, dass Sie sie einfach absetzen, zusammenklappen und in die Tasche stecken. Stellen Sie sich vor, wie Sie zusammen mit der Brille auch den Gedanken verschwinden lassen, dass Sie ein Asthmatiker sind.
11. Stellen Sie sich im letzten Schritt vor, wie Sie die geplante Handlung ausführen, während Ihre „Asthma-Brille" sich zusammen mit den hinderlichen Worten in Ihrer Tasche

befindet. Sie können mit beiden leben und Handlungen ausführen, ohne sie loswerden zu müssen.

12. Führen Sie diese Defusionsübung immer dann durch, wenn Sie sich in ein stereotypes persönliches Skript verstrickt haben, das auf Ihrer Selbst-als-Inhalt-Sichtweise beruht. Mit der Zeit werden Sie lernen, wie Sie sich von den einschränkenden Gedanken, die mit dem Stereotyp in Zusammenhang stehen, befreien können.

Weitere Defusionsübungen finden Sie in den verbleibenden Kapiteln dieses Buches. Sie demonstrieren, wie Defusion mit den anderen Komponenten der ACT und den zentralen therapeutischen Prozessen in Zusammenhang steht.

Eine weitere Möglichkeit, mit der Sie Ihren Klienten helfen können, eine Selbst-als-Kontext-Sichtweise anzunehmen, besteht darin, sie zu erinnern, dass sie nicht alle Probleme in ihrem Kopf lösen können. Wie ich bereits beschrieben habe, fallen Ihre Klienten dadurch in die Ich-muss-die-Sache-nur-gut-durchdenken-Falle und nehmen eine Selbst-als-Inhalt-Sichtweise (Selbstkonzept-Sichtweise) an. Durch die folgende Übung können Sie Ihre Klienten auf einfache Weise daran erinnern, dass das, was ihr Verstand ihnen über eine Situation berichtet, oft in starkem Kontrast zu der wirklichen Erfahrung steht.

ÜBUNG

Selbst-als-Kontext-Übung: Einen Schluck Wasser trinken

Der Zweck dieser Übung besteht darin, dem Klienten dabei zu helfen, eine Selbst-als-Kontext-Sichtweise zu entwickeln. Dazu verwenden Sie einen konkreten Gegenstand – ein Glas mit kaltem Wasser.

Die Selbst-als-Kontext-Sichtweise stellt sich ein, wenn der Klient lernt, zwischen direkten Erfahrungen durch seine fünf Sinne und den Gedanken über direkte Erfahrungen zu unterscheiden. Klienten verwechseln oft ihre Gedanken zu Situationen mit einer realen Erfahrung aus erster Hand.

Für diese Übung benötigen Sie ein Glas Wasser mit Eiswürfeln.

1. Sagen Sie das Folgende zu Ihrem Klienten:
   Schließen Sie Ihre Augen und entspannen Sie sich.
   Atmen Sie einige Male tief durch.
   Stellen Sie sich vor, Sie trinken einen Schluck Eiswasser aus einem durchsichtigen Glas.
   Denken Sie einige Sekunden darüber nach, wie diese Erfahrung sich anfühlen würde.
   Wenn Sie fertig sind, öffnen Sie Ihre Augen.

2. Schenken Sie Ihrem Klienten nun ein Glas Eiswasser ein. Sorgen Sie dafür, dass das Glas durchsichtig ist und Sie einige Eiswürfel hinzufügen.
3. Reichen Sie Ihrem Klienten das Glas und sagen Sie zu ihm:
   Halten Sie das Glas bitte in einer Hand und machen Sie sich bewusst, wie viel es wiegt.
   Drehen Sie das Glas in der Hand und sehen Sie sich seine Form an. Sie dürfen dabei die Finger beider Hände verwenden.
   Fühlen Sie, wie sich das Glas anfühlt, wenn Sie es an Ihren Mund bringen.
   Machen Sie sich die Größe des Glases und den Wasserstand bewusst.
   Nehmen Sie die Eiswürfel wahr, die im Wasser schwimmen.
   Machen Sie sich die Reinheit des Wassers und der Eiswürfel bewusst.
   Nehmen Sie die Veränderung der Farbe wahr, wenn Sie das Glas gegen das Licht oder ein Fenster halten.
   Schließen Sie die Augen, führen Sie das Glas an Ihr Ohr und schwenken Sie es, damit die Eiswürfel gegen das Glas klicken.
   Nehmen Sie das Geräusch dabei wahr.
   Halten Sie Ihre Augen weiterhin geschlossen und nehmen Sie den Geruch des Wassers wahr.
   Halten Sie Ihre Augen weiterhin geschlossen, trinken Sie einen Schluck Wasser und bewegen Sie es in Ihrem Mund umher. Machen Sie sich den Geschmack und die Temperatur des Wassers bewusst.
   Halten Sie Ihre Augen weiterhin geschlossen, trinken Sie einen weiteren, größeren Schluck Wasser und nehmen Sie wahr, wie es sich anfühlt, während es in Ihrem Hals hinunter und in Ihren Bauch fließt.
   Wenn Sie alle Anweisungen ausgeführt haben, dürfen Sie die Augen wieder öffnen.
4. Bitten Sie Ihren Klienten, die folgende Frage zu beantworten:
   Wodurch hat sich der Gedanken daran, Wasser zu trinken, von der eigentlichen Handlung und der Erfahrung durch Ihre fünf Sinne unterschieden?

Erklären Sie Ihrem Klienten, dass Menschen ihre Gedanken (besonders über besorgniserregende Zukunftsereignisse) häufig mit der eigentlichen Erfahrung verwechseln. Oft vermeiden Menschen bestimmte Dinge auch einfach, da sie der Ansicht sind, dass ihre Gedanken an ein Ereignis sowie die tatsächliche Erfahrung gleichwertig sind. In Wahrheit sind dies aber zwei grundsätzlich verschiedene Prozesse.

Erlebensvermeidung

Die Erlebensvermeidung ist ein anderes Element psychischer Inflexibilität. Sie ist das genaue Gegenteil von Offenheit gegenüber Erfahrungen. Klienten vermeiden bestimmte Erfahrungen oft, weil sie beunruhigende Gedanken und schmerzhafte Gefühle auslösen würden. Für sie ist es sicherer und weniger schmerzhaft, in ihrer

Komfortzone zu verweilen und die Erfahrungen zu meiden. Das Vermeiden von Erfahrungen begrenzt jedoch das Wachstum der Persönlichkeit des Klienten und seine Möglichkeiten, neue positive Bezugsrahmen und größere Flexibilität zu entwickeln. Obwohl Klienten auf intellektueller Ebene gewöhnlich verstehen, dass es notwendig ist und Sinn macht, sich aus der Komfortzone zu bewegen, sträuben Sie sich gegen eine solche Handlung. Sie sind nicht gewillt, ihren Schmerz und ihr Leiden zu akzeptieren und wertebasierte Handlungen auszuführen. Ihr Verstand zeigt ihnen Zukunftsvisionen und produziert einen ständigen Fluss an negativen persönlichen Skripten und Gründen, warum es besser ist, zu bleiben, wo sie sind, und warum sie potenziell beunruhigende Erfahrungen vermeiden sollten.

Um Ihre Klienten aus dieser Sackgasse zu leiten, müssen Sie ihnen dabei helfen, zu verstehen und zu akzeptieren, dass ihr Verstand die Macht hat, einen endlosen Strom an negativen Skripten und hinderlichen Gedanken an jene Handlungen zu produzieren, die die Klienten aus ihrer Komfortzone treiben. Im nächsten Schritt müssen Sie sie dabei unterstützen, ihre Vergangenheit hinter sich zu lassen und wertebasierte Handlungen anzugehen. Dabei müssen die Klienten das Unbehagen *akzeptieren*, welches damit einhergeht. Obwohl sich Ihre Klienten während dieses Prozesses zu Anfang unwohl fühlen werden, wird er am Ende doch zu der Entwicklung neuer Bezugsrahmen und größerer psychischer Flexibilität führen.

3.2.3 Präsent sein und Akzeptieren üben

In Kapitel 2 hatten wir festgestellt, dass Akzeptieren aus vier Aspekten besteht:

1. Achtsamkeit
2. Akzeptieren, dass Gedanken und Gefühle sowohl hilfreich als auch hinderlich sein können, wenn Sie im Einklang mit Ihren Werten handeln wollen.
3. Akzeptieren, was *nicht* kontrolliert werden kann (Gedanken, Gefühle, persönliche Skripte, mentale Bilder).
4. Akzeptieren, was kontrolliert werden *kann* (Verhalten und physische Umgebung).

Sie können Ihren Klienten dabei helfen, jeden dieser vier Aspekte des Akzeptierens zu entwickeln. Im Rest dieses Buches werden Sie immer wieder auf entsprechende Übungen für das Akzeptieren stoßen, von denen die folgende die grundlegendste ist und Achtsamkeit fördert. Durch regelmäßiges Durchführen dieser Übung entwickeln Ihre Klienten Achtsamkeit und lernen das Akzeptieren.

ÜBUNG

Achtsamkeit und Akzeptieren üben: Einfach nur sitzen (AB 3.2)

Um sich seiner Gedanken, Gefühle und Körperempfindungen bewusster zu werden, beginnt man mit der simplen buddhistischen Übung, zu sitzen und zu atmen. Sie haben sicher bereits festgestellt, dass es vielen Ihrer Klienten schwerfällt, still zu sitzen. Sie können diese Übung jederzeit einführen, und Ihre Klienten haben die Möglichkeit, mit Ihnen in der Sitzung zu üben oder alleine für sich.

Weisen Sie Ihre Klienten wie folgt an und erklären Sie ihnen, dass es sich zu Anfang komisch anfühlen kann diese Übung auszuführen, mit der Zeit aber einfacher wird.

1. Sitzen Sie fünf Minuten lang still auf einem Stuhl mit einer geraden Rückenlehne, wobei Ihre Füße flach auf dem Boden stehen, Ihre Augen geschlossen sind und Sie Ihren Rücken aufrecht halten. Ihre Hände liegen gefaltet in Ihrem Schoß.
2. Achten Sie darauf, wie es sich anfühlt festzusitzen. Beginnen Sie mit der Atmung. Verfolgen Sie den Atemkreislauf vom Einatmen der Luft durch die Nase und hinunter in die Lungen bis zum Ausatmen. Wie fühlt sich dies an?
3. Erfühlen Sie im nächsten Schritt alle anderen Körperempfindungen. Was geschieht in Ihren Armen, Beinen, Ihrer Brust, Ihrem Rücken und anderen Bereichen Ihres Körpers?
4. Betrachten Sie nun achtsam Ihre Gedanken und Gefühle. Was denken und fühlen Sie?
5. Verurteilen Sie Ihre Empfindungen, Gedanken und Gefühle nicht; erkennen Sie lediglich ihre Anwesenheit an.
6. Versuchen Sie, sich auf den gegenwärtigen Augenblick zu konzentrieren. Wenn Ihr Geist in die Zukunft oder Vergangenheit abdriftet, erinnern Sie sich behutsam daran, wieder in die Gegenwart zurückzukehren. Verwenden Sie Ausdrücke wie: *Da schwirrt mein Geist wieder einmal davon. Das ist in Ordnung, aber nun werde ich wieder in den gegenwärtigen Augenblick zurückkehren und zu dem, was in meinem Verstand und meinem Körper geschieht.*
7. Nachdem die fünf Minuten verstrichen sind, nehmen Sie sich bitte einen Moment Zeit, um zu notieren, was in Ihrem Körper und Ihrem Geist vor sich ging.
8. Bringen Sie Ihre Notizen bitte zu unserer nächsten Sitzung mit, damit wir über den nächsten Schritt sprechen können: zu akzeptieren, was in Ihnen vorgeht, wenn Sie Handlungen ausführen.

Bitten Sie Ihre Klienten, diese Übung sowohl dann auszuführen, wenn sie in einer bestimmten Situation feststecken, als auch dann, wenn dies nicht der Fall ist. Hierdurch können sie den Unterschied achtsam wahrnehmen und lernen, beide Zustände zu akzeptieren.

Veraltete Skripte

Dieses Element psychischer Inflexibilität ist der Kognitiven Fusion und dem Festhalten an dem Selbstkonzept sehr ähnlich. Klienten verschmelzen zuweilen mit veralteten persönlichen Skripten, die wertebasierten Handlungen nicht zuträglich sind. Diese Skripte sind überholt, da sie mit Bezugsrahmen aus der Vergangenheit zusammenhängen, die das gegenwärtige Funktionsniveau des Klienten nicht länger adäquat repräsentieren. Wenn der Klient mit einem veralteten Skript verschmilzt, dominiert dieses Skript sein Denken und erschwert ihm, die Gegenwart klar zu bewerten.

Erinnern Sie sich an Janes Situation aus Kapitel 2. Jane versucht, ihre eigene Firma zu gründen, obwohl ihr die vielen negativen Bezugsrahmen im Wege stehen, die sie aufgrund ihres Vaters angesammelt hat. Sie ist das perfekte Beispiel dafür, wie das Verschmelzen mit überholten Skripten und früheren Lernerfahrungen gegenwärtiges Verhalten steuert. In Kapitel 2 habe ich persönliche Skripte auch als Szenen beschrieben und das Leben des Klienten als den dazugehörigen Film. Mit anderen Worten kann ein persönliches Skript auch als eine Geschichte (inklusive Dialoge) beschrieben werden, die der Verstand im Zusammenhang mit einer persönlichen Erfahrung kreiert.

Im Geiste des Klienten spielen sich Skripte zu allen Anlässen ab – von seiner ersten sexuellen Erfahrung bis zu dem, was er heute zu Abend essen wird. Diese Skripte sind von einer Reihe demografischer, erfahrungs- und entwicklungsbasierter Faktoren abhängig. Einige Skripte entwickelten sich in der frühen Kindheit, während andere lediglich 20 Minuten vor Ihrer heutigen Sitzung mit dem Klienten entstanden. Einige persönliche Skripte helfen dem Klienten, seine Ziele zu erreichen, während andere ein Hindernis für seine Handlungsfähigkeit darstellen. Ein Skript ist dann veraltet, wenn es das derzeitige Funktionslevel des Klienten nicht länger repräsentiert oder ihm nicht länger dabei hilft, seine Ziele zu erreichen und sein Leben im Einklang mit seinen Werten zu leben.

Ein erster wichtiger Schritt, um zu beurteilen, ob ein persönliches Skript veraltet und nicht länger hilfreich ist, besteht darin, achtsam zu sein und seine Existenz zu akzeptieren. Aus diesem Grund sind Achtsamkeitstraining und Akzeptieren Schlüsselkomponenten der ACT. Stellen Sie sich beispielsweise vor, dass eines von Janes persönlichen Skripten von ihrem einige Jahre zuvor gescheiterten Versuch, ihre eigene kleine Firma zu gründen, handelt. Stellen Sie sich auch vor, dass sie nach der anfänglichen Niederlage drei sehr gelungene Geschäftsideen hatte. Obwohl sie außerordentlich erfolgreich gewesen ist, sind ihre persönlichen Skripte zu Geschäftlichem mit selbstzerstörenden Aussagen und Sorgen über ihre Niederlage gefüllt anstatt mit Lob für ihre Erfolge. Ein entscheidender Schritt in ihrer Entwicklung besteht darin, anzuerkennen, dass sie dieses negative Skript noch immer mit sich herumträgt, obwohl es schon lange nicht mehr zutreffend oder hilfreich ist. Wenn sie sich seiner Gegenwart bewusst geworden ist und anerkannt hat, dass es die Realität nicht länger widerspiegelt, kann Jane akzeptieren, dass sie es nicht beseitigen muss, um ihr nächstes Kleinunternehmen zu gründen und ihr Ziel zu erreichen. Sie kann das Skript einfach als einen Teil von sich akzeptieren. Obwohl es ihr Sorgen bereitet, muss es sie nicht davon abhalten, im Leben vorwärtszukommen.

3.2.4 Achtsamkeit, Akzeptieren und Defusion

Klienten können in eine Sackgasse geraten, wenn sie die Gegenwart von veralteten persönlichen Skripten, die sich in ihr Denken einschleichen und ihr Verhalten beeinflussen, nicht erkennen oder abstreiten. Achtsamkeitstraining hilft den Klienten, die überholten Skripte zur Kenntnis zu nehmen, die zu einem gegebenen Zeitpunkt ihr Verhalten beeinflussen. Wenn Klienten sich der Gegenwart der Skripte durch Achtsamkeitsübungen bewusst geworden sind, können sie sie als das erkennen, was sie sind (Beweise für einen ständig arbeitenden Verstand). Die Klienten können sie dadurch beobachten, registrieren und akzeptieren, ohne sie zu be- oder verurteilen. Im letzten Schritt wird das Defusionstraining Ihren Klienten dabei helfen, sich von den hinderlichen persönlichen Skripten zu distanzieren, und sich schließlich von ihnen zu trennen. Die folgende Übung „Mein Gegenüberstellungsfoto“ richtet sich auf die Untersuchung veralteter Skripte und beleuchtet, wie diese zum Vermeiden potenziell bereichernder neuer Erfahrungen beitragen. Sie hilft den Klienten, echten physischen Abstand zwischen sich und ihren überholten Skripten aufzubauen.

ÜBUNG

Defusionsübung: Mein Gegenüberstellungsfoto (AB 3.3)

Geben Sie Ihrem Klienten die folgenden Anweisungen:

1. Schneiden Sie aus festem Karton 20 Rechtecke im Format 20 x 25 cm aus.
2. Verteilen Sie die Pappkärtchen auf fünf Stapel (mit jeweils vier Kärtchen).
3. Beschriften Sie die fünf Stapel und jedes Kärtchen mit den folgenden fünf Abschnitten Ihres Lebens: Säuglingsalter, frühe Kindheit, Teenagerzeit, frühes Erwachsenenalter, Erwachsenenalter.
4. Finden Sie zu jedem Abschnitt Ihres Lebens vier Fotos von sich selbst. Es ist wichtig, dass diese Fotos sowohl gute als auch schlechte Erinnerungen hervorrufen.

5. Kleben Sie jedes Foto auf ein entsprechendes Pappkärtchen, sodass unter der Abbildung ausreichend Platz für einige kurze Sätze bleibt.
6. Notieren Sie unter jedem Foto das ungefähre Aufnahmedatum und das persönliche Skript, das Sie mit ihm verbinden. Es ist wichtig, dass jeder Stapel zwei positive und zwei negative Skripte enthält.
7. Nehmen Sie sich nun einen Stapel vor und stellen Sie die Fotos nebeneinander auf – vorzugsweise auf Augenhöhe auf einem Regal. Treten Sie danach so weit zurück, bis Sie einen angenehmen Abstand zwischen sich und den Bildern aufgebaut haben.
8. Gehen Sie die vier Fotos durch und beschreiben Sie die Eigenschaften von sich, die durch die Bilder widergespiegelt werden und noch immer zutreffen (Sie kuscheln gerne, Sie spielen immer noch Fußball, Sie sind immer noch schlecht in Mathe usw.). Schreiben Sie diese Aussagen auf die Pappkärtchen.
9. Beschreiben Sie zu jedem Foto auch die dargestellten Eigenschaften, die nicht länger auf Sie zutreffen.
10. Gehen Sie alle Stapel und Kärtchen durch und wiederholen Sie jeweils die Schritte 8 und 9.
11. Welche Ihrer Gedanken und Überzeugungen tragen immer noch dazu bei, dass Sie sich in einer Sackgasse befinden?
12. Nehmen Sie jedes Foto mit einer veralteten Charakterisierung in die Hand und sagen Sie zu sich selbst: *Diese Aussage stellt mich nicht länger dar. Ich werde ihr nicht länger erlauben, mich festzuhalten oder mir beim Erreichen meiner Ziele im Weg zu stehen.*
13. Nehmen Sie alle Fotos mit Aussagen, die zu Ihrer verzwickten Situation beitragen, und stecken Sie sie in einen Umschlag.
14. Legen Sie den Umschlag hoch oben auf ein Regal, wo Sie ihn nicht mehr sehen können, aber trotzdem wissen, dass er da ist.
15. Sagen Sie zu sich selbst: *Ich weiß, dass diese Fotos und hinderlichen Gedanken ein Teil von mir sind. Ich kann sie aber bis auf Weiteres zur Seite legen und meine Ziele verfolgen. Obwohl sie ein Teil von mir sind, bin ich viel mehr als nur die Summe dieser veralteten Fotos und Geschichten aus meiner Vergangenheit.*

Die vorangegangene Übung kann wiederholt durchgeführt werden, da sie sich auf mehrere Jahrzehnte beziehen könnte. Es ist sinnvoll, sie Ihren Klienten immer dann als Hausaufgabe aufzugeben, wenn Sie im Laufe Ihrer Zusammenarbeit auf veraltete Skripte stoßen.

Das Fehlen eindeutiger Werte

Ein *Wert* ist eine Kombination aus einem Konzept, einem Glaubenssystem und einem Verhaltensmuster und erhält höchste Achtung. Viele Dinge, die Menschen wertschätzen, existieren unabhängig von empirischen Beweisen und beruhen auf dem Glauben.

Schauen wir uns Religion einmal als Beispiel an. Religiöse Klienten verfügen über ein unterschwelliges Konzept, in dem ihr Wert verankert ist. Die meisten religiösen Menschen glauben an die Existenz Gottes oder eines anderen Schöpfers. Zusätzlich zu ihrem Konzept von Gott haben diese Klienten ein Glaubenssystem, das auf ihrer jeweiligen Konfession basiert. Es besteht aus einer formellen Glaubenslehre, feststehenden Praktiken und Lebensregeln. Die Religiosität der Klienten äußert sich zudem in einem Verhaltensmuster bestehend aus Gebeten, Kirchgang und dem Befolgen spezieller Regeln bezüglich Ernährung, Sexualverhalten o. ä. Diese alltäglichen Verhaltensweisen werden zu einem festen Teil des Lebensstiles und geben dem Leben Struktur und Sinn. Sie beeinflussen, wie die Klienten ihre Zeit verbringen, strukturieren Tage und Wochen und fördern Langzeitplanung.

Der Tag eines muslimischen Klienten beinhaltet beispielsweise mehrere Gebetseinheiten. Der Sonntag eines christlichen Klienten dreht sich um den Kirchgang und dazugehörige soziale Aktivitäten. Zusätzlich zu den täglich und wöchentlich durchgeführten Ritualen begehen religiöse Menschen spezielle Feiertage wie den Ramadan, die Fastenzeit, Ostern, das Passahfest, Weihnachten, Hanukkah usw. Diese Feiertage bringen gewöhnlich bestimmte Ernährungsregeln und andere Opfergesten mit sich. Andere religiöse Zeremonien drehen sich um Initiationsriten wie die Bar-Mitzwa und Bat-Mitzwa oder um Sakramente wie die Ehe und Beerdigungsriten.

Wenn Ihre Klienten sich über ihre Werte im Klaren sind, hilft ihnen dies, wertebasierte Handlungen durchzuführen und im Leben besser funktionieren zu können. Sollten sie sich ihrer Werte unklar sein, wird es ihnen schwerer fallen, Ziele zu setzen, Pläne zu schmieden und wertebasiertes Verhalten an den Tag zu legen. Wenn dieser Fall eintritt, können die Klienten sich verstricken und nur noch auf niedriger Stufe funktionieren. Da dies auf alle Werte zutrifft, nicht nur religiöse, ist es sehr wichtig, dass Sie sich die Zeit nehmen, mit Ihren Klienten deren Werte klarzustellen.

3.2.5 *Wertebasierte Handlungen definieren*

Die meisten Menschen nehmen sich niemals die Zeit, sich ihrer Werte klar zu werden. Sie leben ihr Leben nach den Werten und Zielen, die ihnen von Familie, Ehepartnern, der Kultur o. ä. gesetzt werden. Sie stellen niemals infrage, ob diese Werte überhaupt zu ihnen passen. Wenn Klienten ihr Leben nach den Werten anderer leben anstatt ihren eigenen, werden sie sich früher oder später festfahren und starke Konflikte spüren. Sich der eigenen Werte unsicher zu sein, gleicht einem Segelboot ohne Ruder, das von der Gnade des vorherrschenden Windes abhängig ist. Klienten ohne klare Wertvorstellungen unterliegen dem vorherrschenden Wind von Gruppenzwang, sozialen Erwartungen usw. Werte sind wie das Ruder, das es den Klienten ermöglicht, ihr Segelboot auf Kurs zu halten und ihre Ziele zu erreichen. Ihre Aufgabe als Coach besteht darin, Ihren Klienten dabei zu helfen, sich ihrer Werte klar zu werden und den vorherrschenden Wind in ihrem Leben auszunutzen.

Das nächste Kapitel wird sich dem Thema Werteklärung widmen. Die folgende Übung ist ein Beispiel für eine Werteklärungsübung, von denen Sie weitere im nächsten Kapitel finden werden. Die Beispielübung ist eine adaptierte Version aus dem Standardwerk *Values Clarification: A practical, action-directed workbook* von Sidney Simon, Leland Howe und Howard Kirschenbaum (1995).

ÜBUNG

Werteklärungsübung: Wofür würden Sie Ihr Leben geben? (AB 3.4)

Lesen Sie Ihren Klienten den folgenden Absatz vor und erklären Sie ihnen, dass die Intention dieser Übung darin besteht, Werte zu klären und nicht zu verändern. Wenn es um Werte geht, gibt es keine richtigen oder falschen Antworten.

Die folgenden Aussagen dienen dazu, Ihnen zu helfen, die Intensität Ihrer Werte zu ermitteln. Hierbei gibt es keine richtigen oder falschen Antworten. Die Aussagen sollen Ihnen helfen herauszufinden, was Ihnen im Leben wirklich wichtig ist. Vervollständigen Sie diese Aussagen:

1. *Ich würde mein Leben für ______________________ geben.*
2. *Ich würde für ______________________ kämpfen.*
3. *Ich würde ______________________ öffentlich (Gruppe oder Gesellschaft allgemein) verteidigen.*
4. *Ich würde ______________________ privat (Freunde oder Familie) verteidigen.*
5. *Ich würde ______________________ öffentlich unterstützen.*
6. *Ich würde ______________________ privat unterstützen.*
7. *Die folgenden Werte behalte ich für mich: ______________________.*

Indem sie ihre Stärken identifizieren, werden Ihre Klienten verstehen, wie Menschen, Situationen und Gelegenheiten, die mit ihren starken Werten kollidieren, Handlungssperren erschaffen können. Es ist wichtig, dass Klienten wertebasierte Hindernisse erkennen, wenn sie vernünftige Ziele für ein sinnerfülltes Leben setzen wollen. Schätzt ein Klient beispielsweise individuellen persönlichen Körperschmuck und arbeitet für eine Firma, in der Tattoos, Ohrringe und unkonventionelle Kleidung verpönt sind, wird er Schwierigkeiten damit haben, sich in einem solchen Arbeitsumfeld Langzeitziele zu setzen.

Obwohl Werteklärung nicht unbedingt in die traditionelle Coachingarbeit zu passen scheint, erleichtert es den Klienten ungemein zu verstehen, warum sie einige Ziele einfach nicht anzugehen vermögen und andere in Rekordzeit erreichen. Dies hängt oft davon ab, ob die Ziele mit ihren Werten im Einklang sind oder nicht. Wenn Klienten an Zielen arbeiten, deren Wert sie schätzen, fühlt sich dies oft gar nicht nach Arbeit an. Der Weg zu Zielen, die mit ihren Werten in Konflikt stehen, ist dagegen schmerzhaft und die Zeit scheint dabei stillzustehen.

Untätigkeit, Impulsivität und beharrliches Vermeiden

Untätigkeit, Impulsivität und beharrliches Vermeiden stehen in enger Verbindung zu ungeklärten Werten. Letztere sind oft der Grund für Untätigkeit, da der Klient durch sie Ziele setzt, die nicht dem entsprechen, was er wertschätzt. Wenn ein Klient sich seiner Werte unsicher ist und keine spezifischen Ziele im Leben hat, fährt er sich schnell fest und wird untätig. Nicht zu handeln ist das Gegenteil von Unternehmungen, die die Werte des Klienten widerspiegeln.

Impulsivität steht ebenfalls im Zusammenhang mit dem Fehlen von Werten. Wenn ein Klient sich seiner Werte und Ziele nicht klar ist, handelt er oft voreilig und wählt Handlungen, die sich gut anhören, ohne darüber nachzudenken, wie sein Verhalten sein Wohlbefinden auf längere Sicht beeinflussen wird. Impulsivität ist häufig eine Nebenerscheinung des Versuches, Schmerz und Leiden um jeden Preis zu vermeiden. Wenn wir versuchen, Schmerz und Leiden zu vermeiden, wird die Suche nach Linderung zu unserem Lebensziel. Wir entscheiden uns dann nicht für ein Ziel, für das langfristige Planung und das Akzeptieren von Unbehagen und Rückschlägen nötig sind. Im Falle des Vermeidens geschieht es schnell, dass wir in dem impulsiven Versuch, Schmerz zu meiden und ein unmittelbares Glücksgefühl zu erhalten, von einer kurzfristigen Lösung zur nächsten eilen.

Starrheit ist das genaue Gegenteil von Flexibilität. Starr zu sein begrenzt die Möglichkeiten des Klienten, bewahrt aber gleichzeitig auch seine Komfortzone, weil er sich auf bekanntem Boden befindet. Wenn ein Klient starr ist, versucht er, den

Schmerz und das Leiden zu meiden oder zu kontrollieren, das wertebasierte Wagnisse in neue unbekannte Richtungen oft mit sich bringen. Ihre Klienten wissen dies in den meisten Fällen bereits und können Ihnen von Beispielen aus ihrem eigenen Leben berichten, bei denen sie das Unbehagen und die Opfer am eigenen Leib erfuhren, die mit dem Einschlagen neuer Richtungen und dem Erreichen wichtiger Zielen einhergehen.

3.2.6 *Befreiung durch die Verpflichtung zu handeln*

ACT beinhaltet ein Bereitschaftstraining (willingness[2] training), um den Klienten dabei zu helfen, ihre Untätigkeit, Starrheit und ihr Vermeidungsverhalten zu durchbrechen und wertebasierte Handlungen auszuführen. Bereitschaft basiert auf Vertrauen, Glauben und dem Akzeptieren, Schmerz und Leiden nicht kontrollieren, meiden oder abstellen zu müssen, um auf Ziele hinzuarbeiten und sie zu erreichen. Bereitschaft bedeutet auch, darauf zu vertrauen, dass wir handeln und Fortschritte machen können, während uns unsere beunruhigenden Gedanken und schmerzhaften Gefühle begleiten. ACT verwendet oft Metaphern, um Bereitschaft und andere Fähigkeiten zu trainieren. Die folgende Bereitschaftsübung entstammt der klassischen ACT und heißt dort „Die Monster im Bus" (Luoma, Hayes & Walser, 2007). Sie kann mit Klienten zusammen durchgeführt werden und veranschaulicht das Konzept der Bereitschaft, wertebasierte Handlungen anzugehen, ohne beunruhigende Gedanken und schmerzhafte Gefühle kontrollieren, meiden oder abstellen zu müssen.

ÜBUNG

Akzeptieren und Bereitschaft üben: Die U-Bahn (AB 3.5)

Lesen Sie Ihrem Klienten die folgende Metapher vor:

Stellen Sie sich vor, Sie wären ein U-Bahnfahrer. Sie haben jeden Tag Ihre Strecke, auf der Sie Ihre U-Bahn fahren. Während Sie Ihren Zug täglich durch seine Route leiten, halten Sie an verschiedenen Stationen und lassen Passagiere einsteigen. Jede Station hat ihre eigenen Besonderheiten, die Ihnen gleichermaßen bekannt werden wie die Räume in Ihrem Zuhause. An jeder Haltestelle steigen Passagiere ein und aus; manche sind neu, andere Stammkunden,

2 Der für ACT wichtige englische Begriff *willingness* wird in diesem Buch bewusst nicht als „Bereitwilligkeit", sondern als *Bereitschaft* übersetzt. „Bereitwilligkeit" ist eher etwas Vermitteltes, während *Bereitschaft* die primäre Eigenschaft bezeichnet.

manche sind freundlich, andere unangenehm und wieder andere machen Schwierigkeiten. Während Ihre Passagiere ein- und aussteigen, beobachten Sie sie und schenken dabei einigen mehr Aufmerksamkeit als anderen. Sie verstehen jedoch, dass Sie sie nicht am Einsteigen hindern können. Alles, was Sie tun können, ist die Augen offen zu halten und Schwierigkeiten zu erkennen. Im Laufe des Tages steigen die verschiedenen Typen von Menschen in Ihre U-Bahn ein und aus ihr aus. Schließlich sind sie alle ausgestiegen, Sie beenden Ihre Schicht und parken Ihren Zug für die Nacht in der Station.

Stellen Sie sich nun vor, dass Ihre U-Bahnlinie Ihre tägliche To-do-Liste darstellt. Die Handlungen auf Ihrer Liste repräsentieren Ihre Ziele für den jeweiligen Tag. Jedes Ziel steht für etwas, das Sie tun wollen oder müssen, um Ihr Leben im Einklang mit Ihren Werten leben zu können. Stellen Sie sich die ein- und aussteigenden Passagiere nun als beunruhigende Gedanken, persönliche Skripte, mentale Bilder und schmerzhafte Gefühle vor, die mit den Zielen des jeweiligen Tages in Zusammenhang stehen. Die beunruhigenden Gedanken, persönlichen Skripte, mentalen Bilder und schmerzhaften Gefühle beziehen sich auf Orte, die Sie besuchen müssen, Menschen, mit denen Sie interagieren müssen, und die Aufgaben, die Sie erfüllen sollen. Genauso wie Sie es bei den visualisierten Menschen taten, können Sie auch von Ihren beunruhigenden Gedanken, persönlichen Skripten, mentalen Bildern und schmerzhaften Gefühlen Abstand nehmen und sie betrachten, ohne sie kontrollieren, meiden oder abstellen zu müssen. Wie bei den Menschen akzeptieren Sie, dass sie kommen und gehen. Sie können Ihrer Route für den jeweiligen Tag trotzdem folgen und mit Ihren Passagieren leben. Sie verstehen, dass jeder Tag eine neue Morgendämmerung, eine neue Route und neue Passagiere für Ihre Lebensreise mit sich bringt.

Fragen Sie den Klienten, nachdem er die Übung durchgeführt hat, was er von der Metapher hält und inwiefern seine Gedanken, persönlichen Skripte, mentalen Bilder und Gefühle den Passagieren in der U-Bahn gleichen. Die Metapher spricht die Themen Akzeptieren und Bereitschaft an, ohne allzu sehr in die Details der zugrunde liegenden Theorie zu gehen. Es braucht Zeit, um zu lernen, Schmerz und Leiden bereitwillig zu akzeptieren und sich weiterzuentwickeln.

Im weiteren Verlauf dieses Buches werde ich Ihnen viele zusätzliche Übungen beibringen, mit denen Sie Ihren Klienten dabei helfen können, im Angesicht von Schmerz und Leiden die Bereitschaft zu entwickeln zu handeln. Im nächsten Kapitel werden wir uns Werte und deren Beziehung zu ACT genauer anschauen.

4. Klienten helfen, eine wertebasierte Lebensrichtung zu definieren

Werte können auf viele verschiedene Weisen festgelegt werden. In Kapitel 3 wurde ein Wert als eine Kombination aus einem Konzept, einem Glaubenssystem und einem Verhaltensmuster definiert, welche mehr als alles andere geschätzt wird. Da Werten eine derartige Achtung beigemessen wird, ist es so schwierig, sie zu verändern. Sie sind persönlich, vollkommen subjektiv und, wie bereits erwähnt, weder richtig noch falsch. Bei Werten dreht es sich häufig um moralische oder ethische Fragen, was aber nicht zwangsläufig der Fall sein muss. Obgleich Gedanken oder ein Glaube zum Teil bewiesen werden können, existieren Werte häufig unabhängig von empirischen Belegen. Folglich sind Werteaussagen oft verurteilend und bewertend. Da Klienten das, was sie wertschätzen, so wichtig ist, gehören damit verbundene Konflikte zu den häufigsten Gründen für Verstrickungen.

4.1 Was sind Werte?

Eine andere Weise, Werte zu erklären, besteht darin, sie als die Grundlage für das zu sehen, was ich als das „große Ganze" des Lebens bezeichne. Das große Ganze besteht aus unseren Gedanken, persönlichen Skripten und den mentalen Bildern, die die Welt und die Menschen darin so darstellen, wie wir sie gerne hätten. Wir verwenden häufig wertende Begriffe wie „sollte" und „muss", um das große Ganze zu beschreiben. Meinungen wie: *Sie sollte wirklich jemanden heiraten, der dem gleichen Glauben angehört wie sie; Der Präsident muss über moralischen Vorwürfen stehen; Er sollte sein Geld wirklich besser für schlechte Zeiten sparen; Jeder Mensch muss das Recht bekommen, in Würde zu sterben,* stellen allesamt Aussagen zu einem großen Ganzen dar, sind bewertend und verurteilend und spiegeln Werte wider.

Ähnlich wie alle anderen persönlichen Skripte und mentalen Bilder, die wir erstellen, haben sich jene zu unseren Werten kontinuierlich weiterentwickelt, seit wir anfingen zu sprechen. In unserer Kindheit spiegelten unsere Werte diejenigen unserer Eltern wider. Wir schätzten, was sie schätzten, da wir nichts anderes kannten. Während wir von Kindern zu Jugendlichen und schließlich zu jungen Erwachsenen wurden, begannen unsere Werte sich zu verändern. Dies geschah durch zunehmenden Kontakt mit neuen Erfahrungen, Informationen und Ideen. Manche Menschen bemerken diese Veränderung gar nicht, bis sie eines Tages während einer Diskussion mit ihren Eltern plötzlich feststellen, dass sie einige der Werte nicht länger teilen.

Lassen Sie uns einmal ein Beispiel dafür anschauen, wie Werte persönliche Skripte und die subjektive Wahrnehmung reflektieren. Hierfür betrachten wir ein Universitätsstudium als unseren Beispielwert. Als Universitätsprofessor treffe ich jedes Semester immer wieder auf Studenten, die sagen, sie hätten eigentlich gar nicht studieren wollen, seien aber von ihren Eltern dazu gezwungen worden. Viele von ihnen wären lieber auf eine Handelsschule gegangen oder hätten eine Ausbildung gemacht, statt einen Universitätsabschluss anzustreben. Ein Großteil von ihnen besitzt wertvolle Berufserfahrung als Handwerker oder Einzelhändler, die von den Eltern unterbewertet wird. Die Eltern insistieren, dass ihre Kinder es im Leben besser hätten, wenn sie einen Universitätsabschluss machen würden. Oft müssen diese Studenten gut bezahlte Arbeitsstellen in ihrem Berufsfeld aufgeben, um die Anforderungen des Studiums zu erfüllen, ohne dass ihnen danach ein besser bezahlter Job sicher wäre. Viele würden wesentlich mehr verdienen und wären persönlich erfüllter, wenn sie ihren ursprünglichen Lebensweg verfolgt hätten.

Ich habe mit Freunden und anderen Eltern gesprochen, deren Kinder in einer ähnlichen Situation stecken. Lassen Sie uns einmal einen Blick darauf werfen, wie zwei verschiedene Elternteile den Wert eines Universitätsabschlusses sehen könnten. Der erste Elternteil, Janice, hat an einer amerikanischen Hochschule Krankenpflege studiert und darin einen Bachelorabschluss. Für sie ist Bildung und Ausbildung sehr wichtig. Ihre Tochter möchte gerne ein Institut für Culinary Art besuchen und Köchin werden. Der zweite Elternteil, Greg, hat Abitur gemacht und in der Marine gedient. Er arbeitet als Mechaniker, und sein Sohn möchte Psychologie studieren. Dieser Vater ist der Meinung, dass Studieren heutzutage eine teure Zeitverschwendung ist und viele Handwerker, wie er selbst, ein höheres Einkommen für sich und ihre Familien erzielen können.

Janice fühlt sich hin- und hergerissen: Zum einen möchte sie ihre Tochter mit ihrem Berufswunsch glücklich und erfüllt sehen. Zum anderen ist ihr aber ein Hochschulabschluss im Allgemeinen und die Arbeit als qualifizierter Fachmann bzw. Fachfrau im Besonderen sehr wichtig. Janice ist der Meinung, dass ihre Tochter „mehr aus sich machen könnte, als bloß eine Köchin zu werden“. Ihre Wortwahl drückt die verurteilende und bewertende Natur der Gedanken und persönlichen Skripte aus, die sie hinsichtlich einer Ausbildung im gastronomischen Gewerbe hat (letzteres ist ihrer Ansicht nach bloß eine bessere „Kochschule“). Janice glaubt, dass ihre Tochter es bereuen wird, nicht studiert und einen höher qualifizierten Beruf angestrebt zu haben. Sie denkt auch, dass ihre Tochter an einer Universität bessere Chancen hätte, einen „passenden Ehemann“ (ihre Worte) zu finden, als an einer Berufsschule. Obwohl ein ständiger Bedarf an Menschen, die für andere kochen oder sie pflegen, besteht, glaubt Janice, dass die wirtschaftlichen Langzeitfolgen für ihren Beruf positiver sein werden als die in der Gastronomie. Außerdem hält sie es für wichtig, dass ihre Tochter potenzielle Ehemänner trifft, die eine Hochschulausbildung genossen haben. Janice glaubt, dass man als gute Eltern schwere Entscheidungen für seine Kinder treffen muss, die weitreichende Konsequenzen haben.

Greg ist ein ausgezeichneter Mechaniker und verbringt viel Zeit mit seinem Sohn, der auf diesem Gebiet auch sehr geschickt ist. Über die Jahre haben Greg und sein Sohn viele alte Autos restauriert. Trotz seines Talentes als Mechaniker hat Gregs Sohn nicht den Wunsch, damit seinen Lebensunterhalt zu verdienen. Er möchte Psychologie studieren, weiß aber noch nicht, was er mit dem Abschluss anstellen will. Greg ist der Meinung, dass es besser für seinen Sohn wäre, in die Fußstapfen des Vaters zu treten. Er wäre hocherfreut, wenn sein Sohn mit ihm zusammen arbeiten und eines Tages seine Werkstatt übernehmen würde. Viele seiner Freunde haben Kinder, die studiert haben, nur um dann wieder nach Hause zurückzukehren und im Familienunternehmen zu arbeiten. Außerdem hat Greg viele Bekannte aus dem Militärdienst, die Fächer wie Psychologie studiert haben, arbeitslos wurden und dann der Marine beigetreten sind. Greg zieht in Betracht, seinen Sohn unter der Bedingung studieren zu lassen, dass dieser zuerst Abendkurse belegt und gleichzeitig in der Werkstatt arbeitet, bis er entschieden hat, ob das Studium das richtige für ihn ist.

Die Wertevorstellungen der beiden Elternteile sind weder richtig noch falsch Sie setzen den Wert des Studierens subjektiv fest und verwenden dabei ihren eigenen Hintergrund und ihre Lebenserfahrung als Bewertungsgrundlage. Beachten Sie, dass die beiden Personen dabei Urteile fällen und Bewertungen vornehmen, die bezüglich des Wertes eines akademischen Titels nur teilweise auf empirischen Belegen beruhen.

Sie müssen Ihren Klienten die Möglichkeit geben, Ihnen ihre Werte mitzuteilen, ohne Beweise für deren Zulässigkeit liefern zu müssen. Ihre Hauptaufgabe als Coach besteht darin, Ihren Klienten bei der Klarstellung von Werten behilflich zu sein und zu ermitteln, ob besagte Werte dem Klienten nützen oder im Weg stehen. Diese Information ist sehr wichtig, da sie den Fortschritt des Klienten entweder ermöglichen oder behindern wird.

4.2 Werte als Spiegel der Seele

Sie können sich Werte als Spiegel der Seele vorstellen. Wenn es etwas gibt, das eine Person wirklich in ihrem Wesen darstellen kann, dann sind es ihre Werte. Die Werte Ihrer Klienten spiegeln ihre echte Persönlichkeit am besten wider und zeigen, was ihnen in dieser Welt am wichtigsten ist. Während ihr Wissen, ihre Einstellungen, ihr Glaube und ihr Verhalten die Person für andere zu einer Persönlichkeit machen, sind es ihre Werte, die die Grundlage für alle Eigenschaften des Menschen darstellen.

4.2.1 Kernwerte und Satellitenwerte

Es gibt zwei verschiedene Ebenen von Werten: zentrale oder Kernwerte *(core values)* sowie periphere oder Satellitenwerte *(satellite values).* Diese sind nicht gleichwertig. Um diese Theorie zu verstehen, hilft es, sich ein Atom mit seinem Kern im Inneren vorzustellen und den Elektronen, die den Kern umkreisen. Kernwerte repräsentieren den Kern, der von Satellitenwerten umgeben ist, die wiederum synergistisch Energie erzeugen.

Kernwerte stellen die Aspekte dar, die eine Person ausmachen und für die sie kämpfen oder sterben würde. Kernwerte sind das Fundament der Persönlichkeit und stehen in Bezug zu Dingen wie Heimat, Ehepartner, Kinder, Religion und Freiheit. Satellitenwerte bestehen aus weniger wichtigen Aspekten, die ein Mensch zwar schätzt, die aber nicht allesentscheidend für ihn sind. Hierzu gehören politische Gesinnung, kulturelle Traditionen, soziales Engagement, persönliche Eigenschaften (Intelligenz, Schönheit usw.), Hobbys, Freizeitaktivitäten, Sport u. ä.

Denken Sie daran, dass Werte sehr subjektiv sind und die Satellitenwerte des einen Klienten die Kernwerte des anderen darstellen können. Als Coach dürfen Sie dies niemals vergessen und annehmen, dass alle Ihre Klienten den gleichen Dingen den gleichen Wert beimessen. Die einzige Möglichkeit herauszufinden, was Ihre Klienten wertschätzen, besteht darin, sie selbst davon berichten zu lassen – und es gibt viele Wege, ihnen dabei zu helfen. Ein sehr interessanter und unterhaltsamer wurde von Gregg Krech und Linda Anderson Krech am ToDo Institute in Vermont (Krech & Anderson Krech, 2005) entwickelt. Die beiden Therapeuten glauben, dass die Werte des Klienten in dessen Version von einem perfekten Tag zum Ausdruck kommen würden. Wenn sie einen perfekten Tag planen könnten, was würden sie tun, mit wem würden sie ihn verbringen und wo würden sie ihn verbringen? Die alltagspraktischen Merkmale eines perfekten Tages repräsentieren die Messlatte der Klienten für ein gutes Leben. Die Merkmale bestehen aus konkreten Handlungen (eine Mahlzeit zubereiten, Liebe machen usw.), an denen die Klienten beteiligt sind und die ihre Werte widerspiegeln.

Wie würde ein perfekter Tag aussehen, wenn jemand alle seine alltagspraktischen Merkmale eines perfekten Tages in einer Zeitspanne von 24 Stunden unterbringen müsste? Im Allgemeinen würde er an dem Tag keine Gedankenspielchen spielen und nicht in Rollen schlüpfen, die seinen Werten und Ansichten entgegenstehen und ihm unangenehm sind. Ein perfekter Tag würde alle die Dinge beinhalten, die Bedeutung und Wert haben und ihm Freude machen, obwohl das Ziel des Tages nicht notwendigerweise vollkommene Glückseligkeit sein muss. Die Dinge, die Sie an diesem Tag täten, würden Ihnen Freude und Herausforderung bringen, da sie Ihrem Leben Sinn verleihen und Ihre tiefsten Werte widerspiegeln. Es würde Ihnen vorkommen, als stände die Zeit still, während Sie sich mit den Aktivitäten befassen.

Obwohl ein solcher Tag auch seine Hochs und Tiefs haben kann, werden die negativen Aspekte gewöhnlich von der allgemeinen Güte des Tages aufgehoben. An einem guten Tag befinden sich Menschen in einem Zustand, in dem sich ihre Handlungen nahtlos mit ihren Werten verbinden. Je mehr Ihre Klienten im Einklang mit ihren alltagspraktischen Merkmalen leben, desto stärker wird ihr Leben von ihren eigenen Werten bestimmt und nicht von denen anderer.

Es folgt eine einfache Übung, mit der Klienten herausfinden können, was sie wirklich wollen und benötigen, um glücklich zu sein und ihren Tag mit den Dingen zu füllen, die ihn perfekt machen.

ÜBUNG

Werteklärungsübung: Ein perfekter Tag (AB 4.1)

Geben Sie Ihrem Klienten die folgende Anweisung:

Wenn Sie einen perfekten Tag planen könnten, wie würde dieser aussehen? Welche Aktivitäten würden Sie konkret unternehmen? Wo wären Sie? Mit wem wären Sie zusammen? Würden Sie auf einer Insel leben, in einer neuen Stadt oder einem anderen Land oder wären Sie genau dort, wo Sie sich derzeit aufhalten? Hätten Sie eine neue Arbeit oder würden Sie überhaupt nicht arbeiten? Wären Sie mit Ihrem derzeitigen Partner zusammen oder hätten Sie einen neuen? Lassen Sie Ihrer Fantasie freien Lauf, aber seien Sie dabei so genau wie möglich. Statt Ausdrücke wie „entspannend" zu verwenden, sagen Sie lieber „mit meinem Partner am Pool liegen" oder „unter einem Baum meditieren".

Nennen Sie bis zu zehn alltagspraktische Merkmale eines perfekten Tages:

____
____
____
____
____
____
____
____
____
____

Stellen Sie Ihrem Klienten die folgenden Fragen, nachdem er die Übung ausgeführt hat:

- *Wie kommen Ihre Kern- und Satellitenwerte durch diese alltagspraktischen Merkmale eines perfekten Tages zum Ausdruck?*
- *Wie sieht Ihr Alltag im Vergleich zu diesem perfekten Tag aus?*
- *Was hält Sie davon ab, Ihre eben genannten Merkmale eines perfekten Tages in die Tat umzusetzen?*

Die wenigsten Klienten haben diese Informationen jemals formell niedergeschrieben. Sie haben vielleicht darüber nachgedacht, doch den Prozess nie in die Tat umgesetzt oder die Gelegenheit gehabt, ihre Gedanken zu notieren. Diese alltagspraktischen Kriterien und die im Wege stehenden Hindernisse auf dem Papier zu sehen, hat oft eine verändernde Wirkung und motiviert die Klienten dazu, wertebasierte Handlungen auszuführen.

4.3 Werteklärung: ein Prozess in vier Stufen

Das ursprüngliche Modell zur Werteklärung wurde von Sidney Simon, Leland Howe und Howard Kirschenbaum (1995) entwickelt und umfasst vier Stufen:

1. Werte erkunden.
2. Werte auswählen und nach Wichtigkeit einstufen.
3. Werte öffentlich bestätigen.
4. Nach Werten handeln.

Es ist überaus wichtig, diese vier Stufen verstanden zu haben, um Klienten damit helfen zu können.

Werte erkunden. Die meisten meiner Studenten oder Klienten haben ihre Werte noch nie erkundet, bevor sie mit mir zu arbeiten begannen. Die meisten Ihrer Klienten haben sicher von Zeit zu Zeit einmal über ihre Werte nachgedacht, ohne sie jedoch aufzuschreiben und sich zu fragen, wie sie mit ihren Zielen in Zusammenhang stehen. Im ersten Schritt des Werteklärungsprozesses führen die Klienten eine Reihe von Übungen und Aktivitäten aus, um herauszufinden, was sie schätzen und was ihnen im Leben am wichtigsten ist.

Werte auswählen und nach Wichtigkeit ordnen. Auf der zweiten Stufe des Werteklärungsprozesses sollen sie ihre Werte der Wichtigkeit nach ordnen, vom wichtigsten zum unwichtigsten. Wie zuvor beschrieben, definieren die Kernwerte den Klienten als Person, während Satellitenwerte weniger wichtig sind. Vergessen Sie nicht, dass sowohl Kern- als auch Satellitenwerten wichtig sind, doch wenn Sie sie nach Wichtigkeit einstufen sollen, wiegen Kernwerte schwerer als Satellitenwerte. Menschen können ihre Werte nach ihren Wünschen anordnen. Wenn ein Klient etwas als Kernwert bezeichnet, bedeutet das nicht, dass alle anderen Klienten dies auch tun müssen. Jede Person schätzt Dinge individuell ein.

Werte öffentlich bestätigen. Im dritten Schritt der Werteklärung teilen die Klienten anderen mit, was sie wertschätzen, anstatt ihre Werte für sich zu behalten. Diese Handlung ist entscheidend, da der Klient seine Werte hierdurch verfestigt. Werte öffentlich bestätigen bedeutet nicht, dass Ihr Klient sich nun wortwörtlich auf eine Holzkiste stellen und der Welt seine Werte mitteilen muss (obwohl einige Klienten dies vielleicht sogar tun). Es gibt viele Arten, auf die er anderen seine Werte zeigen kann. Er könnte einer einzigen Person in einem privaten Gespräch mitteilen, was ihm wichtig ist, oder dies vor einer großen Gruppe, in einem Klassenzimmer, einer Arbeitsgruppe o. ä. tun. Er könnte seine Werte auch in schriftlicher Form ausdrücken. Ein schriftliches Dokument dient als Werteerklärung und wird auch nach Jahren noch als Beweis dienen. Im Gegensatz zu Wörtern ist ein Schriftstück eine permanente Aufzeichnung. Werte schriftlich mit anderen zu teilen, wirkt daher sehr aktivierend, kann aber zunächst angsteinflößend sein. Es hilft dem Klienten dabei, den Mut aufzubringen, seinen Überzeugungen entsprechend zu leben. Seien Sie sich bewusst, dass andere sich durch die Mitteilung eines Wertes bedroht fühlen könnten.

Nach Werten handeln. Die eigenen Werte auszusprechen, stellt eine Form von Handlung dar, ist aber nicht exakt das Gleiche wie diesen Werten entsprechend zu handeln. Ein Klient kann beispielsweise sagen, dass er das Recht der Amerikaner, Waffen tragen zu dürfen, unterstützt. Einem entsprechenden Interessenverband beizutreten oder sich eine eigene Waffe zu kaufen, stellt dagegen eine ganz andere und viel direktere Form von Handlung dar. Die Handlung ist der letzte Schritt, den ein Klient machen kann, um die Gültigkeit seiner Werte zu testen.

4.4 Werteklärung: ein auf ACT basierendes Bezugssystem

Ein auf ACT basierendes System zur Werteklärung verbindet die vier oben genannten Stufen mit grundlegenden ACT-Konzepten zur Funktionsweise des Verstandes. ACT geht beispielsweise davon aus, dass der Geist unaufhörlich Gedanken produziert und in der Lage ist, die bizarrsten persönlichen Skripte zu produzieren. Einige dieser bizarren Gedanken und persönlichen Skripte haben mit Werten zu tun. Die ACT-basierte Herangehensweise zur Werteklärung versucht nicht länger, auf Werte bezogene beunruhigende Gedanken, persönliche Skripte, erschreckende mentale Bilder und schmerzhafte Gefühle zu vermeiden, abzuschalten oder zu kontrollieren. Anstatt zu versuchen, den Verstand zu kontrollieren – d. h., seine Aktivität auf logische und rationale Gedanken und wertebasierte persönliche Skripte zu begrenzen –, akzeptiert die ACT-Methode seine Funktionsweise und nimmt sich vor, alle vier Stufen des Werteklärungsprozesses durchzuführen.

Eine Schlüsselkomponente der ACT besteht darin, sich des gegenwärtigen Augenblickes bewusst zu sein, was auch auf die Werteklärung zutrifft. Achtsamkeitstraining kann den Klienten dabei helfen, sich ihrer Werte besser bewusst zu werden und zu erkennen, ob Wertekonflikte dazu beitragen, dass sie sich in hinderlichen Gedanken verstricken. Die ACT-basierte Methode, um Klienten von negativen Gedanken und persönlichen Skripten zu befreien, besteht darin, ihnen beizubringen, immer wieder zu der entscheidenden Frage zu solchen Gedanken zurückzukehren: *Helfen mir diese Gedanken und persönlichen Skripte dabei, meine Ziele zu erreichen?* Achtsamkeitstraining hilft den Klienten dabei, zu erkennen, wann ihre Gedanken ihnen im Wege stehen und sie in eine Sackgasse führen.

Im verbleibenden Teil dieses Kapitels werde ich eine ACT-basierte Herangehensweise an die vier Stufen der Werteklärung erarbeiten: Werte erkunden, Werte auswählen und nach Wichtigkeit ordnen, Werte öffentlich bestätigen und nach Werten handeln.

4.4.1 *Werte kategorisieren*

Eine hilfreiche Technik, die Sie verwenden können, um Ihren Klienten beizubringen, wie sie ihre Werte erkunden können, besteht darin, sie ihre Werte kategorisieren zu lassen. Unterschiedliche Werte fallen in unterschiedliche Kategorien. Klienten stellen dabei möglicherweise fest, dass ihre Kernwerte in bestimmte Sparten fallen, während ihre Satellitenwerte in andere gehören. Ich habe mit Hilfe meiner 25-jährigen Erfahrung in der Arbeit mit Studenten und Klienten ein Bezugssystem zur Kategorisierung von Werten entwickelt. Dies stützt sich auf Forschungsergebnisse aus dem Gesundheitswesen und die Arbeit von Steven Hayes (2005) zu Werten.

Mein Bezugssystem besteht aus zehn Kategorien:

1. Intime Beziehungen
2. Familiäre Beziehungen
3. Freundschaften und andere Beziehungen
4. Gesundheit
5. Spiritualität
6. Finanzen
7. Bildung
8. Beruf
9. Umgebung
10. Bürgerliche Pflichten

Ich unterteile Beziehungen in drei separate Kategorien, da verschiedene Beziehungsformen getrennt voneinander betrachtet werden sollten.

Intime Beziehungen

Intimität in Beziehungen zeichnet sich durch eine tiefere Ebene des Austausches von persönlichen Informationen und Erfahrungen aus, als es bei Freundschaften oder lockeren Beziehungen der Fall wäre. Intime Beziehungen können sowohl sexuell oder romantisch als auch platonisch sein. Intimität kann auf viele verschiedene Weisen ausgedrückt werden, die über das ihr zugrunde liegende tiefe Vertrauen und Teilen von privater Information hinausgehen. Lassen Sie Ihre Klienten ihre intimen Beziehungen selbst definieren.

Familiäre Beziehungen

Familie kann auf viele verschiedene Weisen definiert werden, je nach der Kultur und Subkultur des jeweiligen Klienten. Sie könnte auf den Partner und die Kinder des Klienten oder seine Eltern und Geschwister begrenzt sein (Kernfamilie), Tanten, Onkel, Cousins, Großeltern usw. einschließen (erweiterte Familie) oder aus einer Mischung aus Freunden, Verwandten, Lebenspartnern etc. bestehen (Patchwork-Familie). Das, was Klienten an ihren Familienbeziehungen schätzen, wird stark durch die Kultur und Subkultur beeinflusst, in der sie aufwuchsen.

Gehen Sie als Coach nicht davon aus, dass alle Familien gesund und funktionsfähig sind und geschätzt werden. Sollte es in der Familienvorgeschichte wiederholt zu Vernachlässigung oder Missbrauch gekommen sein, wird sich dies stark auf den Wert auswirken, den der Klient der Familie beimisst.

Freundschaften und andere Beziehungen

Diese Kategorie bezieht sich auf das gesamte Spektrum von engen Freunden über flüchtige Bekannte bis zu Beziehungen zu Tieren. Sie unterscheidet sich von den anderen beiden Beziehungskategorien dadurch, dass die ihr zugeordneten Beziehungen nicht zwischen Familienmitgliedern bestehen oder romantische Liebe, Sex oder die Art von Verpflichtungen beinhalten, die man gegenüber einem intimen Partner eingehen würde.

Gesundheit

Gesundheit stellt ein multidimensionales Konzept dar, das die sieben Bereiche des Wohlergehens abdeckt: die physische, soziale, spirituelle, emotionale, intellektuelle, ökologische und berufliche Dimension. Gesundheit umfasst sowohl das Aussehen als auch die Funktionsfähigkeit des Körpers. Die mit Gesundheit in Zusammenhang stehenden Werte Ihres Klienten beziehen sich darauf, wie er aussieht und wie sein Körper sich anfühlt und funktioniert. Einigen Klienten ist ihr Aussehen wichtiger als die gute Funktionstüchtigkeit ihres Körpers. Anderen dagegen ist es völlig egal, wie sie aussehen, solange ihr Körper im tagtäglichen Leben sehr gut funktioniert. Klienten können gesundheitsbewusstem Verhalten (regelmäßige Bewegung, gesunde Ernährung, Vorsorgeuntersuchungen etc.) einen hohen oder gar keinen Stellenwert beimessen.

Spiritualität

Bei Spiritualität geht es darum, sich mit etwas oder jemandem außerhalb des eigenen Selbst verbunden zu fühlen. Dies stellt auch den Kern aller religiösen und säkularen Definitionen von Spiritualität dar. Aus religiöser Sicht besteht die Ausübung von Spiritualität gewöhnlich aus Beten, Anwesenheit bei und Teilnahme an religiösen Aktivitäten sowie der Kollekte. Säkular betrachtet, drückt sich Spiritualität durch Dinge wie die Teilnahme an gemeinschaftlichen Aktivitäten, Bemühungen zur Verbesserung der Umwelt und zur Unterstützung anderer, schlechter gestellter Menschen aus.

Finanzen

Finanzen beziehen sich darauf, wie viel Geld ein Mensch sich wünscht oder benötigt, auf seine Ersparnisse, Ausgaben und sein Budget und die Bedeutung von Geld für sein Leben. Der Bereich Finanzen erstreckt sich auch auf Konsumverhalten, Steuern und Staatsausgaben. Die Werte, die Ihr Klient in Bezug auf Finanzen hat, beeinflussen alles von der Wahl seines Berufes und seiner Lebenspartnerin bis zu den Erwartungen an den Ruhestand.

Bildung

Bildung ist das formelle und informelle Streben nach Wissen, Information und Fähigkeiten. Einige Ihrer Klienten schätzen Bildung, andere tun dies nicht. Einigen ist formelle Bildung (Abschlüsse, Qualifikationen, Zertifikate, Lizenzen usw.) wichtig, während andere informelle Wege gehen (Lesen, Abendschulkurse besuchen usw.). Klienten bewerten die jeweiligen Aspekte von Bildung unterschiedlich. Für einige bedeutet dies, ein Stück Papier zu besitzen, das ihren Stellenwert beweist. Andere sehen die Sache mehr als den Erwerb von neuen Informationen und Fähigkeiten.

Beruf

Der Beruf stellt einen wichtigen Teil des Lebens dar, der uns die Möglichkeit für persönliches Wachstum, Einkommen und Sozialisierung bietet. Er besteht aus vier Schlüsselbereichen: dem physischen Arbeitsbereich, sozialen Beziehungen zu Mitarbeitern und Vorgesetzten, den Arbeitsaufgaben an sich sowie dem Lohn und anderen Leistungen. Klienten haben unterschiedliche Wertevorstellungen, wenn es um den Beruf geht. Einige schätzen ihre Arbeitsaufgaben und sehen sie als eine Möglichkeit zur persönlichen Verwirklichung und Befriedigung. Andere wiederum sehen ihren

Beruf als Verdienstmöglichkeit und denken vor allem an das Geld und weitere Leistungen. Wieder andere Klienten mögen ihren Arbeitsbereich. Fischer zum Beispiel lieben es, auf dem Meer zu sein, Fernfahrer schätzen die Straße, und Professoren mögen die Aufmerksamkeit, die ihnen das Podium im Hörsaal bietet. Einem Teil der Klienten sind die persönlichen Beziehungen, die sie zu Kollegen knüpfen, wichtiger als alles andere.

Umgebung

Die Umgebung kann in Mikro- und Makroebene unterteilt werden. Die *Mikroumgebung* beinhaltet die unmittelbare Umwelt des Klienten: Schule, Zuhause, Nachbarschaft, Ortsteil, Stadt usw. Sie schließt Dinge wie Luft- und Wasserqualität, Privatsphäre, Sicherheit und Freizeitmöglichkeiten mit ein. Die *Makroumgebung* ist breiter gefächert und bezieht sich auf Größen wie das Bundesland und das Land, in dem die Person lebt, und die Welt als Ganzes. Klienten schätzen unterschiedliche Dinge an ihrer Mikroumgebung.

Bürgerliche Pflichten

Bürgerliche Pflichten bezeichnen verschiedene Aspekte der Staatsangehörigkeit, die sich von Gemeindezugehörigkeit bis zu aktiver Teilnahme am politischen Leben und dem Wählen auf unterschiedlichen Ebenen erstreckt. Viele Klienten denken bei dem Wort Gemeinde an ihre Nachbarschaft. Als Gemeindemitglied sind ihnen unterschiedliche Dinge wichtig, die sich von der Vertrautheit, die das Leben an ein und demselben Ort mit sich bringt, bis zu dem Stolz über die örtliche Fußballmannschaft erstreckt. Politik und Wahlrecht decken alle Aspekte von der Wahl der Elternvertretung an der Schule bis hin zur Wahl politischer Parteien ab. Einigen Klienten ist es sehr wichtig, zu wählen und sich aktiv in der Politik zu engagieren, während dies anderen völlig egal ist, da sie ohnehin keinem Politiker trauen, egal auf welcher Ebene.

Klienten verlieren durch die zehn Kategorien und vielen Untergruppen schnell den Überblick über ihre Kern- und Satellitenwerte. Daher habe ich die folgende einfache, aber hilfreiche Achtsamkeitsübung entwickelt, um den Klienten dabei zu helfen, ihre Werte zu sortieren und nach Kategorien einzuteilen.

ÜBUNG

Werteklärungsübung: Die Post sortieren (AB 4.2)

Es kann sehr unübersichtlich werden, wenn Sie Ihren Klienten darum bitten, alle seine Werte nach den zehn Kategorien zu sortieren. Eine hilfreiche Methoden, um ihm zu helfen, ist, ihn sich vorstellen zu lassen, er würde seine Post sortieren und dabei die einzelnen Werteaussagen (oder die Briefe) in die passenden Briefschlitze (oder eine der zehn Kategorien) stecken. Geben Sie ihm die folgenden Anweisungen:

Nehmen Sie sich für jeden Teil dieser Aufgabe etwa 30 Minuten Zeit. Es wird sicher mehr als eine Sitzung nötig sein, um alle Werte durchzuarbeiten. Sie können die Aufgabe auf zwei verschiedene Weisen angehen: Kaufen Sie sich ein kleines Sortierregal mit zehn Fächern oder basteln Sie sich selbst eines, indem Sie zehn feste Umschläge an einem großen Stück Karton oder einer Holzplatte befestigen. Beschriften Sie die zehn Fächer mit den folgenden zehn Titeln:

- Intime Beziehungen
- Familiäre Beziehungen
- Freundschaften und andere Beziehungen
- Gesundheit
- Spiritualität
- Finanzen
- Bildung
- Beruf
- Umgebung
- Bürgerliche Pflichten

Beantworten Sie die folgende Frage zu jeder Kategorie und notieren Sie die Antworten jeweils auf einer Karteikarte: *Was genau ist mir an ________________________ wichtig?* Fügen Sie die Kategorie ein. Sie können mehr als eine Werteaussage zu einer Kategorie haben.

Beispiel: *Was genau ist mir an intimen Beziehungen wichtig?*
Mir ist wichtig, dass ich jemanden habe, der meine Liebe teilt.
Mir ist wichtig, einen einzigen Sexualpartner zu haben.
Mir ist wichtig, eine Person zu haben, mit der ich meine geheimsten Gedanken und Gefühle teilen kann.
Mir ist wichtig, einen engen Vertrauten zu haben, mit dem ich jeden Tag verbringen kann.

Nehmen Sie sich Zeit und erarbeiten Sie alle Wertekategorien. Beurteilen Sie Ihre Werte nicht; akzeptieren Sie sie so, wie sie sind, und legen Sie sie an dem entsprechenden Platz ab. Sie werden ihnen zu einem späteren Zeitpunkt einen entsprechenden Rang zuordnen. Jetzt sollen Sie sie zuerst einmal kategorisieren und sichten.

Erklären Sie Ihrem Klienten, nachdem er die Aufgabe ausgeführt hat, dass ihm das Ganze möglicherweise als harte Arbeit und sehr zeitaufwändig vorgekommen sein mag, dass die Zeit aber gut investiert ist und die Mühe eine feste Basis für viele der in diesem Buch noch folgenden Aufgaben schafft.

4.4.2 Werte nach Wichtigkeit einstufen

Der zweite Schritt im Prozess der Werteklärung besteht darin, den Werten einen Rang zuzuordnen. Dies hilft dem Klienten dabei, Kern- von Satellitenwerten zu unterscheiden. Obwohl sich dies wie Erbsenzählerei anfühlen kann, wird er dadurch die Macht verschiedener Werte verstehen und erkennen, wie sie sein Verhalten steuern. Der Klient wird auch verstehen, wie feste Werte ihn in eine Sackgasse treiben können. Es ist sehr viel einfacher, psychisch flexibel zu sein, wenn wir es mit Dingen zu tun haben, die nicht allzu wichtig oder bedeutend für uns sind. Wenn es um etwas geht, das für den Klienten von großem Wert ist, passiert es viel schneller, dass er aufgrund des hohen Einsatzes in seinem Denken starr wird. Stellen Sie sich vor, dass Ihre Klientin Mary in Betracht zieht, einen Mann anderen Glaubens zu heiraten, den sie bei der Arbeit kennengelernt hat. Mary ist Geologin und spezialisiert auf das Aufschließen von Erdgas, das sich in einer Gesteinsschicht unter der Erdoberfläche befindet. Bei einem Auftrag in der Türkei im letzten Jahr lernte sie einen Mann kennen, der Muslim ist. Nach ihrer Rückkehr in die Vereinigten Staaten führten die beiden eine Fernbeziehung, bei der sie sich gegenseitig mehrmals besuchten. Bei ihrem letzten Treffen entschieden sie, dass sie im nächsten Frühjahr heiraten würden. Mary bat um eine Versetzung in die türkische Zweigstelle ihres Arbeitgebers in Istanbul, wo ihr Verlobter lebt. Für die abenteuerlustige Mary ist die Arbeit sehr wichtig. Einer der Gründe für Ihr Interesse an Geologie und Gasaufschließung war die Möglichkeit, aus New York herauszukommen und exotische neue Orte auf der ganzen Welt zu bereisen.

Mary ist in Brooklyn geboren und aufgewachsen, wo ihre Familie auch heute noch wohnt. Sie wuchs in einer sehr christlichen Umgebung auf. Ihre Familie ist amerikanisch mit italienischer Abstammung, sehr traditionell, familienorientiert und kontrollierend. Wenn sie sich mit anderen Leuten trafen, so waren dies meist andere Familienmitglieder. Es wurde von Mary erwartet, dass sie bei allen Familienfesten wie Geburtstagen, Kommunionen und Hochzeiten anwesend war. Sie ist nicht allzu religiös, wurde aber katholisch erzogen. Ihre Eltern sind sehr gläubig und gehen jeden Sonntag in die Kirche. Sie gingen immer davon aus, dass ihre Tochter eines Tages einen Katholiken heiraten, Kinder haben und sie katholisch erziehen würde. Marys Eltern bestanden darauf, dass sie eine katholische Grundschule und ein katholisches Gymnasium besuchte, und waren bitter enttäuscht, als sie sich weigerte, auch an einer christlichen Universität zu studieren. Erst als sie damit drohte, sich an einer Hochschule im liberalen Kalifornien einzuschreiben, gaben sie nach und ließen sie zur Universität von New York gehen, wo sie Geologie studierte, während sie zu Hause wohnte. Mary konnte es kaum erwarten, für ihr Masterstudium nach Texas zu ziehen, da die Universität dort einen speziellen Studiengang für Öl- und Gasaufschließung anbot.

Mary hat Sie als Coach aufgesucht, damit Sie ihr Ratschläge zu ihrer Karriere geben. Nach ihrer ersten Sitzung stellt sich aber heraus, dass einige ihrer Werte miteinander kollidieren und zu ihrer vertrackten Situation beitragen. Sie ist sich nicht sicher, ob ihr Umzug in die Türkei eine weise berufliche Entscheidung darstellt. Sie weiß, dass es für ihre Beziehung zu ihrem Verlobten das Beste ist, doch etwas hält sie zurück. Auf der einen Seite freut sie sich über die neue Arbeitsstelle und sieht den bevorstehenden Abenteuern erwartungsfroh entgegen. Andererseits hat sie von Freunden innerhalb der Firma gehört, dass das Verlassen der Hauptgeschäftsstelle in New York ihren Aufstieg auf der Karriereleiter blockieren könnte, da sie nicht präsent genug wäre. Obwohl dies ein guter Grund ist, vermuten Sie doch, dass er nicht derjenige ist, durch den Mary sich zurückgehalten fühlt.

Es scheint Ihnen, als ob Mary in einer bunten Mischung aus beziehungs-, berufs- und familienbezogenen Werten gefangen sei. Das erste Mal in vielen Jahren ist Mary sich ihrer Pläne unsicher. Sie weiß nicht, wie sie mit ihrem Verlobten über ihre beruflichen Sorgen sprechen soll, ohne seine Gefühle zu verletzen. Auch hat sie keinen Schimmer, wie sie ihren Eltern mitteilen soll, dass sie einen Mann heiraten will, der nicht katholisch ist. Zusätzlich wollen weder sie noch ihr zukünftiger Ehepartner Kinder haben, was ein weiteres Problem in Hinsicht auf Marys Eltern darstellt.

Vor einigen Monaten fühlte Mary bei ihrer Familie schon einmal vorsichtig vor und erwähnte knapp, dass es zwischen ihr und ihrem neuen türkischen Freund ernst geworden sei und sie zum ersten Mal in ihrem Leben einen Mann wirklich lieben würde. Sie erzählte ihren Eltern auch, dass er Muslim sei. Die barsche Reaktion der beiden überraschte sie nicht. Sie erinnerten Mary sofort daran, wie wichtig es ihnen sei, dass ihre Tochter einen Mann des gleichen Glaubens heiraten würde und dass es eine Sünde sei, ihre Kinder nicht römisch-katholisch zu erziehen. Ihre Mutter sagte: „Wie soll ich der Familie beibringen, dass du mit jemandem ausgehst, der nicht italienisch und katholisch ist?“ Der Vater erwiderte: „Mary, du weißt, dass es gegen unsere Religion verstößt, einen Mann anderen Glaubens zu heiraten. Du könntest niemals in der Kirche getraut werden.“

Während Mary über diese vorangegangene Unterhaltung nachdenkt, füllt sich ihr Geist mit negativen Gedanken, schmerzhaften Gefühlen, veralteten Vorstellungen und persönlichen Skripten, die sie nicht länger als Person repräsentieren. Ihr Verstand flüstert ihr hinderliche Gedanken und persönliche Skripte wie die folgenden zu: *Ich sollte es meinen Eltern recht machen und in New York bleiben. Liebe Mädchen tun, was ihre Eltern ihnen sagen. Ich würde meine Eltern wirklich im Stich lassen, wenn ich einen Mann heirate, der nicht katholisch ist.* Sie empfindet Schuld- und Schamgefühle dafür, dass sie etwas tun möchte, das ihre Eltern verletzen und deren Wünschen widersprechen würde. Wenn Mary ihre Augen schließt, sieht sie sich als kleines Mädchen, das zwischen ihren Eltern geht, als sie die Kirche betreten. Sie sieht aber auch eine Gasbohranlage mitten in der Wüste, wo ihr zukünftiger Ehemann und andere Wissenschaftler ihr zuhören, als sie erklärt, wie man durch seismische Messungen Lagerstätten von Gas entdeckt. Sie realisiert, dass sie in dieser Vorstellung gar nicht vorkommt. Mary hat Sie aufgesucht, damit Sie ihr helfen, ihre Wertekonflikte durchzuarbeiten und einen Plan aufzustellen, um sich aus ihrer Sackgasse zu befreien.

Sie sehen, wie widersprüchliche Werte zu Marys Verstrickung und ihrer Unfähigkeit zu handeln beitragen. Mary dabei zu helfen, ihre Werte durchzugehen und ihnen einen Rang zuzuordnen, ist ein wichtiger Schritt. Sie versteht hierdurch, welchen Bezug ihre Werte zu ihren Zielen und Plänen haben, in die Türkei zu ziehen. Die folgende Werteklärungsübung baut auf die vorangehende auf, indem sie den Klienten beim Einstufen ihrer Werte hilft.

ÜBUNG

Werterangliste und Defusionsübung: Kern- versus Satellitenwerte (AB 4.3)

Geben Sie Ihrem Klienten die folgende Anleitung:

1. Sehen Sie sich die zehn Umschläge oder das Sortierregal an, das Sie in der vorangegangenen Übung verwendet haben. Ordnen Sie alle Umschläge oder Fächer nach ihrer Wichtigkeit (1 = am wichtigsten).
2. Sollten Sie Umschläge verwendet haben, dann stapeln Sie die drei wichtigsten in der Mitte und streuen Sie die sieben übrigen in einem Kreis um den Stapel (ähnlich Elektronen, die sich um den Kern eines Atoms anordnen).
3. Nehmen Sie die Wertekarten aus ihren Umschlägen oder Fächern und legen Sie sie auf einen Stapel.
4. Lesen Sie jeden Wert mehrmals durch.
5. Ordnen Sie alle Werte des Stapels absteigend nach ihrer Wichtigkeit.
6. Legen Sie alle Karten in der Reihenfolge ihrer Werte nebeneinander aus.

7. Treten Sie einen Schritt zurück und sagen Sie zu sich selbst: *Dies sind die Werte, die mir im Leben am wichtigsten sind, und ich akzeptiere sie so, wie sie sind. Obwohl sie mir wichtig sind, bestehe ich aus mehr als diesen Werten. Sie sind ein Teil von mir und ich trage sie immer mit mir umher, doch deshalb müssen sie die Handlungen nicht kontrollieren, die ich durchführen muss, um meine Ziele zu verwirklichen.*
8. Treten Sie noch ein oder zwei Schritte zurück, um mehr Abstand zu Ihren Karten zu gewinnen. Erlauben Sie sich ein wenig mehr Raum zum Luftholen und Platz zwischen sich und dem, was Sie wertschätzen.

Nachdem Ihr Klient die Übung durchgeführt hat, sollten Sie ihm erklären, dass ihm der Abstand zwischen ihm und seinen am meisten geschätzten Werten dabei hilft, zu erkennen, was Werte eigentlich sind: bloße Teile seiner Gesamtpersönlichkeit. Machen Sie Ihrem Klienten klar, dass er aus mehr besteht als seinen einzelnen Werten. Er braucht sich vor seinen Werten nicht zu fürchten und muss sie nicht meiden, kontrollieren oder abschalten, um voranzukommen und zu handeln.

4.4.3 Werte öffentlich bestätigen

Die nächste Stufe des Prozesses der Werteklärung besteht darin, dass die Klienten anderen Menschen mitteilen, was sie wertschätzen. Wie ich zuvor anmerkte, kann diese Erklärung vor einem oder einer Million Menschen abgegeben werden. Bei der öffentlichen Bestätigung handelt es sich um eine Form von Bereitschaft *(willingness)*. Sie zeigt anderen, dass die Klienten die eigenen Werte anerkennen, akzeptieren und entsprechend handeln. Wenn die Klienten sich bereit erklären, ihre Werte öffentlich auszusprechen, bedeutet dies, dass sie nicht versuchen werden, die daraus folgenden Konsequenzen zu kontrollieren, zu vermeiden oder abzuschalten. Sie sind gewillt, die Folgen ihrer Offenbarung zu akzeptieren. Die eigenen Werte öffentlich kundzutun, bereitet den finalen Schritt des Werteklärungsprozesses vor: handeln. Die Bereitschaft, anderen ihre Werte mitzuteilen, zeigt, dass die Klienten den Schmerz und das Leiden akzeptieren können, die ein solches Kundtun mit sich bringen kann.

Nehmen wir einmal Marys Situation. Sollte sie sich entscheiden, ein Familientreffen einzuberufen und zu erklären, dass sie ihren muslimischen Freund zu heiraten und in die Türkei zu ziehen gedenkt, setzt sie sich der Verurteilung, Beurteilung und Kritik ihrer Familie aus. Andererseits würde sie sich aber auch möglicher Unterstützung, Lob und Ermutigung öffnen. Zu diesem Zeitpunkt weiß Mary nicht, wie sich die Dinge ereignen werden, versteht aber, dass sie bestätigen muss, was ihr am wichtigsten ist, wenn sie den nächsten Schritt wagen möchte.

Bei der öffentlichen Erklärung der eigenen Werte hat die Wortwahl einen entscheidenden Einfluss darauf, wie andere die Aussage interpretieren und akzeptieren. Die Verwendung von „Ich"-Ausdrücken hat sich dabei als ausgezeichnete Strategie erwiesen. Sie gibt den Klienten die beste Möglichkeit, ihrem Gegenüber zu zeigen, dass sie die Verantwortung für ihre Werte übernehmen. „Ich"-Ausdrücke geben anderen nicht die Schuld für die Handlungen, Gedanken und Gefühle des Klienten. Mary geht beispielsweise bereits vor ihrem Gespräch mit ihrer Familie davon aus, dass diese gegen ihre Entscheidung sein wird. Sie ist sich sicher, dass ihre Familie ihr Schuldgefühle einreden wird, weil sie einen Mann anderen Glaubens heiraten und ins Ausland ziehen möchte. Mary kann die Situation nun auf zwei Weisen angehen.

Die erste Möglichkeit bestände darin, auf die Weise mit ihrer Familie zu kommunizieren, wie sie Situationen wie diese üblicherweise angeht. Sie würde etwas wie das Folgende sagen: „Ihr versucht mir immer Schuldgefühle einzureden, wenn ich etwas anders machen und meine Flügel ein wenig ausbreiten möchte. Ihr macht mir ein schlechtes Gewissen, weil ich glücklich sein und meine Träume erfüllen will. Ich hasse es, wenn ihr mir dieses Gefühl gebt. Ihr versteht mich einfach nicht und könnt die Dinge nicht aus meiner Perspektive sehen. Ich werde mit oder ohne euren Segen gehen." In diesem Monolog gibt Mary ihrer Familie dreimal die Schuld für ihre Gefühle („Ihr versucht mir immer Schuldgefühle einzureden", „Ihr macht mir ein schlechtes Gewissen", „Ich hasse es, wenn ihr mir dieses Gefühl gebt"). Tatsächlich hat Mary diese Gefühle, da ihr Verstand diese mit ihren Eltern aus veralteten persönlichen Skripten und mentalen Bildern verknüpft.

Eine produktivere Herangehensweise an unsere Beispielsituation bestünde darin, dass Mary die Verantwortung für ihre Gefühle und Handlungen übernimmt und eine freundlichere Atmosphäre für ihren Monolog schafft. „Ich"-Ausdrücke spielen hierbei eine zentrale Rolle. Marys Monolog könnte wie folgt lauten: „Mama und Papa, ich weiß, dass ihr mich liebt und mich gerne um euch habt. Ich bin mir im Klaren darüber, dass meine Heirat mit einem nicht katholischen Mann und mein Umzug ins Ausland euch traurig machen. Ich weiß auch, dass ihr nur das Beste für mich wollt und stolz auf meinen schulischen und beruflichen Erfolg seid. Ich fühle mich schuldig, wenn ich darüber nachdenke, von euch wegzuziehen, nach all dem, was ihr für mich getan habt. Ich komme mir selbstsüchtig vor, weil ich meine Bedürfnisse über die euren stelle, doch dies ist etwas, das ich tun muss, um glücklich zu sein und meine Träume zu erfüllen. Ich hoffe, ihr versteht das." Diese Herangehensweise ist viel freundlicher und bescheidener, verwendet „Ich"-Ausdrücke und vermittelt Respekt den Eltern gegenüber, während sie die Bedürfnisse der Tochter unterstreicht. Es handelt sich um eine Win-win-Situation.

4.4.4 *Nach Werten handeln*

Das Handeln ist die letzte Stufe der Werteklärung und damit die Zusammenfügung der anderen drei Komponenten (Werte erkunden, nach Wichtigkeit einstufen und öffentlich bestätigen). Dadurch, dass Klienten im Einklang mit ihren Werten handeln, entspricht ihr Verhalten dem, was ihnen im Leben am wichtigsten ist. Diese Art von Handeln kann ein kleines Unterfangen (wie das Ausstellen eines Schecks zur Unterstützung eines wohltätigen Zwecks) oder ein großes darstellen (wie der Umzug um die halbe Welt, um an einem fernen Ort zu studieren). Die beste Form von Handlung ist diejenige, die die selbstgesetzten Ziele des Klienten vorantreibt. Ich werde auf das Formulieren von Zielen im nächsten Kapitel näher eingehen.

Die abschließende Werteklärungsübung dieses Kapitels verwendet eine ACT-basierte Herangehensweise, um sich Klarheit über seine Werte zu verschaffen, und kombiniert alle vier Prozesse der Werteklärung. Sie hilft den Klienten dabei, ihre Werte klar zu sehen. Bitten Sie Ihren Klienten, einen Wert auszuwählen, mit dem er während der Übung arbeiten wird.

ÜBUNG

Werteklärungsübung: Erstellen Sie einen Plan, um Ihren Werten entsprechend zu handeln (AB 4.4)

Geben Sie Ihrem Klienten die folgende Anweisung:

1. **Untersuchen Sie, was Ihnen wichtig ist.** Wählen Sie eine Wertekategorie aus der Übung „Die Post sortieren“ (S. 85) aus. Wählen Sie dann eine Karte aus dieser Kategorie aus, mit der Sie arbeiten möchten. Übertragen Sie den Text von der Karte auf die folgenden Linien:

____

____

____

____

2. **Weisen Sie dem Wert einen Rang zu.** Notieren Sie den Rang, den der Wert Ihnen zufolge in der Übung „Kern- versus Satellitenwerte" (S. 88) erhielt:

   ____

3. **Bestätigen Sie den Wert öffentlich.** *Dinge, die ich tun kann, um anderen meinen Wert mitzuteilen:*

   ____

   ____

   ____

4. **Handeln.** *Dinge, die ich tun kann, um anderen meinen Wert zu zeigen:*

   ____

   ____

   ____

5. **Identifizieren Sie die Dinge, die es Ihnen erschweren, Ihre Werte zu bestätigen und ihnen entsprechend zu handeln.** *Ich habe die folgenden Gedanken, persönlichen Skripte, erschreckenden Bilder oder Gefühle, die es mir erschweren, über meine Werte zu reden oder ihnen entsprechend zu handeln:*

   ____

   ____

   ____

   ____

6. **Identifizieren Sie, welche Folgen Sie zu akzeptieren bereit sind.** *Ich bin bereit, die folgenden Konsequenzen zu akzeptieren, um meine Werte zu bestätigen und ihnen entsprechend zu handeln:*

____

____

____

____

Diese Übung ist nicht einfach durchzuführen. Daher wollen wir sie uns einmal am Beispiel von Mary, unserer imaginären Klientin, anschauen.

1. **Untersuchen Sie, was Ihnen wichtig ist.** *Ich schätze meinen Beruf und die Abenteuer, die er mit sich bringt.*
2. **Weisen Sie dem Wert einen Rang zu.** *Ich gebe diesem Wert den höchsten Stellenwert, eine 10.*
3. **Bestätigen Sie den Wert öffentlich.** *Ich teile meiner Familie mit, wie viel sie mir bedeutet und dass ich mich entschieden habe, in die Türkei zu meinem zukünftigen Ehemann zu ziehen. Ich schreibe meinen Eltern in einem ausführlichen Brief, wie wichtig mir dies ist.*
4. **Handeln.** *Ich fliege mit meinen Eltern nach Istanbul, damit sie meinen Verlobten kennenlernen und sehen können, wo ich leben und arbeiten werde. Ich biete meine Eigentumswohnung zum Verkauf an. Ich fülle alle nötigen Formulare aus, um eine amtliche Heiratserlaubnis zu bekommen.*
5. **Identifizieren Sie die Dinge, die es Ihnen erschweren, Ihre Werte zu bestätigen und ihnen entsprechend zu handeln.**

   Gedanken: *Ich sollte es meinen Eltern recht machen und in New York bleiben. Brave italienische Töchter tun, was ihre Eltern sagen. Ich würde meine Familie im Stich lassen, wenn ich in die Türkei zöge und meinen Verlobten heiraten würde.*

   Persönliche Skripte: *Ich habe diese Vorstellung von mir, wie ich in das Flugzeug steige, während meine Eltern, Großmutter und Tante am Flugsteig stehen und weinen. Ich mache sie sehr traurig und habe deshalb ein schlechtes Gewissen. Ich versuche ihnen zuzurufen: „Bitte weint nicht! In sechs Monaten komme ich euch besuchen!" Doch sie können mich nicht hören, weil es im Terminal zu laut ist.*

Erschreckende Vorstellungen: *Ich schließe meine Augen und sehe mich selbst in Istanbul, wo ich allein in meinem Zimmer im Wohnheim sitze und meine Familie vermisse. Ich habe meinen Flanellschlafanzug mit den kleinen Füßen an und sehe wie ein kleines ängstliches Mädchen aus.*

Gefühle: *Ich fühle mich schuldig, ängstlich und besorgt.*

6. **Identifizieren Sie, welche Folgen Sie zu akzeptieren bereit sind.** *Mich schuldig und ängstlich zu fühlen, weil ich fortziehen und an einem neuen, unbekannten Ort leben werde. Meine schmerzhaften Gedanken, Skripte und erschreckenden Vorstellungen schwirren in meinem Kopf herum, während ich meine Pläne in die Tat umsetze.*

Nachdem Ihr Klient diese Übung durchgeführt hat, teilen Sie ihm mit, dass er die dabei gesammelten Informationen zum Setzen von Zielen verwenden kann. Ziele, die mit den Werten des Klienten im Einklang stehen, erhöhen die Wahrscheinlichkeit, dass die Person sie auch erreichen wird. Da die Ziele des Klienten seine Werte reflektieren sollten, wird er erkennen, wie wichtig es ist, die beiden Prozesse zu kombinieren.

4.5 Werte aus der ACT-Perspektive

Wie ich in Kapitel 2 beschrieben habe, dreht sich bei ACT alles darum, wie der Verstand in verschiedenen Zusammenhängen funktioniert. Während die meisten Menschen Werte als etwas Festes und Unveränderliches sehen, empfinden Anhänger der ACT sie oft als beweglicher. Denken Sie daran, dass ACT Menschen dabei hilft, zu erkennen, wie hilfreich ihre Gedanken, Gefühle und Verhaltensweisen in Bezug auf das Erreichen von selbst gesetzten Werten und Zielen sein können.

Werte spielen eine zentrale Rolle, wenn es darum geht, uns als Person zu definieren. Außerdem stellen sie idealerweise die Grundlage aller unserer Ziele dar. Dies bedeutet aber nicht, dass sie fest und unveränderlich sein müssen. Werte verändern sich, wenn Menschen neuen Informationen oder Erfahrungen ausgesetzt werden. In diesen Situationen beginnt ein Mensch, über seine Einstellung zu bestimmten Angelegenheiten nachzudenken, und wächst als Person. Einzelne Werte verändern sich niemals völlig; wie ein Baum im Wind verbiegen sie sich nur ein wenig. Stellen Sie sich vor, die zuvor besprochenen Wertekategorien wären Bäume. Wie ein Baum hat auch ein Wert tiefe Wurzeln, die ihn nähren und am Leben erhalten. Die Äste des einzelnen Baumes repräsentieren alle Ihre Wertepositionen, die Sie zu der jeweiligen Kategorie haben. Sollte ein Baum heftigem Wind ausgesetzt sein, hat er die Möglichkeit, sich zu biegen, ohne dabei zu brechen. Wenn die Werte eines Menschen von dem Wind der Lebensveränderung erfasst werden, entscheidet die psychische Flexibilität der Person darüber, ob sie den Wert verbiegen kann oder ob er unter dem Druck zerbrechen wird.

Denken Sie an Mary und alle ihre Werte in den Kategorien Arbeit und Familie. Ihre Pläne, mit ihrer Familie zu diskutieren, gleicht einem starken Wind, der durch die Äste ihrer Bäume bläst. Marys Fähigkeit, sich zu biegen, ohne zu zerbrechen, hängt in hohem Grade von ihrer psychischen Flexibilität ab. Letztere entscheidet darüber, ob Marys Werte beweglich und anpassungsfähig sind und ihr dienen oder ob sie starr sind und von Mary verlangen, dass sie sich ihnen anpasst und ihnen dient. Mary hatte mit vielen inneren Konflikten zu kämpfen, bevor sie erkannte, dass sie einem Wert entwachsen war, den die Menschen, die sie liebt, respektiert und denen sie vertraut, immer noch schätzen. Ein Teil von ihr möchte von der Familie bestätigt werden und zerrt sie von ihren neuen, eigenen Werten weg, während ein anderer Teil sie zu diesen Werten hinzieht und Abstand zwischen ihr und den Menschen aufbaut, die sie liebt.

Diese Art von Spannung zwischen den Werten ist vollkommen normal bei Menschen, die es sich erlauben, zu wachsen und sich als Individuen weiterzuentwickeln. Es ist absolut sinnvoll, dass sich die Werte eines Menschen verändern, wenn er sich selbst verändert. Leider sind die meisten Menschen psychologisch nicht flexibel genug, um dies zu akzeptieren. Sie klammern sich auch dann noch an ihren veralteten Werten fest, wenn diese ihre Persönlichkeit schon lange nicht mehr widerspiegeln. Anstatt Werte als etwas zu verstehen, was beweglich und veränderbar ist, sehen sie sie als fest und unveränderlich. Diese Menschen fühlen sich von der Idee bedroht, dass ihre Werte sich mit zunehmender Weiterentwicklung und Wachstum verändern könnten. Sie interpretieren die Veränderung ihrer Werte als ein Zeichen von Schwäche, da ihre neuen Werte nun mit denen kollidieren, nach denen sie erzogen wurden. Aus einer psychologisch flexibleren Sichtweise stellt die Veränderung eine gesunde Anpassung an das Wachstum dar, das ein Mensch durchläuft, wenn er neuen Informationen, Ideen und Erfahrungen ausgesetzt ist.

Mary macht genau dies gerade durch. Sie hat sich als Person weiterentwickelt und wurde durch ihre Beziehungen, Arbeitsstellen und Urlaube neuen Orten und Ideen ausgesetzt. Daher sind ihre familienbezogenen Werte nun veraltet. Ihr Zuhause und ihre Familie bedeuten ihr immer noch sehr viel, doch ihre Auffassung davon, was Zuhause und Familie bedeutet, hat sich verändert. Ihrer Meinung nach muss Zuhause nicht zwangsläufig der Ort sein, wo sie und ihre Familie aufwuchsen. Sie ist in der Lage wegzuziehen, zu heiraten, neue Orte zu entdecken und ihr Zuhause trotzdem noch als etwas zu schätzen, das ihr wichtig ist und immer eine besondere Bedeutung für sie haben wird. Ihre Familie ist ihr auch immer noch wichtig, doch sie definiert sie heute anders: In ihrer Familie ist nun Raum für ihren zukünftigen Ehemann. Sie liebt und respektiert ihre Mutter und ihren Vater weiterhin, ohne dabei deren Religion und kirchliche Vorlieben anzunehmen.

Für Klienten mit unzureichender psychischer Flexibilität kann es sehr schwierig sein, Werte aus einer ACT-basierten Perspektive zu sehen, die auf die Funktionsweise des Wertes in einem bestimmten Kontext gerichtet ist. Mary ist beispielsweise mit bestimmten Gedanken und persönlichen Skripten zu ihrer Familie verschmolzen, die sie gefangen halten und sie von der Realisierung ihrer Träume abhalten.

4.6 Mit Werten verschmelzen

Einige Klienten, die sich aufgrund ihrer Werte in einer Sackgasse befinden, sind mit Wertevorstellungen verschmolzen, die ihnen nicht länger nutzen oder einen Konflikt auslösen. Manchmal sind sie ihren Werten schlicht und einfach entwachsen, sodass letztere sie nicht mehr beim Erreichen ihrer Ziele unterstützen. In anderen Fällen, wie zum Beispiel bei Mary, ist der Wert, mit dem die Klienten verschmolzen sind, immer noch von Bedeutung und schafft einen Konflikt mit anderen Werten. Ungeachtet der Umstände wollen die Klienten im Leben vorankommen, finden jedoch keine Lösung für ihre Probleme und werden von ihren alten Werten gefangen gehalten. Geschieht dies, so werden die Klienten zu ihren Werten oder verschmelzen mit ihnen, statt sie lediglich als einen Teil ihrer Gesamtpersönlichkeit zu betrachten. Als Folge dessen fällt es den Klienten schwer, Abstand zu gewinnen und den Konflikt klar vor sich zu sehen. In diesen Fällen benötigen sie Hilfe dabei, sich von den Werten zu distanzieren, die sie zurückhalten.

Die folgende Übung mit dem Namen „Das Werte-Whiteboard" ist überaus hilfreich, wenn es darum geht, Klienten beizubringen, wie sie Abstand gewinnen und sich darüber klar werden können, was ihr Verstand ihnen über einen Wert mitteilt, mit dem sie verschmolzen sind. Die Übung ist mit ausdrücklicher Erlaubnis des New Harbinger Verlags abgedruckt und entstammt meinem Buch *Stress Less, Live More* (2010).

ÜBUNG

Defusionsübung: Das Werte-Whiteboard (AB 4.5)

Geben Sie Ihrem Klienten die folgende Anweisung:

1. Sollten Sie in einem Wertekonflikt stecken, dann versuchen Sie, den zugrunde liegenden Wert so genau wie möglich zu beschreiben. Verwenden Sie für Ihre Beschreibung ein Whiteboard (Weißwandtafel), ein Flipchart oder ein Blatt Papier. Sagen Sie zu sich selbst: *Mein Verstand teilt mir die folgenden Dinge über diesen Wertekonflikt mit …* Notieren Sie alles, was Ihr Verstand Ihnen zu diesem Konflikt mitteilt. Hierbei ist es wichtig, dass Sie sowohl einzelne Wörter als auch persönliche Skripte miteinbeziehen.
   - Sagen Sie zu sich selbst: *In Zusammenhang mit meinem Wertekonflikt sehe ich die folgenden erschreckenden Bilder.* Schließen Sie dann die Augen und betrachten Sie die Vorstellungen aufmerksam. Schreiben Sie genauestens auf, was Sie sehen.
   - Sagen Sie zu sich selbst: *In Zusammenhang mit meinem Wertekonflikt habe ich die folgenden Gefühle und Körperempfindungen.* Notieren Sie die Gefühle und Empfindungen.
2. Treten Sie nun einige Schritte von dem Whiteboard, dem Flipchart oder dem Blatt zurück, sodass Ihr Körper mindestens zwei Meter Abstand gewinnt. Sagen Sie zu sich selbst: *Mein Verstand hat wirklich eine Menge zu diesem Wertekonflikt zu sagen – wie interessant.*
3. Bewerten oder verurteilen Sie nicht, was Ihr Verstand Ihnen mitteilt. Stellen Sie sich stattdessen die folgende Frage: *Inwiefern hilft mir dies dabei, meinen Stress zu meistern und meine Ziele zu erreichen?* Notieren Sie Ihre Antwort in einem anderen Bereich der Tafel, des Flipcharts oder des Blattes.
4. Fragen Sie sich: *Welche Aspekte dieses Konfliktes bin ich gewillt zu akzeptieren, damit ich ihn hinter mir lassen und meine Ziele erreichen kann?* Notieren Sie Ihre Antwort in einem anderen Bereich der Tafel, des Flipcharts oder des Blattes.

Nachdem der Klient die Aufgabe abgeschlossen hat, sollten Sie ihm erklären, dass das Gewinnen von Abstand zu dem, was sein Verstand ihm über seinen Wertekonflikt mitteilt, ihm mit der Zeit und durch Übung helfen wird, den Konflikt hinter sich zu lassen. Wenn dieser Fall eintritt, wird der Klient den Wert und den Konflikt jeweils als Teil von sich selbst sehen, die in einem bestimmten Zusammenhang existieren und ihre eigenen Funktionen haben.

Im nächsten Kapitel werde ich Ihnen zeigen, wie Sie Ihren Klienten beim Setzen von Zielen helfen können, die stärker im Einklang mit ihren Werten und dem Sinn ihres Lebens stehen.

5. Klienten helfen, Ziele zu setzen und sich Handlungen zu verpflichten

Im vorigen Kapitel sprachen wir über Werte und warum sie im Leben Ihrer Klienten und in der Acceptance und Commitment Therapie eine so wichtige Rolle spielen. In diesem Kapitel werde ich Ihnen zeigen, auf welche Weise Werte, Commitment und die Zielsetzung miteinander verknüpft sind. Die ACT betont, wie wichtig es ist, Ihre Klienten dazu zu bringen, sich klare Ziele zu setzen, in denen ihre Werte zum Ausdruck kommen. Wenn die Ziele des Klienten seine Werte widerspiegeln, hilft ihm dies, auf sein Ziel fokussiert zu bleiben. Es minimiert zudem die Diskrepanz zwischen dem, was ihm am wichtigsten ist (seine Werte), und der Richtung seines Lebens (seine Ziele).

Klienten suchen Sie auf, da sie Hilfe bei dem Erreichen ihrer Ziele wollen und benötigen. Diese Ziele reichen vom Laufen des ersten Marathons oder dem Verfassen des ersten Romans bis zu der nächsten Beförderung oder dem Vergrößern des persönlichen Vermögens. Die Klienten mögen sich nicht bewusst sein, dass ihre Erfolgsaussichten sich immens erhöhen, wenn ihre Ziele mit ihren Werten verbunden sind. Daher besteht der erste Schritt für Sie als Coach darin, die Klienten dazu zu bringen, ihre Werte klar zu definieren.

Nachdem Ihre Klienten ihre Werte bestimmt haben, helfen Sie ihnen dabei, ihre Ziele im Hinblick auf diese Werte zu untersuchen. Es ist ein gewaltiger Schritt, die Klienten zu einem verbindlichen Handlungsplan zu bewegen, damit sie ihre Ziele erreichen. Daher müssen Sie sichergehen, dass die Handlungen, die Sie von Ihren Klienten erwarten, mit deren Werten im Einklang stehen, statt ihnen zu widersprechen. Wenn die Werte eines Klienten die Grundlage für seine Ziele darstellen, wird seine Bereitschaft zu handeln echt sein, und er wird allen Widrigkeiten, die ihm auf seinem Weg begegnen, trotzen. Handlungspläne, die den Werten und Zielen eines anderen Menschen entsprechen, basieren auf Lügen und führen den Klienten geradewegs in eine Sackgasse. Sie mögen es nicht bemerkt haben, doch eine Ihrer wichtigsten Aufgaben als Coach besteht darin, Ihren Klienten zu helfen, sich selbst treu zu bleiben. Sie könnten der erste Mensch sein, der Ihrem Klienten in die Augen schaut und fragt: „Und wie hängen diese Ziele mit dem zusammen, was Ihnen als Person wichtig ist?“ Wenn Ihre Klienten ihren Werten, ihrem Herzen und ihrem Verstand erst einmal zu folgen beginnen, bestätigen Sie sie darin, dass sie sich auf bestem Wege zu einem sinnerfüllten Leben befinden.

5.1 Ein zielgerichtetes Leben

Die Morita-Therapie ist eine Form japanischer Psychotherapie, die der ACT in vieler Hinsicht sehr ähnelt. Sie hält dazu an, beunruhigenden Gedanken und Gefühlen mit zielgerichteten Handlungen zu begegnen (Morita, 1998). Wie die ACT lehrt uns auch die Morita-Therapie, dass das Schlimmste, was wir angesichts schmerzhafter Gedanken und Gefühle tun können, darin besteht, über ihnen zu brüten und sie verändern zu wollen. Anstatt wertvolle Zeit darauf zu verschwenden, schlägt die Morita-Therapie vor, dass wir unsere Aufmerksamkeit von schmerzhaften Gedanken und Gefühlen abwenden, indem wir zweckmäßig handeln. Als ich meinen spirituellen Lehrmeister Gregg Krech darum bat, mir dies zu erklären, erwiderte dieser ganz simpel: „Es bedeutet, dass wir tun müssen, was getan werden muss." Ich fragte ihn, ob er mir dies genauer erläutern könne, doch er antwortete, er könne mir nicht im Speziellen sagen, welche Art von Aktivität ich ausführen solle. Er konnte mir lediglich beibringen, den Augenblick achtsamer zu erleben, meine Werte zu verstehen und ihnen zu vertrauen. Wenn ich der Gegenwart achtsam begegnen würde, dann wüsste ich, was zu tun wäre. Das angebrachte Verhalten würde mit dem übereinstimmen, was die Situation verlange, und würde mit meinen Werten verknüpft sein.

Zu Ihren Aufgaben als Coach gehört es, Ihrem Klienten zu helfen, den Sinn seines Lebens zu entdecken und diesen sein Verhalten steuern zu lassen. Dies trifft besonders dann zu, wenn beunruhigende Gefühle und schmerzhafte Gedanken dem Klienten seine psychische Flexibilität rauben und ihn gefangen halten. Obwohl die ACT durch Werte angetrieben wird, ist einer ihrer mächtigsten Effekte die Tatsache, dass sie Menschen auf werteneutrale Weise hilft, sich aus Sackgassen zu befreien. In der ACT ist Platz für Menschen wie mich, der materialistischer ist und Reichtum und Erfolg schätzt, als auch jemanden wie Gregg, der spirituell ist und materiellen Dingen wenig Wert beimisst.

Wenn ich Sie bitten würde, den Sinn Ihres Lebens zu beschreiben, wie würde Ihre Antwort lauten? Sie könnten das Folgende erwidern: „Ich möchte ein richtig guter Coach werden", „Ich möchte ein guter Ehemann und Vater sein" oder „Ich möchte so viel Geld verdienen, dass ich mir alle meine Wünsche erfüllen kann, ohne mir Sorgen machen zu müssen". Die meisten Menschen setzen den Sinn ihres Lebens mit ihren Zielen gleich. Ihre Klienten reagieren sicher auf die gleiche Weise. Sie würden ihre Bestimmung höchstwahrscheinlich mit ihren familiären oder beruflichen Zielen verknüpfen. Einige würden Ihre Frage mit den folgenden Aussagen beantworten: „Ich plane, Medizin zu studieren und Arzt zu werden", „Ich arbeite an meinem ersten Roman, weil ich ein erfolgreicher Schriftsteller werden will" oder „Ich bin dabei, genug Geld zu sparen, um meine eigene Pension am Strand zu eröffnen". Andere haben vielleicht selbstlosere Antworten: „Ich möchte anderen helfen und arbeite darum bei der örtlichen Essensausgabe“ oder „Ich möchte die Umwelt retten und arbeite daher halbtags bei einer gemeinnützigen Organisation, die die Erderwärmung eindämmen will“. Klienten mit eher hedonistischen Zielen könnten wie folgt reagieren: „Ich möchte einfach Spaß haben und jeden Tag etwas Schönes unternehmen“ oder „Ich möchte die Welt sehen und alle Kontinente bereisen, solange ich noch jung genug bin, um es zu genießen“. Wie Sie von diesen Aussagen ablesen können, ist der Sinn des Lebens sehr persönlich und kann auf viele Weisen definiert werden.

Ungeachtet der Unterschiede zwischen dem, was Ihre Klienten im Einzelnen als das Ziel ihres Lebens sehen, haben sie doch alle eines gemeinsam: eine *Absicht*. Wenn ein Klient etwas mit Absicht tut, dann geschieht dies nicht durch Zufall, spontan oder als Reaktion auf eine Herausforderung. Ein zielgerichtetes Leben zu führen bedeutet, sein Leben bewusst nach seinen Werten, Zielen und Plänen auszurichten. Aus Sicht des Coachings muss eine zweckdienliche Lebensweise nicht zwangsläufig auf einer Absicht beruhen, die der Coach für richtig hält. Die Absicht sollte vielmehr mit der individuellen Persönlichkeit des Klienten übereinstimmen und mit dem, was er wertschätzt und was seinem Leben einen Sinn gibt. Eine Ihrer Möglichkeiten, um Ihre Klienten auf dem richtigen Lebensweg zu halten, besteht darin, ihnen beizubringen, wie sie sich realistische Ziele setzen, die auf ihren Werten und dem Sinn ihres Lebens beruhen.

5.2 Realistische Ziele setzen

Ich erkläre meinen Studenten und Klienten immer, dass sie ihre Köpfe in den Wolken und die Füße fest auf dem Boden haben müssen, um sich realistische Ziele zu setzen. Mit anderen Worten: Ich möchte, dass sie träumen und die Messlatte hoch anlegen, gleichzeitig aber auch eine Möglichkeit haben, ihren Erfolg zu beurteilen und fokussiert zu bleiben. Realistische Ziele basieren auf messbaren Richtwerten, auf kleinen Schritten, die Erfolg sicherstellen. Solche messbaren Richtwerte hängen auch von dem Verhalten des Klienten ab, davon, dass er handelt.

Lassen Sie uns Jane aus den Kapiteln 2 und 3 als Beispiel verwenden. Janes Ziel ist es, ihre eigene kleine Grafikagentur zu eröffnen. In Anbetracht ihrer Kenntnisse in grafischen Designs und ihrer Erfahrung mit Kleinbetrieben scheint es selbstverständlich, dass dies ein realistisches Ziel ist. Um im Detail zu analysieren, wie realistisch Janes Plan ist, müssen wir uns die Unterziele ansehen, die sie sich gesetzt hat. Sollte sie keine Unterziele oder Absichten haben, dann würde ich sagen, dass ihr Hauptziel völlig unrealistisch ist. Die Aufgabe, ihr eigenes Unternehmen zu gründen, kann überwältigend erscheinen, wenn Jane ihr Endziel nicht in kleinere, messbare Einheiten und Schritte unterteilt. Dies trifft auch auf jemanden mit Janes Erfahrung zu. Das Setzen von messbaren Unterzielen soll ihr helfen, fokussiert zu bleiben, wenn sie von ihrem Pfad abkommt und sich fragt: *Warum tue ich das eigentlich?* Dies geschieht oft in Situationen, in denen Klienten stecken bleiben, weil sie ihre Ziele erreichen *und* ihre alltäglichen Pflichten erfüllen wollen.

Messbare Unterziele sind handlungsbezogen und stützen sich auf Verhaltensweisen, die objektiv erfasst werden können. Sie können durch die folgende Frage bestimmt werden: *Wer wird bis zu welchem Zeitpunkt wie viel von etwas getan haben?* Realistische Ziele bestehen gewöhnlich aus mehreren messbaren Unterzielen, die über eine Zeitspanne verteilt sind. Wir wenden uns wieder dem Beispiel von Jane zu und wollen eine Reihe von Unterzielen für das Erreichen ihres Hauptzieles festlegen.

Hauptziel: *Gründung meiner eigenen kleinen Grafikagentur.*
Unterziel 1: *Zum Ende des Jahres 2013 will ich meinen Geschäftsplan fertiggestellt haben.*
Unterziel 2: *Zum Ende des Jahres 2013 will ich mich entschieden haben, wo ich meinen Betrieb eröffne.*
Unterziel 3: *Zum Ende des Jahres 2013 will ich der Vereinigung von Kleinbetrieben in Colorado beigetreten sein.*
Unterziel 4: *Zum Ende des Jahres 2014 will ich durch Fernunterricht ein Kleinunternehmerzertifikat erhalten haben.*
Unterziel 5: *Zum Ende des Jahres 2015 will ich 25000 Dollar aufgebracht haben, um ein Darlehen für Kleinunternehmer erhalten zu können.*
Unterziel 6: *Zum Ende des Jahres 2015 will ich fünf potenzielle Finanzierungsquellen für Darlehen oder Zuschüsse bestimmt haben, um meinen Betrieb zu eröffnen.*

Alle Unterziele beantworten die Frage nach dem „Wer“, dem „Wann“ und dem „Wie viel“. Dadurch, dass sie messbar sind, hat der Klient die Möglichkeit, seine Fortschritte nachzuverfolgen, was wiederum die Wahrscheinlichkeit seines Erfolges erhöht.

Während realistische Hauptziele und messbare Unterziele dem Klienten zu dem Erreichen seiner Ziele verhelfen, führen unrealistische und nicht messbare Haupt- und Unterziele zum genauen Gegenteil und lassen den Klienten scheitern. Wenn einer Ihrer Klienten ein zu anspruchsvolles oder unrealistisches Ziel verfolgt, wird er es schwer haben, dieses auch zu erreichen – ungeachtet seiner Unterziele. Eine Ihrer Aufgaben als Coach ist es, dem Klienten bei der Bewertung seines Zieles zu helfen und herauszufinden, ob es angesichts seiner Möglichkeiten und Kenntnisse unrealistisch ist. Setzt sich Ihr Klient ein unrealistisches Ziel und kann es nicht erreichen, verstärkt dies gewöhnlich die hinderlichen Gedanken, persönlichen Skripte und mentalen Bilder, die er bereits zu sich und seinen Fähigkeiten hat. Anstatt neue, positive und hilfreiche Bezugsrahmen zu entwickeln, die die Grundlage für zukünftigen Erfolg bilden, hält das Scheitern an unrealistischen Zielen den Klienten gefangen.

Realistische Hauptziele und messbare Unterziele zu verfassen verlangt Übung. Gehen Sie sicher, dass Ihr Klient keine Abkürzungen nimmt und Schritte der Methode auslässt, mit der er gelernt hat, sich messbare Unterziele zu setzen. Es wird ihm um einiges schwerer fallen, sein Gelingen zu verfolgen, wenn seine Unterziele nicht messbar sind.

Die folgende Übung hilft Klienten dabei, Haupt- und Unterziele zu entwickeln, die ihre Werte widerspiegeln.

ÜBUNG

Zielsetzungsübung: Wertebasierte Haupt- und Unterziele entwickeln (AB 5.1)

Geben Sie Ihrem Klienten die folgenden Anweisungen:

1. Erinnern Sie sich an die „Kern- versus Satellitenwerte"-Übung aus Kapitel 4 (S. 88) und Ihre drei Wertekategorien. Wählen Sie die Wertekategorie aus, die Ihnen am wichtigsten ist.
2. Wählen Sie einen Wert aus dieser Kategorie.
3. Beschreiben Sie, wie dieser Wert Ihr privates und berufliches Leben derzeit beeinflusst.

   Privat: ______________________________

   ____

   ____

   ____

   Beruflich: ______________________________

   ____

   ____

   ____

4. Notieren Sie ein neues persönliches Ziel zu diesem Wert.

   Persönliches Ziel: ______________________________

   ____

   ____

   ____

5. Notieren Sie drei messbare Unterziele auf dem Weg zu Ihrem Ziel. Denken Sie daran, dass messbare Unterziele die Frage *Wer wird wie viel oder was wann tun?* beantworten.

   a. ______________________________

   ____

   ____

   b. ______________________________

   ____

   ____

   c. ______________________________

   ____

   ____

6. Notieren Sie ein neues berufliches Ziel zu diesem Wert.

   Berufliches Ziel: ______________________________

   ____

   ____

   ____

7. Notieren Sie drei messbare Unterziele auf dem Weg zu Ihrem Ziel. Denken Sie daran, dass messbare Unterziele die Frage *Wer wird wie viel oder was wann tun?* beantwortet.

   a. ______________________________

   ____

   ____

   b. ______________________________

   ____

   ____

   c. ______________________________

   ____

   ____

Im Folgenden werde ich beispielhaft die Werte und Ziele eines ehemaligen Klienten schildern, der als Therapeut und Schriftsteller arbeitet. Erklären Sie Ihren Klienten, dass das Ziel in diesem Beispiel aus einem Buch über ACT stammt, welches Sie gelesen haben. Lesen Sie Ihren Klienten das Beispiel vor oder zeigen Sie es ihnen.

1. Wählen Sie eine Wertekategorie aus. *Ich wähle* Beruf *als meine Kategorie.*
2. Wählen Sie einen Wert aus dieser Kategorie. *Eines der Dinge, die ich in Verbindung mit meiner Arbeit schätze, ist das Schreiben.*
3. Beschreiben Sie, wie dieser Wert Ihr privates und berufliches Leben derzeit beeinflusst.

   Privat: *Da mir das Schreiben sehr wichtig ist, arbeite ich oft in meiner Freizeit am Abend und an Wochenenden an meinen Texten, damit ich Fristen termingerecht einhalten kann. Ich schaffe dies gewöhnlich, ohne Pflichten und Aktivitäten mit meiner Frau darunter leiden zu lassen.*

   Beruflich: *Da mir das Verfassen meiner privaten Texte wichtiger ist als berufliche Schreibaufgaben, gerate ich oft in Verzug, was die Notizen zu meinen Patienten und die Dokumentation ihrer Fälle angeht. Mein vorheriger Vorgesetzter akzeptierte dies und gab mir zusätzliche Zeit, um meine Notizen fertigzustellen. Mein neuer Vorgesetzter hingegen ist der gegenteiligen Meinung und hat mir mit einer Beschwerde gedroht, wenn ich meine Patientenakten nicht auf dem neuesten Stand halte.*

4. Notieren Sie ein neues persönliches Ziel zu diesem Wert.

   Persönliches Ziel: *Ich werde die Pflichten und Tätigkeiten, die ich mit meiner Frau teile, nicht unter meiner Schriftstellertätigkeit leiden lassen.*

5. Notieren Sie drei messbare Unterziele auf dem Weg zu Ihrem Ziel.
   a. *Ab Ende April werde ich jeden Morgen einen Spaziergang mit meiner Frau machen, bevor wir zur Arbeit aufbrechen.*
   b. *Ab Ende April werde ich mich jeden Abend mit meiner Frau unterhalten, anstatt zu schreiben.*
   c. *Ab Ende Mai werde ich mindestens zweimal in der Woche mit meiner Frau Fahrrad fahren und mindestens einmal in der Woche mit ihr ins Kino gehen.*

6. Berufliches Ziel: *Ich möchte gerne mein erstes Taschenbuch zum Thema Gedächtnisentwicklung fertigstellen, an dem ich zurzeit arbeite.*

7. Notieren Sie drei messbare Unterziele auf dem Weg zu Ihrem Ziel.
   a. *Ich werde den ersten Entwurf der ersten Hälfte meines neuen Buches spätestens Ende August fertiggestellt haben.*
   b. *Ich werde den ersten Entwurf der zweiten Hälfte meines neuen Buches spätestens Ende Dezember fertiggestellt haben.*
   c. *Ich werde das fertige Manuskript spätestens Neujahr meinem Agenten vorlegen.*

Nachdem Ihr Klient diese Übung durchgeführt hat, sollten Sie ihm vorschlagen, sich seine Fortschritte beim Erreichen seiner Unterziele regelmäßig (z. B. täglich, wöchentlich oder monatlich) anzuschauen. Wenn der Klient die Aufgabe richtig ausgeführt hat, sollten alle seine Unterziele einen Zeitplan enthalten. Sagen Sie ihm, nachdem Sie seinen Fortschritt nachvollzogen haben, dass es zulässig ist, Zeitpläne zu verändern oder Unterziele hinzuzufügen oder zu entfernen. Obwohl Haupt- und Unterziele dem Leben und den Zielen des Klienten eine Struktur verleihen, sollten diese gleichzeitig so flexibel sein, dass sie an Veränderung angepasst werden können.

5.3 Inflexibilität und Ziele

Bereits in Kapitel 3 haben wir den Begriff „psychische Inflexibilität" gebraucht, um zu erklären, wie Klienten in Sackgassen geraten und wie dies ihre Fähigkeit mindert, Situationen auf neue und kreative Weise anzugehen. Psychische Inflexibilität hindert sie außerdem daran, sich klare und sinnvolle Ziele zu setzen und brauchbare Handlungspläne zu entwickeln, um die Ziele zu erreichen. Als Coach können Sie Ihre Klienten dabei unterstützen, sich mit Hilfe der ACT-Prinzipien und -Methoden aus ihrer festgefahrenen Situation zu befreien.

5.3.1 Schlüsselfaktoren der Inflexibilität

Den verbleibenden Teil dieses Kapitels werde ich darauf verwenden, die der psychischen Inflexibilität zugrunde liegenden Schlüsselfaktoren zu erarbeiten und aufzuzeigen, wie sie das effektive Zielsetzen verhindern. Sie erinnern sich vielleicht, dass ACT mit psychischer Inflexibilität die folgenden Schlüsselfaktoren verbindet:

- Unklare Wertvorstellungen
- Vorherrschen veralteter Skripte und Lerninhalte
- Kognitive Fusion
- Festhalten an einem bestimmten Selbstkonzept
- Erlebensvermeidung
- Untätigkeit, Impulsivität und beharrliches Vermeiden

Ich habe die Reihenfolge aus Kapitel 3 ein wenig verändert, damit es Ihnen leichter fällt zu verstehen, wie die Faktoren das Zielsetzen beeinflussen. Denken Sie daran, dass diese Schlüsselfaktoren nicht linear (aufeinanderfolgend) bestehen, sondern synergetisch aufeinander aufbauen und psychische Inflexibilität im Zusammenspiel verursachen.

Unklare Wertvorstellungen

Wie wir in Kapitel 4 festgestellt haben, legen eindeutige Wertevorstellungen den Grundstein, auf dem klare Ziele und messbare Unterziele aufbauen. Daher besteht ein grundlegender erster Schritt in der Coachingarbeit darin, Ihren Klienten dabei zu helfen, ihre Werte und Ziele zu verstehen und klarzustellen. Es ist wichtig, Ihren Klienten die Bedeutung von Werteklärung immer wieder nahezulegen. Solange Ihre Klienten das Gefühl haben, dass ihre Werte Ihre Zusammenarbeit steuern, werden sie Ihnen vertrauen und motiviert an klaren Zielen arbeiten und diese, wenn nötig, anpassen.

Vorherrschen veralteter Skripte und Lerninhalte

Veraltete persönliche Skripte und einst Gelerntes schaffen ebenfalls Hürden auf dem Weg zu effektiver Zielsetzung. Lassen Sie uns den Blick auf das Beispiel von Ralph werfen, einem 30-jährigen Lehrer, der sich verändern und im Verkauf arbeiten möchte. Ralph wuchs in einer sehr konservativen Familie auf. Seine Mutter arbeitete als Pflegekraft im öffentlichen Dienst und sein Vater als Geschichtslehrer an einer High-School. Beide Eltern waren im öffentlichen Dienst beschäftigt, wo ihre Arbeitsplätze sicher waren und die Einkommen kontinuierlich stiegen. Ralph erinnert sich, dass es während seiner prägenden Kinderzeit zahllose Unterhaltungen am

Küchentisch gegeben hat, bei denen Beruf und Karriere diskutiert wurden. Wörter wie „Sicherheit“ und „Sozialleistungen“ fielen dabei häufig. Ralphs Eltern drängten ihn dazu, auf Lehramt zu studieren, und hofften, dass er wie sein Vater Lehrer und Footballtrainer werden würde. Sie brachten ihn davon ab, Wirtschaft zu studieren und nach seinem Abschluss im Handel zu arbeiten. Als erfolgreicher Sportler mit einer kontaktfreudigen Persönlichkeit und Kampfgeist hatte Ralph auf eine Stelle im Verkauf oder Marketing gehofft, vorzugsweise bei einem Sportartikelhersteller.

Unglücklicherweise folgte Ralph dem Rat seiner Eltern und studierte auf Lehramt. Er fand eine Stelle an einer örtlichen High-School, wurde Sportlehrer und Footballtrainer. Obwohl Ralph in seiner Tätigkeit erfolgreich ist, unterrichtet er nicht gerne und ist frustriert darüber, dass er nicht das sechsstellige Gehalt verdient, das ihm wichtig ist. Nach sieben Jahren ist er schließlich zu Tode gelangweilt, es graut ihm vor seiner Arbeit und er fürchtet sich davor, seine Chance auf das Leben, das er wirklich möchte, verpasst zu haben. Er ist zu Ihnen gekommen, damit Sie ihm helfen, einen Plan zu entwickeln, um zu einer Karriere im Bereich Sportartikelverkauf oder -marketing zu wechseln.

Während Sie mit Ralph daran arbeiten, seine Werte zu definieren und klare Ziele zu setzen, verfängt er sich immer wieder in seinen veralteten persönlichen Skripten, die er zum Thema Beruf hat. Es fällt ihm sehr schwer, sich Ziele zu einer Stelle im Verkauf zu setzen, da seine neuen Gedanken ständig von alten überschattet werden. Er erzählt Ihnen, dass er die Gespräche mit seinen Eltern fast wortgetreu wiedergeben könne, die sich um die „fehlende Sicherheit“ im Verkauf drehten und um den Trugschluss, dass „hohe Auszahlungen“ besser wären als langsamer und stabiler Wertzuwachs. Je mehr Ralph versucht, diese Gedanken und Skripte zu vermeiden, zu kontrollieren oder abzuschalten, desto schlimmer werden sie. Er wird von Selbstzweifeln geplagt, was ihn verrückt macht, da er gewöhnlich ein sehr selbstbewusster Mann ist.

Ralphs Beispiel veranschaulicht, auf welche Weise veraltete Skripte und überholtes Wissen dem effektiven Zielsetzen im Weg stehen können. Ralph muss lernen, die überholten Skripte und Lerninhalte zu akzeptieren und mit sich zu tragen, wenn er sich Ziele für seine neue Karriere setzt. Er muss verstehen, dass sie umso schlimmer werden, je mehr er versucht, sie zu kontrollieren, zu vermeiden oder abzuschalten.

Kognitive Fusion

Es wird Klienten sehr schwerfallen, sich neue Ziele zu setzen, wenn sie mit veralteten Vorstellungen von sich verschmolzen sind. Stellen Sie sich eine Klientin namens Andrea vor, die ihr erstes Buch schreiben möchte. Andrea arbeitet als Leiterin der Marketingabteilung bei einer großen Fluggesellschaft. Einer der Vorzüge ihres Jobs sind Gratisflugreisen mit ihrer Fluggesellschaft um die ganze Welt. Sie hat als alleinstehende Frau alle Kontinente bereist und sich diesbezüglich einen großen Erfahrungsschatz angeeignet. Sie würde sehr gerne ein Sachbuch mit dem Titel „Der Reiseführer für die anspruchsvolle Frau“ schreiben. Obwohl sie noch nie zuvor ein Buch geschrieben hat, ist Andrea eine kompetente Frau und ohne Zweifel in der Lage, ihre Gedanken zu formulieren und eloquent in Worte zu fassen.

Unglücklicherweise hat Andrea nicht das geringste Vertrauen in ihre Fähigkeit, dieses Buch zu schreiben. Sie wuchs in einer Militärfamilie auf und beschreibt sich selbst als Vagabund. Ihr Vater war Major in der US-Army und zog mit seiner Familie viele Male um, da er für den Karriereaufstieg von einem Stützpunkt zum nächsten versetzt wurde. Ihre Mutter kümmerte sich als Hausfrau um Andrea und ihre Schwester. Andrea konnte sich noch so anstrengen, nichts war ihrem Vater je gut genug. „Der Major“, wie sie ihn nennt, war ein strenger Vertreter von Disziplin und ein wahrer Zuchtmeister, der den Maßstab für seine Kinder sehr hoch ansetzte. Andrea erinnert sich daran, dass ihr Vater jedes einzelne Essay las, das sie jemals für die Schule schreiben musste. Das Einzige, was sie in Erinnerung behalten hat, ist die rote Tinte, mit der er ihre Arbeit korrigierte und ihr Geschriebenes kommentierte. Andrea bevorzugte zumeist ausführliche Prosa, während „der Major“ der Meinung war, alle sollten so schreiben wie er, in kurzen, präzisen Sätzen. Sie erinnert sich an seine Worte: „Du wirst es nie zu etwas bringen, wenn du nicht besser schreibst als hier“, „Du sollst keinen Roman schreiben; es soll ein Essay sein“ und „Du wirst niemals studieren können, wenn du so schreibst“. Nachdem ihr diese Botschaften jahrelang eingebläut worden waren, begann Andrea, an ihren schriftstellerischen Fähigkeiten zu zweifeln, und vermied Situationen, in denen es auf diese ankam. Sie studierte Marketing (obwohl sie eigentlich Englisch studieren und sich auf das Schreiben spezialisieren wollte) und arbeitete in diesem Bereich für verschiedene Firmen, bevor sie bei ihrer jetzigen blieb, wo sie ein Team von Vertriebsmitarbeitern leitet. Eine ihrer wichtigsten Aufgaben ist es, alle Texte für die Print- und Onlinekampagnen für das Marketing ihrer Firma zu redigieren.

Als Sie sich mit Andrea zusammensetzen und ihr helfen, ihre Werte zu definieren, wird ersichtlich, dass ihr das Schreiben sehr wichtig ist und sie es als zentralen Teil ihrer Persönlichkeit betrachtet. Es ist ironisch, dass sie sich trotz ihres Erfolges und der Tatsache, dass Schreiben einen so großen Bestandteil ihrer Arbeit darstellt, immer noch als die Schülerin sieht, die nie gut genug schreiben konnte, um ihren Vater zufriedenzustellen. Andrea ist gefangen, weil sie mit der Vorstellung eines kleinen Mädchens verschmolzen ist, das nicht schreiben kann. Sie ist voller Selbstzweifel und hat Angst, die nötigen Schritte in die Wege zu leiten, um mit ihrem Buch zu beginnen. Bevor sie vorankommen kann, müssen Sie ihr helfen, sich von der fehlerhaften Vorstellung von sich selbst zu lösen.

Festhalten an einem bestimmten Selbstkonzept

Wie wir zuvor erörtert haben, ist mit dem Selbstkonzept das gemeint, was ein Klient über sich selbst sagen würde, wenn Sie ihn bäten, sich zu beschreiben. Es bezeichnet das verinnerlichte Bild, das die Klienten von sich selbst hegen, und die Selbstaussagen, mit denen sie sich beschreiben. In der ACT sprechen wir hierbei von der Selbst-als-Inhalt-Sichtweise. Da die Gedanken, die Ihre Klienten zu ihrem Selbstkonzept haben, durch ihren Verstand gefiltert werden, sind sie oft verzerrt. Die Art, auf die Ihre Klienten sich selbst und die verschiedenen Bereiche ihres Lebens sehen, ist oft eine Rekonstruktion, die von den realen Lebenserfahrungen abweicht.

Wenden wir uns erneut dem Beispiel von Andrea zu, unserer Marketingleiterin. Allen objektiven Informationen nach zu urteilen, ist sie eine intelligente, selbstständige, weltoffene, kultivierte Frau, die auf vielen verschiedenen Ebenen Erfolg genossen hat. Als Sie sie reden hören, würden Sie jedoch niemals vermuten, dass sie auch nur einen Bruchteil davon erreicht hat. Sie beschreibt sich Ihnen gegenüber als Frau von durchschnittlicher Größe und Erscheinung, als netten Menschen, ein wenig introvertiert und mittelgradig talentiert. Sie sieht einfach nicht, was für eine lebhafte und dynamische Person sie wirklich ist.

Teil Ihrer Aufgabe als ACT-Methoden verwendender Coach ist es, Andrea verstehen zu helfen, dass sie weitaus mehr ist als lediglich die „Tochter des Majors", und ihr die Fehler aufzuzeigen, die diese Version ihres Selbstkonzeptes beinhaltet. Sie muss mit Ihrer Hilfe verstehen lernen, dass die Skripte im Zusammenhang mit der „Tochter des Majors" ihr zwar real erscheinen und einen Teil von ihr darstellen mögen, aber weder ihre Persönlichkeit noch ihr Selbstbild *völlig* definieren. Ihr Selbstkonzept enthält viele andere Bereiche, durch die sie zu mehr wird als der „Tochter des Majors" und die ihre Erfolge, Stärken und Einzigartigkeit widerspiegeln. Sie können die folgende Übung verwenden, um Klienten wie Andrea dabei zu helfen, sich von hinderlichen Aspekten ihres Selbstkonzeptes zu lösen.

ÜBUNG

Defusionsübung: Ein neues Ich (AB 5.2)

Geben Sie Ihrem Klienten die folgenden Anweisungen:

1. Wenn Sie sich wieder einmal in einer veralteten Version eines Aspektes Ihres Selbstkonzeptes verstrickt haben, dann identifizieren Sie die Gedanken, Gefühle, persönlichen Skripte und mentalen Bilder, die Ihre Persönlichkeit in diesem Bereich nicht länger widerspiegeln.

2. Notieren Sie auf einem Whiteboard, einem Flipchart oder einem Blatt Papier alles, was Ihr Verstand Ihnen über diesen veralteten Aspekt Ihrer Persönlichkeit mitteilt.
   - Beginnen Sie mit Ihren Gedanken. Sagen Sie zu sich: *Mein Verstand produziert die folgenden irreführenden Gedanken zu einem Aspekt meiner Persönlichkeit. Schreiben Sie die Gedanken nun auf.*
   - Machen Sie mit Ihren persönlichen Skripten weiter. Sagen Sie zu sich: *Mein Verstand hat den folgenden Dialog zu einem Aspekt meiner Persönlichkeit geschaffen, der mich nicht mehr korrekt darstellt. Notieren Sie nun den Dialog.*
   - Schließen Sie die Augen und konzentrieren Sie sich auf die konkreten mentalen Bilder, die sich in Ihrem Kopf abspielen. Sagen Sie zu sich: *Ich sehe die folgenden angsteinflößenden Bilder von diesem Aspekt meiner Persönlichkeit, die mich als Person nicht länger korrekt darstellen.* Notieren Sie alle Bilder genau so, wie Sie sie sehen.
   - Wenden Sie sich zum Schluss Ihren Gefühlen und Körperempfindungen zu. Sagen Sie zu sich: *Ich habe die folgenden Gefühle und Körperempfindungen zu diesem Aspekt meiner Persönlichkeit, die mich nicht länger korrekt darstellen.* Notieren Sie diese Gefühle und Körperempfindungen.

3. Treten Sie nun vom Whiteboard, dem Flipchart oder dem Blatt Papier zurück, sodass Sie einen Mindestabstand von zwei Metern schaffen. Sagen Sie zu sich: *Mein Verstand hat wirklich eine Menge zu dem Aspekt meiner Persönlichkeit zu sagen, der mich nicht länger richtig darstellt – wie interessant.*

4. Ver- oder beurteilen Sie nicht, was Ihr Verstand Ihnen zu sagen hat. Stellen Sie sich stattdessen die folgende Frage: *Wie sehr hilft mir dies beim Erreichen meiner Ziele?* Notieren Sie Ihre Antwort in einem separaten Bereich der Tafel, des Flipcharts oder Blattes.

5. Fragen Sie sich: *Welche Aussagen meines Verstandes bin ich gewillt zu akzeptieren, damit ich mit meinem Leben weitermachen und meine Ziele erreichen kann?* Notieren Sie Ihre Antwort in einem separaten Bereich der Tafel, des Flipcharts oder Blattes.

Erklären Sie dem Klienten, nachdem er die Aufgabe ausgeführt hat, dass es ihm mit Geduld und Übung leichter fallen wird, sich von den Botschaften seines Verstandes zu distanzieren. Teilen Sie ihm mit, dass er sich durch Abstand zu den veralteten Aspekten seines Selbstkonzeptes von seinen Gedanken lösen kann. Wenn die Defusion eintritt, beginnen die Klienten, ihre veralteten Gedanken, Skripte, Vorstellungen und Gefühle als Teil von sich selbst zu sehen, der in einem versteckten Bereich ihres Verstandes hinterlegt ist und ihr Verhalten im gegenwärtigen Augenblick nicht kontrollieren muss.

Erlebensvermeidung

Wie ich bereits in Kapitel 3 bemerkt habe, stellt das Vermeiden innerer Erlebnisse das genaue Gegenteil von Offenheit für neue Erfahrungen dar. Die meisten Ihrer Klienten suchen Sie auf, da sie auf intellektueller Ebene neue Dinge erfahren wollen und verstehen, wie wichtig es ist, sich in neue Richtungen zu bewegen. Allzu oft besteht aber ein himmelweiter Unterschied zwischen dem Verstehen und dem wirklichen Tun.

Nehmen wir zum Beispiel Christos. Christos ist ein ehemaliger Student von mir, der klinischer Psychologe werden möchte. Er ist sich darüber im Klaren, dass er dazu einen Master- und Doktorgrad benötigt, und hat sich in seinem Heimatland über das Studienangebot für klinische Psychologie informiert. Die Aufnahmebedingungen variieren und der Wettbewerb um Stipendien und Stellen als wissenschaftlicher Mitarbeiter oder Doktorand ist erbittert. Christos ist zwar ein ausgezeichneter Student, erreichte aber nur durchschnittliche Abschlussnoten. Daher hat er an einer weniger prestigeträchtigen Universität in einem anderen Teil des Landes die besten Chancen. Er hat seine Suche jedoch auf einen Radius von 60 Kilometern um sein Zuhause im nördlichen New Jersey begrenzt, damit er weiterhin mit seiner Familie und seinen Verwandten zusammenleben kann. Er ist der erste in seiner Familie, der einen Bachelorabschluss hat, und alle sind sehr stolz auf ihn. Seine Familie möchte gerne, dass er weiter zu Hause wohnt, seinen Master an einer Universität in der Nähe macht und zwischen Wohnort und Universität pendelt.

Christos sucht mich auf, um dies zu besprechen und sich mit meiner Hilfe aus seiner Sackgasse zu befreien. Ich kenne Chris seit mehreren Jahren, da er als Student drei meiner Seminare besucht hat. Er schloss alle drei mit einer Eins ab. Daher weiß ich, dass ihm Bildung im Allgemeinen und der Doktortitel im Speziellen sehr wichtig sind.

Chris hat während seines Bachelorstudiums bereits viel Werteklärungsarbeit geleistet, weshalb wir schnell zum Kern der Sache vorstoßen: der Wertekonflikt zwischen seiner zukünftigen Ausbildung und der Nähe zu seiner Familie. Er hofft, beiden Werten gerecht werden zu können, vermeidet jedoch, seiner Familie von seinen Sorgen zu erzählen. Das Erreichen seiner akademischen Ziele und Träume würde bedeuten, dass er der schmerzhaften Realität, d. h. dem potenziellen Wegzug von Zuhause, entgegentreten müsste, und dazu ist er noch nicht bereit.

Ein Teil von Chris' Problem mit Vermeidung besteht darin, dass er sich noch nicht einmal für einen Masterstudiengang *beworben* hat. Dadurch riskiert er, an keiner Universität angenommen zu werden und ein komplettes Jahr zu vergeuden. Die meisten der Institute, an denen er interessiert ist, nehmen Studenten nur zum Sommersemester an, was bedeutet, dass ihm circa drei Wochen bleiben, um seine Bewerbung fertigzustellen und abzuschicken. Er hat bisher noch keine versandt. Solange er dies nicht getan hat, bleibt ihm die leidige Diskussion mit seiner Familie auf jeden Fall erspart. Er hat die Möglichkeit, im Restaurant seines Vaters zu arbeiten und seinen Master durch Abendkurse an einer örtlichen Universität zu machen, obwohl dies nicht seinem eigentlichen Wunsch entspricht. Er würde viel lieber Vollzeitstudent sein und weit von seiner Familie entfernt wohnen, um sich vollkommen auf sein Studium konzentrieren und ein Studentenleben führen zu können.

Es ist interessant zu sehen, dass Chris einige persönliche Skripte und Gedanken zu seiner Familie aufweist, die sehr starr sind und in denen für Dinge wie allein zu leben, aus seiner heimatlichen Gegend fortzuziehen (sei es auch nur für kurze Zeit) oder die Halbtagsstelle im Familienunternehmen abzulehnen kein Platz ist. Diese Skripte sind allesamt veraltet, da sie für seine Familie gelten und nicht für ihn – jedenfalls nicht länger. Chris muss dies akzeptieren und neue Skripte für das Familienleben entwickeln. Zusammen gehen wir verschiedene Szenarien im Zusammenhang mit seinen Plänen und Familienwerten durch. Eines der Szenarien handelt von dem Aspekt der Dauerhaftigkeit. Nach einer Weile wird Chris klar, dass er die bevorstehenden Veränderungen in seinem Leben (für eine Stelle als wissenschaftlicher Mitarbeiter von zu Hause auszuziehen) nicht als *dauerhaft* ansehen muss. Dadurch steht ihm die Tür zu dem Leben, das er *zeitweilig* verlässt, um zu studieren, weiterhin offen. Diese subtile Veränderung in der Wortwahl ermöglicht es ihm, das Thema mit seinen Eltern zu besprechen und es nicht länger zu vermeiden. Mit der folgenden Übung können Sie Ihren Klienten helfen, sich aus der Dauerhaftigkeitsfalle zu befreien.

ÜBUNG

Defusionsübung: Dauerhaftigkeit überdenken (AB 5.3)

Helfen Sie Ihrem Klienten mit der folgenden Übung, sich aus einer der Persönlichkeitsfallen (Dauerhaftigkeits-, Personalisierungs- und Ausbreitungsfalle) zu befreien, wie ich sie in Kapitel 2 beschrieben habe. Ich empfehle Ihnen, die entsprechenden Abschnitte noch einmal durchzulesen, bevor Sie Ihren Klienten die Übung durchführen lassen. Die Aufgabe passt am besten zu einem Klienten, der einen Konflikt als dauerhaft ansieht, obwohl dieser in der Realität zeitlich begrenzt ist.

Geben Sie Ihrem Klienten die folgenden Anweisungen:

1. Jedes Mal, wenn Sie in die Dauerhaftigkeitsfalle tappen, sollten Sie die Gedanken, Gefühle, persönlichen Skripte und mentalen Bilder identifizieren, die mit Ihrer Empfindung, ein Zustand sei dauerhaft, zusammenhängen.
2. Sagen Sie zu sich selbst: Mein Verstand teilt mir die folgenden Dinge über die Dauerhaftigkeit meines Zustandes mit. Notieren Sie danach alle relevanten Informationen über diesen veralteten Aspekt Ihres Lebens auf einer Tafel, einem Flipchart oder einem Blatt Papier.
   - Beginnen Sie mit Ihren Gedanken. Sagen Sie zu sich: *Mein Verstand erzählt mir die folgenden Dinge über die Dauerhaftigkeit dieses Zustandes.* Notieren Sie die Gedanken.
   - Sehen Sie sich als Nächstes Ihre persönlichen Skripte an. Sagen Sie zu sich: *Mein Verstand hat den folgenden Dialog über die Dauerhaftigkeit dieses Zustandes geschaffen.* Notieren Sie den Dialog.
   - Schließen Sie die Augen und konzentrieren Sie sich auf die mentalen Bilder, die Sie hierzu haben. Sagen Sie zu sich: *Ich sehe die folgenden erschreckenden Bilder in Bezug auf die Dauerhaftigkeit dieses Zustandes.* Notieren Sie alle Bilder genau so, wie Sie sie sehen.
   - Wenden Sie sich zum Schluss Ihren Gefühlen und Körperempfindungen zu. Sagen Sie zu sich: *Ich habe die folgenden Gefühle und Körperempfindungen zu der Dauerhaftigkeit dieses Zustandes.* Notieren Sie diese Gefühle und Körperempfindungen.
3. Treten Sie nun von dem Whiteboard, dem Flipchart oder dem Blatt Papier zurück, sodass Sie einen Mindestabstand von zwei Metern schaffen. Sagen Sie zu sich: *Mein Verstand hat wirklich eine Menge über die Dauerhaftigkeit meines Zustandes zu berichten – wie interessant.*
4. Ver- oder beurteilen Sie nicht, was Ihr Verstand Ihnen zu sagen hat. Stellen Sie sich stattdessen die folgende Frage: *Wie sehr hilft mir das beim Erreichen meiner Ziele?* Notieren Sie Ihre Antwort in einem separaten Bereich der Tafel, des Flipcharts oder Blattes.
5. Fragen Sie sich: *Welche Aussagen meines Verstandes bin ich gewillt zu akzeptieren, damit ich mit meinem Leben weitermachen und meine Ziele erreichen kann?* Notieren Sie Ihre Antwort in einem separaten Bereich der Tafel, des Flipcharts oder Blattes.

Es folgt ein Beispiel dieser Übung, in dem ich Christos und sein Problem verwende. Sie können Ihren Klienten auf das Beispiel vorbereiten, indem Sie ihm zuvor von Christos' Situation berichten.

1. Mein Verstand teilt mir die folgenden Dinge über die Dauerhaftigkeit meines Zustandes mit: Ich werde niemals zurückkehren, wenn ich von zu Hause ausziehe. Meine Familie wird mich nie wieder aufnehmen, wenn ich von zu Hause ausziehe.
2. Mein Verstand hat den folgenden Dialog über die Dauerhaftigkeit dieses Zustandes geschaffen:

   Chris, wenn du dein Zuhause erst einmal verlassen hast, kommst du nie wieder zurück, weil du deine Familie und Freunde schlicht und einfach vergessen wirst. (Vater spricht zu mir.)

   Mein Vater wird mich nie wieder nach Hause kommen lassen, wenn ich ausziehe und in einem anderen Teil des Landes studiere.
3. Ich sehe die folgenden erschreckenden Bilder in Bezug auf die Dauerhaftigkeit dieses Zustandes:

   Ich sehe mich selbst auf der Golden Gate Bridge mit einem traurigen Gesichtsausdruck, meinem Koffer neben mir und meinen Lehrbüchern unter dem Arm.

   Ich sehe mich selbst nach bestandenem Masterabschluss, als ich nach Hause zurückkehre. Ich versuche die Haustür aufzuschließen, doch der Schlüssel passt nicht. Dann wird mir klar, dass meine Eltern das Schloss ausgetauscht haben.

   Ich sehe mich selbst auf der Straße vor dem Haus stehen. Ich schaue zu meinem alten Schlafzimmerfenster hoch, mein Koffer, mein Laptop und meine Lehrbücher liegen neben mir auf dem Boden.
4. Ich habe die folgenden Gefühle und Körperempfindungen zu der Dauerhaftigkeit dieses Zustandes: *Ich bin so traurig, dass ich zu weinen anfange. Ich habe Angst. Ich fühle, wie sich meine Brust zusammenzieht und mir Tränen in die Augen schießen.*
5. Ich trete von dem, was ich notiert habe, zurück und sage laut zu mir selbst: *Mein Verstand hat wirklich eine Menge über die Dauerhaftigkeit meines Zustandes zu berichten – wie interessant.*
6. Meine Antworten auf die Frage *Wie sehr hilft mir das beim Erreichen meiner Ziele?* sind die folgenden:

   In keiner Weise hilfreich.

   Es hält mich gefangen.

   Es hilft mir nicht, meine Probleme zu lösen.

7. Ich bin gewillt, das Folgende zu akzeptieren, damit ich mit meinem Leben weitermachen und meine Ziele erreichen kann:

   Ich bin gewillt, meine beunruhigenden Gedanken und persönlichen Skripte zu akzeptieren.

   Ich bin gewillt, meine erschreckenden mentalen Bilder und schmerzhaften Gefühle zu akzeptieren.

   Ich bin gewillt, den Gedanken zu akzeptieren, dass ich die Dinge, die mein Verstand mir erzählt, nicht kontrollieren, vermeiden oder abschalten muss, bevor ich mein Ziel in Angriff nehme, dort zu studieren, wo ich das beste Angebot bekomme.

Nachdem Ihr Klient die Übung ausgeführt hat, sollten Sie ihm noch einmal die Macht von hinderlichen Gedanken, Skripten, mentalen Bildern und Gefühlen klarmachen. Betonen Sie, wie wichtig es ist, dass er diese aus der Selbst-als-Kontext-Sicht sieht. Erklären Sie, dass wir Abstand zu hinderlichen Gedanken, Skripten, mentalen Bildern und Gefühlen gewinnen und diese als Teil von uns begreifen müssen, statt sie uns völlig definieren zu lassen. Auf diese Weise können wir uns von ihnen trennen und ihre Macht entschärfen. Sie als das sehen zu können, was sie sind (Dinge, die uns unser Verstand über unsere Ziele mitteilt), erleichtert es uns, sie zu akzeptieren und dabeizuhaben, wenn wir in unserem Leben voranschreiten.

Untätigkeit, Impulsivität und beharrliches Vermeiden

Untätigkeit bedeutet, dass wir stillstehen, statt uns vorwärtszubewegen. Die Unfähigkeit Ihrer Klienten, sich klare Ziele und erreichbare Unterziele zu setzen, stellt eine Form der Untätigkeit dar. Wie in diesem Kapitel beschrieben, kann Untätigkeit auf jedem der zuvor erörterten zentralen psychologischen Prozesse oder einer Kombination von ihnen beruhen. Hat Ihr Klient beispielsweise wie Christos einen Wertekonflikt, der zu Vermeidung führt, ist es leicht verständlich, wie dies auch Handlungsvermeidungen auslöst. Untätigkeit kann gewöhnlich durch die Identifikation von Werten, die Klärung von Wertekonflikten und das Setzen von klaren Zielen und messbaren Unterzielen behandelt werden.

Impulsives Verhalten ist wie zuvor erwähnt oft mit Vermeiden und der Glücksfalle verbunden. Es tritt auf, wenn Klienten sich ihrer Werte und Ziele unsicher sind oder den Schmerz und das Leiden, welches mit harter Arbeit und Belohnungsaufschub einhergeht, vermeiden wollen. Um impulsive Klienten zu bremsen, müssen Sie sie dazu bringen, sich Ziele zu setzen, die mit ihren eigenen Werten im Einklang sind statt mit denen anderer Menschen. Wenn die Klienten sich wirklich mit ihren Zielen identifizieren, da sie deren Ausgang wirklich schätzen, werden sie mit viel größerer

Wahrscheinlichkeit aufhören, auf eine Weise zu handeln, die das Erreichen dieser Ziele in Gefahr bringt. Eine weitere, hilfreiche Methode besteht darin, mit den Klienten zusammen kleine, erreichbare und messbare Etappenziele zu entwickeln. Dies ermöglicht es ihnen, ihre Erfolge zu sehen. Erfolg führt zu Erfolg, und das schrittweise Erreichen von Zielen kann den Klienten helfen, sich auf die jeweils aktuelle Aufgabe zu konzentrieren, anstatt sich von ihren impulsiven Gedanken ablenken zu lassen. Als Letztes können Sie Ihren Klienten beibringen, sich ihrer impulsiven Gedanken bewusst zu sein, sich von ihnen aber nicht beherrschen zu lassen. Dadurch werden Ihre Klienten die Gedanken als das erkennen, was sie wirklich sind: Gedanken, keine Marschbefehle.

Starrheit steht in direkter Verbindung zu Kontrolle. Starre Klienten wollen in der Lage sein, jene Faktoren zu kontrollieren, zu vermeiden oder abzuschalten, welche bedrohliche Gedanken und Gefühle auslösen. Als Coach müssen Sie ihnen beibringen, dass der Versuch, beunruhigende Gedanken, persönliche Skripte, schmerzhafte Gefühle und erschreckende Vorstellungen zu kontrollieren, eine Täuschung ist. Kontrolle aufzugeben, ist ein Grundbestandteil von Flexibilität. Klienten müssen verstehen, dass sie sich Ziele setzen und ihre Handlungspläne verfolgen können, ohne alle Variablen zu kontrollieren, die sie möglicherweise beeinträchtigen könnten. Sie müssen sich darüber klar werden, dass ihr Verstand in der Lage ist, pausenlos über allen potenziellen Gefahren für ihre Pläne zu brüten. Der Versuch, eine Lösung für alle Möglichkeiten zu finden, ist nicht nur fruchtlos, sondern hält sie auch gefangen.

6. Klienten helfen, präsent zu sein

Sie können Ihren Klienten helfen, präsent zu sein, indem Sie ihnen beibringen, achtsamer und aufmerksamer zu sein. Achtsamkeit und Aufmerksamkeit sind Fähigkeiten, die Klienten zu jedem Zeitpunkt in ihrem Leben entwickeln können.

6.1 Was bedeutet Achtsamkeit?

Einfach ausgedrückt handelt es sich bei *Achtsamkeit* darum, im gegenwärtigen Augenblick präsent zu sein und ihm die volle Aufmerksamkeit zu schenken. Christopher Germer (2005) beschreibt Achtsamkeit als Augenblick-zu-Augenblick-Gewahrsein und verwendet den Begriff *achtsame Augenblicke,* um diesen Zustand zu erklären. Achtsame Augenblicke sind:

- gegenwartsbezogen
- nicht beurteilend
- nonverbal
- nicht konzeptuell

Achtsame Augenblicke konzentrieren sich immer auf die Gegenwart und niemals auf die Vergangenheit oder Zukunft. Im Gegensatz zu anderen Momenten, in denen wir denken und die sich auf vergangene oder zukünftige Ereignisse richten, existieren achtsame Augenblicke immer in der gegenwärtigen Zeit und dem gegenwärtigen Raum. In einer Coachingsitzung beziehen Sie sich wahrscheinlich darauf, weil Ihre Klienten vollkommen im Hier und Jetzt sind. Achtsame Augenblicke sind nonverbal, existieren auf einer Ebene des inneren Gesprächs (subvokal), auf der Menschen mit sich selbst kommunizieren. Das bloße Niederschreiben des inneren Gesprächs kreiert eine zusätzliche Interpretationsebene und damit Distanz zu einem achtsamen Augenblick. Das Selbstgespräch wird aus dem gegenwärtigen Moment genommen und in den Bereich des Denkens versetzt. Bei achtsamen Augenblicken handelt es sich auch nicht um Momente, in denen man nachdenkt, etwas herauszufinden versucht, etwas bewertet oder verurteilt. Achtsamkeit und Akzeptieren sind eng miteinander verbunden. Um Gedanken, persönliche Skripte, mentale Bilder, Gefühle und körperliche Empfindungen zu akzeptieren, müssen wir uns ihrer zuerst bewusst sein. Sind wir erst einmal auf sie aufmerksam geworden, können wir sie akzeptieren, ohne sie zu verurteilen. Achtsamkeit ist eng mit Aufmerksamkeit verbunden.

Achtsamkeit ist ein wachsender Bereich der therapeutischen Behandlung, der in vielen verschiedenen Formen der Psychotherapie und Hilfeleistung Anwendung findet.

Mit Achtsamkeit wird derzeit eine Vielzahl von psychischen Störungen behandelt, die von Stress über Depression bis hin zu Essstörungen reichen. Im Coaching können Achtsamkeitstechniken unabhängig oder als Teil einer weiter reichenden ACT-basierten Herangehensweise (wie in diesem Buch präsentiert) angewandt werden.

In Kapitel 2 erörterte ich, wie ACT den Verstand als Nonstop-Denkmaschine darstellt. Unser Verstand versucht ständig, Dinge zu verstehen, zu bewerten und nach verschiedenen Kriterien zu analysieren. Die Bezugsrahmentheorie und ACT unterstreichen beide die Fähigkeit des Verstandes, Informationen aus vergangenheitsbezogenen Bezugsrahmen auf die Gegenwart anzuwenden und in die Zukunft zu projizieren, und damit unzählige mögliche Szenarien zu schaffen.

Wenn wir uns einmal die Arbeitsweise und die Kapazität des Verstandes vor Augen halten, verstehen wir, wie schwierig es für einen Klienten sein kann, einfach nur dazusitzen und zu beobachten, was in diesem Augenblick um ihn herum geschieht – ohne das Geschehen bis ins kleinste Detail zu bewerten und zu analysieren oder zig Zukunftsszenarien zu spinnen. Ihre Klienten sind sehr daran gewöhnt, Information auf diese Weise zu verarbeiten. Wenn Sie sie bäten, einfach nur still dazusitzen und zu beobachten, was in ihrem Geist und in ihrer direkten Umgebung vor sich geht, ohne zu bewerten, zu analysieren oder auch nur irgendetwas mit der Information zu tun, würden sie Sie für verrückt halten. Ihre Klienten würden außerdem große Schwierigkeiten damit haben. Ihre Aufgabe ist es, ihnen beizubringen, warum das Angehen dieser Aufgabe es wert ist. Eine Möglichkeit, Ihre Klienten dies zu lehren, besteht in der folgenden Übung. Ihr Zweck ist es, deutlich zu machen, dass der Verstand dazu neigt, zu urteilen und zu bewerten, statt einfach nur zu beschreiben.

ÜBUNG

Achtsamkeitsübung: Erzählen Sie mir etwas darüber

1. Sammeln Sie aus Zeitschriften mehrere Bilder zu den folgenden Themenbereichen: Autos, Häuser, Mode (Mann und Frau), Kunstwerke, Frisuren.
2. Wählen Sie aus jedem Themenbereich ein Bild aus.
3. Gehen Sie Bild für Bild vor und bitten Sie Ihren Klienten, Ihnen etwas über das Bild zu erzählen. Sprache ist in diesem Schritt sehr wichtig. Die Anweisung „Erzählen Sie mir etwas darüber“ ist so frei wie nur möglich formuliert und beeinflusst den Klienten in keiner Weise.
4. Bitten Sie den Klienten, die Schlüsselbegriffe zu notieren, mit denen er das Bild beschreiben würde.

5. Kreisen Sie die bewertenden und verurteilenden Ausdrücke (wie „gut", „schlecht", „hässlich") und die beschreibenden Wörter (wie Farbe, Größe, Form) ein, mit denen Ihr Klient Ihnen von den Bildern erzählt. Lassen Sie den Klienten Ihre Notizen nicht einsehen.
6. Berechnen Sie das Verhältnis von bewertenden und verurteilenden Ausdrücken zu den beschreibenden.

Zeigen Sie Ihrem Klienten nach Ausführen der Übung das Ergebnis und machen Sie ihm klar, dass er eher zum Bewerten und Verurteilen tendiert hat als zur bloßen Beschreibung der Bilder. Erklären Sie ihm, dass es dabei, den gegenwärtigen Augenblick bewusst und aufmerksam zu erleben, darum geht, zu beschreiben und zu akzeptieren, was geschieht, statt zu bewerten und zu verurteilen.

6.2 Grundlegende Annahmen über Aufmerksamkeit

Ich habe die folgenden vier grundlegenden Annahmen bezüglich der Aufmerksamkeit Ihrer Klienten aus der Arbeit von Gregg Krech und Linda Anderson Krech (2005) und David K. Reynolds (2002) herausgefiltert:

- Wie der Klient sein Leben erlebt, hängt davon ab, welchen Dingen er seine Aufmerksamkeit schenkt.
- Die Dinge, die Aufmerksamkeit erhalten, wachsen.
- Die meisten Klienten können den Fokus ihrer Aufmerksamkeit kaum bewusst kontrollieren.
- Aufmerksamkeit ist eine Fähigkeit, die Klienten durch Übung entwickeln können.

Schauen wir uns jede dieser Annahmen einmal genauer an.

Wie der Klient sein Leben erlebt, hängt davon ab, welchen Dingen er seine Aufmerksamkeit schenkt

Im Gegensatz zu der Möglichkeit, ein Sportereignis im Fernsehen augenblicklich zu wiederholen und erneut anzuschauen, haben Klienten nur eine Chance, ihr Leben zu erleben. Es existiert keine Rückspul- und Wiederholungstaste, mit der ein Ereignis noch einmal angeschaut oder gar erlebt werden kann. Obwohl Klienten die Dinge aus erster Hand erleben, verpassen sie sie, wenn sie ihnen keine Aufmerksamkeit schenken. Wie oft hat Ihnen ein Klient schon eine Situation wie die folgende geschildert: Er sitzt mit seiner Familie im Auto, als eines der Kinder plötzlich sagt: „Schau,

Papa, hast du das gesehen?" Doch der Klient ist einfach an der Sache vorbeigefahren, weil er nicht aufgepasst hat. Wie oft hat Ihnen ein Klient ein Ereignis wie das folgende beschrieben: Er schaut mit einem anderen Menschen etwas an (im Fernsehen, Kino, Theater) oder hört sich etwas an (Musik, eine Rede, den Kommentar eines Freundes). Plötzlich wendet der Begleiter sich ihm zu und sagt: „Hast du das gesehen?" oder „Hast du das gehört?" Doch der Klient war abgelenkt und bekam das Ereignis nicht mit. Ich bin mir sicher, dass Ihre Klienten Ihnen auch davon berichtet haben, wie sie durch Ablenkung oder Mangel an Aufmerksamkeit bestimmte Geschmacks-, Berührungs- und Geruchserlebnisse sowie allgemeine Erfahrungen verpasst haben.

Die Dinge, die Aufmerksamkeit erhalten, wachsen

Diese Annahme hat sowohl negative als auch positive Seiten und eine starke Verbindung zur ACT-Theorie. Als positiv zu bezeichnen wäre, wenn Ihre Klienten die Aufmerksamkeit auf etwas Schönes oder Entspannendes in ihrer unmittelbaren Umgebung richten, wie z. B. das Geräusch des Windes in den Bäumen, das warme Gefühl von Sonne auf dem Gesicht oder den Geruch des frisch gewaschenen Haares ihres Liebsten. Dadurch, dass sie schönen Dingen in ihrer Nähe auf diese Weise Aufmerksamkeit schenken, erhöht sich ihr Sinnesbewusstsein und hilft ihnen, sich des gegenwärtigen Augenblickes bewusster zu werden. Ein negatives Beispiel für diese Annahme besteht darin, nicht hilfreichen Gedanken, veralteten persönlichen Skripten, erschreckenden mentalen Bildern und schmerzhaften Gefühlen in ihrem Inneren zu viel Aufmerksamkeit zu schenken. Sich auf diese hinderlichen Dinge zu fokussieren und sie zu kontrollieren oder abzustellen versuchen, intensiviert sie nur umso mehr und erhält sie länger am Leben als notwendig.

Es ist wichtig, Ihren Klienten beizubringen, dass Aufmerksamkeit ihr Leben sowohl verbessern als auch verschlechtern kann. Dies lehrt sie Wertschätzung für die Macht des gegenwärtigen Augenblickes und seine Fähigkeit, hilfreiche und hinderliche Aspekte wie Gedanken, persönliche Skripte, mentale Bilder, Gefühle und Erfahrungen entweder zu verbessern oder zu verschlechtern.

Die meisten Klienten können den Fokus ihrer Aufmerksamkeit kaum bewusst kontrollieren

Die Industrieländer sind so verliebt in ihre verschiedenen Kommunikationsformen, die das Übermitteln von Information (durch Medien wie Fernsehen, Videospiele, SMS etc.) verkürzen, verdichten und beschleunigen wollen, dass es nicht überrascht, wenn Ihre Klienten schnell abgelenkt werden. Den Klienten, die in dieser Kultur aufgewachsen sind, ist unfreiwillig die Erwartung einprogrammiert worden, dass das

Leben mit einer unnatürlich hohen Geschwindigkeit abläuft. Unnatürlich bedeutet in diesem Zusammenhang, dass sich die reale Welt in den meisten Fällen nicht so schnell abspielt. Im Folgenden gebe ich Ihnen zwei Beispiele; das erste handelt von menschlichen Beziehungen, das zweite von der Essenszubereitung.

Die durchschnittliche, einstündige Polizeiserie verdichtet oft einen ganzen Tag voller menschlicher Aktivitäten. Nehmen wir z.B. eine typische Episode, in der ein Verbrechen begangen wurde und die Polizei zur Aufklärung gerufen wird. Die Zuschauer geraten in den Strom der Handlung, der sie von der Tat, der Untersuchung des Tatortes und der Laboranalyse der Beweismittel bis zur Verhaftung und Verurteilung des Verdächtigen führt. All dies geschieht in 60 Minuten – oder wohl eher in 45, wenn man die Werbung bedenkt. In der Realität gehen Polizeiermittlungen nicht annähernd so schnell vor sich.

Vor nicht allzu langer Zeit kauften die Menschen in Industrienationen ihr Essen noch regelmäßig selbst ein, und Mahlzeiten waren hausgemacht. Gemüse wurde geschält, gewaschen und gekocht. Fleisch wurde zurechtgeschnitten, gewürzt und gebraten. Kartoffeln wurden geschält, gekocht und gestampft. Solche Zubereitungen nahmen oft mehrere Stunden in Anspruch und beschäftigten mehr als ein Mitglied der Familie. In der heutigen Zeit holt ein Familienmitglied das Essen nicht selten auf dem Weg nach Hause ab, nachdem ein anderes Familienmitglied es zuvor bestellt hat, um die Wartezeit zu verkürzen. Die Mahlzeit wird abgeladen, in seiner Verpackung serviert und innerhalb von einer Viertelstunde gegessen, damit die Familienmitglieder schnell ihren weiteren Verpflichtungen nachkommen können (sollten sie es tatsächlich geschafft haben, alle gleichzeitig am Tisch Platz zu nehmen).

Sowohl bei der Polizeiserie als auch bei dem Beispiel des Familienessens werden die Teilnehmer unfreiwillig von dem unnatürlich hohen Tempo der Handlungen mitgerissen. Dadurch wird es ihnen erschwert, die Geschwindigkeit bewusst zu reduzieren und den Dingen ihre volle Aufmerksamkeit zu schenken. Klienten sind diesem unnatürlich hohen Tempo tagtäglich ausgesetzt und akzeptieren es schließlich einfach, ohne sich zu fragen, ob sie es reduzieren könnten, wenn sie denn wollten.

Aufmerksamkeit ist eine Fähigkeit, die Klienten durch Übung entwickeln können

Alle Klienten können lernen, ihre Aufmerksamkeit zu erhöhen. Wie bei allen anderen Fähigkeiten auch, sind hierzu Übung, Zeit und Engagement nötig. Alte Gewohnheiten müssen ausgemerzt und durch neue ersetzt werden (während in der Zwischenzeit neue Bezugsrahmen entstehen). Ihre Klienten sind hierzu in der Lage. Bitten Sie sie, einige Fähigkeiten zu beschreiben, die sie sich durch Übung und Wiederholung angeeignet haben. Einige Klienten werden von Sport (Tennis, Skifahren usw.) oder Kochen (eine neue regionale Küche erkunden) erzählen, während andere ihre Arbeit (z. B. den Umgang mit einer Computersoftware beherrschen) als Beispiel wählen. Entscheidend hierbei ist, ihnen klarzumachen, dass sie die Fähigkeit, ihre Aufmerksamkeit zu verbessern, genauso erlernen können wie alle ihre anderen Fähigkeiten.

6.3 Fehlgerichtete Aufmerksamkeit: dem Hier und Jetzt keine Aufmerksamkeit schenken

Das Gehirn ist ein bemerkenswertes Organ, das mehr als eine Aufgabe auf einmal erledigen kann, wie z. B. eine Unterhaltung führen und gleichzeitig Tagträumen vom nächsten Urlaub nachhängen. Einer der Gründe, warum wir hierzu in der Lage sind, besteht darin, dass der Durchschnittsmensch mit einer Geschwindigkeit von 125 Wörtern pro Minute *spricht*. Das Gehirn des Durchschnittsmenschen schafft es hingegen, 400 Wörter pro Minute zu *denken*. Mit anderen Worten ausgedrückt, liegt die Differenz zwischen dem Reden mit jemandem und dem Denken an etwas anderes bei 275 Wörtern (Lee & Hatesohl, 1993). Da das Gehirn in der Lage ist, viel schneller zu denken als zu reden, lassen sich Menschen schnell ablenken und richten nur einen Teil ihrer Aufmerksamkeit auf das, was andere sagen. Sie denken dabei an etwas ganz anderes. Wenn Sie einmal auf diese Tendenz im Verhalten Ihrer Klienten achtgeben, werden Sie Hinweise darauf finden, dass sie Ihnen nicht ihre volle Aufmerksamkeit schenken, wenn sie mit Ihnen sprechen. Ihre Augen wandern umher, sie schauen an Ihnen vorbei, auf das Handy oder etwas anderes, das sie in den Händen halten, oder etwas Geschriebenes auf Ihrem Schreibtisch. Wie oft haben Sie dies schon selbst getan, während Sie sich mit einem Klienten, Ihrem Partner oder Freunden unterhielten? Wie oft haben Sie Ihrem Gehirn schon erlaubt, an etwas anderes zu denken als an das, was Sie gerade taten – ob während einer Sitzung mit einem Klienten, des Geschlechtsverkehrs oder Musikhörens?

John Kabat-Zinn (1995), der Erfinder der achtsamkeitsbasierten Herangehensweise an Stressmanagement, spricht von unserer Entartung von „human *beings*" zu „human *doings*" – vom „seienden Menschen" zum „handelnden Menschen". Er hat herausgefunden, dass viele Menschen die Fähigkeit verloren haben, einfach im gegenwärtigen Moment zu leben. Ganz gleich, ob sie im Urlaub am Pool entspannen, in ihrem Lieblingssessel Musik anhören oder mit ihrem Partner schlafen, sie ertappen ihren Geist dabei, wie er über Dinge aus der Vergangenheit grübelt oder Pläne für die Zukunft schmiedet. Sie können nicht einfach nur im gegenwärtigen Augenblick leben und ihm ihre volle Aufmerksamkeit schenken.

Kabat-Zinn gibt zu, dass diese Gewohnheit so weit verbreitet ist, dass er sich ab und zu sogar selbst dabei ertappt. Er berichtet von einem persönlichen Beispiel, das von seiner morgendlichen Dusche handelt. Während er duscht, stellt er sich eine Besprechung mit seinen Kollegen später am selben Tag vor, die er leiten soll. Er sieht die Besprechung nicht nur vor seinem inneren Auge, sondern stellt auch fest, dass sein Verstand den Dialog durchgeht, den er zu führen plant. Sein Verstand formuliert nicht nur Kabat-Zinns eigenen Standpunkt zu den Fragen, sondern plant auch, wie er auf mögliche Kommentare der Kollegen reagieren kann. Der Autor beschreibt, wie er duschen und all diese Denkarbeit leisten konnte, dass ihm dabei aber die Erfahrung, in der Dusche zu *sein*, völlig entging: Das warme, duftende, seifige Wasser strömt an seinem Körper herunter, wäscht alle seine Sorgen vom Vortag weg und bereitet ihn auf einen neuen Tag vor. Der gesamte Duschvorgang wurde vom Autopiloten gesteuert, während der Verstand weit weg war und die Ereignisse des bevorstehenden Tages plante.

Obwohl dieses Beispiel für abgelenktes Denken nicht sonderlich schadhaft anmuten mag (und manche Menschen es vielleicht sogar begrüßen), kann das Konzentrieren auf zukünftige oder vergangene Ereignisse negative Folgen haben. Es kann zu der Unfähigkeit führen, sich des gegenwärtigen Augenblickes bewusst zu sein, wenn es *wirklich* darauf ankommt, z. B. beim Autofahren, in einer Sitzung mit einem Klienten oder beim Geschlechtsverkehr mit Ihrem Partner.

Bereiche fehlgeleiteter Aufmerksamkeit

Krech (2002) geht von drei Bereichen fehlgeleiteter Aufmerksamkeit aus: der Vergangenheit, der Zukunft und dem Selbst. Das Fokussieren auf die Vergangenheit und die Zukunft erklären sich von selbst. Die Aufmerksamkeit auf das Selbst zu richten, ist ein wenig komplizierter. Fehlgeleitete Aufmerksamkeit, die auf das Selbst fokussiert, veranlasst Ihre Klienten dazu, hinderliche Gedanken, persönliche Skripte, mentale Bilder und Gefühle zu verurteilen, zu beurteilen, zu kontrollieren, zu vermeiden und sie abstellen zu wollen, anstatt diese Faktoren zu akzeptieren. Selbstverständlich gibt es Situationen, in denen Ihre Klienten ihre Aufmerksamkeit von der Gegenwart auf die Vergangenheit, Zukunft oder das Selbst richten müssen. Klienten fokussieren oft auf sich selbst, wenn sie ihre Werte definieren. Sie konzentrieren sich auf die Vergangenheit, wenn sie sich an eine Person, einen Ort oder ein Ereignis zu erinnern versuchen, und auf die Zukunft, wenn sie sich Ziele und Unterziele setzen. Hierbei handelt es sich um Beispiele, bei denen es angemessen ist, die Aufmerksamkeit auf die Vergangenheit oder Zukunft zu richten, da es Klienten hilft, ein zielgerichtetes Leben zu führen. Es ist dagegen unangemessen, dass sich Klienten auf die Vergangenheit oder Zukunft konzentrieren, während etwas in der *Gegenwart* ihre volle Aufmerksamkeit verlangt. Diese Art von Fokussieren ist in Wirklichkeit fehlgeleitete Aufmerksamkeit und kann negative Konsequenzen mit sich bringen. Eine wichtige Aufgabe, die Ihnen als Coach zufällt, besteht darin, Ihre Klienten den Unterschied zu lehren und ihnen zu erklären, warum sie aufmerksam sein müssen.

Die Folgen fehlgeleiteter Aufmerksamkeit

Fehlgeleitete Aufmerksamkeit kann viele Folgen haben. Krech und Anderson Krech (2005) definieren die folgenden zehn zentralen Konsequenzen:

Psychisches Leiden: Wie ich bereits erwähnt habe, macht der Versuch, schmerzhafte Gedanken und Gefühle zu beurteilen, zu verurteilen, zu kontrollieren, zu vermeiden oder abzuschalten, anstatt sie zu akzeptieren, diese nur noch *schlimmer.* Das ständige Grübeln über schmerzhafte Gedanken und Gefühle hält diese im Vordergrund unseres Bewusstseins.

Fehler machen: Wenn Menschen dem, was sie tun, nicht ihre volle Aufmerksamkeit schenken, machen sie häufiger Fehler. In einigen Fällen sind diese Fehler lediglich ein wenig ärgerlich, wie wenn man beim Rasenmähen seinen Tagträumen nachhängt und deshalb einen Bereich des Rasens noch einmal mähen muss. In anderen Fällen, in denen ein Kunde z. B. irrtümlich eine Rechnung über 10 000 Euro erhält statt über 100 000 Euro, ist der Fehler sehr ernst und kann zu dem Verlust der Arbeitsstelle führen.

Erhöhtes Sicherheitsrisiko: Fehlgeleitete Aufmerksamkeit erhöht das Risiko für Unfälle. Viele Verletzungen bei der Arbeit und beim Spielen entstehen dadurch, dass wir Sicherheitsvorschriften (wie das Anlegen des Sicherheitsgurtes beim Autofahren) und Sicherheitsempfehlungen (wie die vollständige Lektüre der Sicherheitsanweisungen vor dem Gebrauch einer neuen Kettensäge) nicht unsere volle Aufmerksamkeit schenken.

Überempfindlichkeit für Veränderungen im Körper: Die Aufmerksamkeit von Hypochondern ist fehlgeleitet. Ihre *übermäßige Aufmerksamkeit* in Bezug auf jede noch so kleine Veränderung in ihrem Körper stellt eine einzigartige Form von fehlgeleiteter Aufmerksamkeit dar. Die Aufmerksamkeit zu stark auf bestimmte Dinge zu konzentrieren kann genauso negative Folgen haben, wie anderen Aspekten zu wenig zu schenken.

Die Unterstützung anderer nicht wertschätzen: Der Unterstützung anderer keine Aufmerksamkeit zu schenken drückt einen Mangel an Dankbarkeit aus. Wenn unsere Aufmerksamkeit ständig nach innen auf das Selbst gerichtet ist, sehen wir nicht, was andere für uns getan haben oder tun, um uns zu unterstützen.

Langeweile oder Mangel an Interesse: Wenn Menschen jedem Augenblick ihre volle Aufmerksamkeit widmen, wird ihr Leben viel interessanter, um nicht zu sagen eine unerschöpfliche Quelle des Staunens. Langeweile entsteht schnell, wenn wir der Reichhaltigkeit der Welt um uns herum keine Aufmerksamkeit schenken.

Nicht erkennen, was getan werden muss: Wenn Menschen zum Beispiel an dreckiger Kleidung auf dem Fußboden vorbeigehen, statt sie in den Wäschekorb zu legen, den langgewachsenen Rasen ignorieren oder Müll verstreuen, statt ihn in die Tonne zu werfen, dann tun sie, was sie wollen, statt das, was getan werden muss. Wenn unsere Aufmerksamkeit fehlgeleitet ist, verwechseln wir oft das, wonach uns der Sinn steht, mit dem, was getan werden muss.

Vergesslichkeit: Fehlgeleitete Aufmerksamkeit lenkt den Verstand oft von den Dingen ab, die getan werden müssen, und richtet ihn auf die Vergangenheit, Zukunft oder das Selbst. In diesen Situationen vergessen wir wichtige Handlungen; wir vergessen, wo wir Dinge hingelegt haben, wichtige Verabredungen und Termine; und wir vergessen sogar, Dinge auf unsere To-do-Liste zu setzen.

Zeit verschwenden: Fehlgeleitete Aufmerksamkeit stellt eine große Zeitverschwendung dar, da unser Fokus von wichtigen Dingen auf Aktivitäten abgelenkt wird, mit denen wir unsere Zeit ineffizient nutzen.

Anderen unnötige Umstände bereiten: Wenn unsere Aufmerksamkeit fehlgeleitet wird, beeinflusst dies nicht nur uns, sondern auch andere. Die Kosten fehlgeleiteter Aufmerksamkeit werden auf diese Weise auf andere abgewälzt. Wenn Menschen Fehler machen, zwingen sie andere manchmal dazu, für sie aufzuräumen. Klienten, die beispielsweise einen Termin nicht wahrnehmen, bringen den Zeitplan anderer durcheinander. Wenn Menschen ihre volle Aufmerksamkeit nicht auf Dinge wie Autofahren oder die Anwendung von Werkzeugen richten, können sie andere verletzen und unnötige Schmerzen, Leiden oder sogar Tod verursachen.

6.4 Multitasking

Multitasking bedeutet, mindestens zwei Dinge gleichzeitig ausführen zu können. Die meisten Menschen betreiben Multitasking, ohne sich dessen bewusst zu sein. Ich trainiere zum Beispiel liebend gerne daheim auf meinem Trimmrad, während ich mir Sport im Fernsehen anschaue und dabei vielleicht sogar noch mit Freunden telefoniere. Außerdem wasche ich gerne Wäsche, während ich schreibe, was mich dazu nötigt, jede halbe Stunde vom Computer aufzustehen, um die Wäsche in den Trockner zu befördern, meine Beine auszustrecken und meinen Augen eine Pause zu gönnen. In diesen Beispielen muss ich nicht wirklich Multitasking betreiben; ich tue es aus freien Stücken und glaube nicht, dass es signifikante Auswirkungen auf die Qualität der einzelnen Handlungen hat (Fahrrad fahren, Sport anschauen, mit Freunden sprechen, Schreiben, Wäsche waschen).

In unserer schnelllebigen Zeit ist es jedoch alltäglich geworden, mehr als eine Sache gleichzeitig erledigen zu *müssen*. Ihre Klienten haben so viele Verpflichtungen, dass diese sich oft überschneiden. Sie führen berufliche Telefongespräche, während sie ihren Kindern beim Fußballspielen zuschauen. Sie lesen ihre E-Mails mit Hilfe ihrer Mobiltelefone, während sie im Supermarkt einkaufen gehen. Sie schreiben SMS beim Autofahren. Bezahlen wir einen Preis für alle diese Formen von geteilter Aufmerksamkeit? Der höchste Preis, den wir für Multitasking bezahlen, ist fehlgeleitete Aufmerksamkeit.

Niemand kann bestreiten, dass *bewusstes* Multitasking die Produktivität steigert, da es die Anzahl der Dinge erhöht, die wir erledigen können. Es ist offensichtlich, dass man mehr Arbeit leisten kann, wenn man einfach mehrere Dinge gleichzeitig ausführt. Die Frage ist, ob die *Qualität* der Arbeitsleistung akzeptabel ist. Wenn jemand einen Bericht für die Arbeit anfertigt und dabei fernsieht und Musik hört, wie hoch fällt dann die Qualität seiner Arbeit aus? Wie viel besser wäre der Bericht geworden, wenn er die *volle* Aufmerksamkeit der Person erhalten hätte? Menschen müssen diese Frage für sich persönlich beantworten und auf der Basis ihrer Moralvorstellungen, ethischen Grundsätze und persönlichen Ansprüche entscheiden.

Leider hat das Multitasking aber auch seine Schattenseiten und kann fatale Folgen haben. Während des Autofahrens SMS zu schreiben ist ein Beispiel für völlig ausgeartetes Multitasking. Sich beim Autofahren ablenken zu lassen, stellt einen ernsten Risikofaktor für Autounfälle dar (NHTSA, 2010). Ich fahre jeden Morgen 85 Kilometer zur Arbeit und sehe dabei regelmäßig die folgenden Beispiele für unaufmerksames Fahren: SMS schreiben während des Fahrens, lesen (Bücher, Zeitungen, E-Mails), essen und trinken, schminken, Kleidung anziehen (Jacken, Schlipse, Blusen, BHs, Hosen) und mein Favorit: küssen. Ich muss nicht erwähnen, dass ich diese Menschen in solchen Situationen mit Vorsicht überhole und sie so weit hinter mir lasse wie möglich.

Aus der Sicht der Achtsamkeitstheorie entsteht das größte Problem des Multitasking, wenn Klienten nicht einmal bemerken, dass es zu ihrem *unbewussten* Standardverhalten geworden ist. Viele Ihrer Klienten sind so sehr im Multitasking verfangen, dass sie sich gar nicht bewusst sind, wann sie es tun – und wenn sie es doch realisieren, können sie es nicht abstellen. Sie ertappen sich dabei, wie sie mehrere Dinge automatisch gleichzeitig ausführen, ohne auch nur einem davon ihre volle Aufmerksamkeit zu schenken. Dies stellt ein Problem dar, weil sie sich niemals die

Möglichkeit einräumen, vollständig in eine Tätigkeit einzutauchen, wenn sie wollen: z. B. einen Kinofilm anschauen, mit ihrem Partner schlafen oder ihren Kindern beim Fußballspielen zuschauen.

6.5 Das tägliche Achtsamkeitstraining

Eine der besten Methoden, Ihre Klienten Achtsamkeit zu lehren, besteht darin, das Training in alltägliche Handlungen wie essen, duschen, rasenmähen oder sogar Auto wachsen einzubauen. Einige Ihrer Klienten werden sich an den Film *Karate Kid* erinnern, in dem der junge Schützling lernt, das Auto Mr. Miyagis, seines Senseis, mit vollkommener Achtsamkeit zu wachsen. Er erhält die Anleitung, hundert Prozent seiner Aufmerksamkeit auf das Auftragen und Polieren des Wachses zu richten und dabei die Phrasen „Auftragen" und „Polieren" zu verwenden, die seinen Fokus auf die Bewegung richten sollen. (Dies ahmt die defensive Armhaltung nach und macht ihn stärker.) In ähnlicher Weise können Sie Ihren Klienten dabei helfen, die Aufmerksamkeit auf alltägliche Aktivitäten zu lenken. Verwenden Sie hierzu die folgenden Übungen, die Ihre Klienten dabei unterstützen, achtsamer zu werden und den Fokus einzig und allein auf die Handlung zu richten, die sie gerade ausführen.

ÜBUNG

Achtsamkeitsübung: Achtsames Rasenmähen (AB 6.1)

Geben Sie Ihrem Klienten die folgende Anweisung:

1. Wählen Sie einen Zeitpunkt zum Rasenmähen aus, an dem Sie nichts anderes vorhaben. Rechnen Sie einen Puffer von 30 Minuten zwischen dem Rasenmähen und Ihrer nächsten Aktivität ein. Das Ziel ist, den Rasen zu mähen, ohne sich dabei beeilen zu müssen.
2. Teilen Sie Ihrer Familie mit, dass Sie nun den Rasen mähen werden und dabei für die nächste halbe Stunde nicht gestört werden wollen. Die anderen müssen sich in dieser Zeit alleine zurechtfinden.
3. Schenken Sie jedem einzelnen Schritt des Rasenmähens Ihre volle Aufmerksamkeit, ganz gleich, wie unbedeutend er Ihnen zu Anfang erscheinen mag.
4. Achten Sie auf die Farbe, den Geruch und die Zähflüssigkeit von Öl und Benzin, während Sie den Öl- und Benzinstand des Rasenmähers überprüfen. Hören Sie, wie das Benzin im Tank herumschwappt oder von der Kanne in den Tank plätschert. Fühlen Sie, wie Ihre Hand und Finger sich anspannen, wenn Sie den Tankdeckel zudrehen.

5. Schauen Sie sich den Rasen aus verschiedenen Perspektiven und Winkeln an, bevor Sie zu mähen beginnen. Schauen Sie ihn an, während Sie stehen, sitzen, knien oder sogar auf der Seite liegen. Machen Sie sich eine Vorstellung von seiner Tiefe und Textur.
6. Während des Mähens sollten Sie sehr langsam fahren, wenn Sie einen Aufsitzmäher besitzen. Dadurch bewegen Sie sich mit dem Mäher, statt von ihm mitgenommen zu werden. Wenn Sie einen Rasenmäher zum Schieben besitzen, gehen Sie in einem angenehmen Tempo, nicht zu schnell und nicht zu langsam.
7. Synchronisieren Sie Ihre Atmung mit der Anzahl von Schritten, die Sie benötigen, um tief, aber entspannt einzuatmen. Sie könnten zum Beispiel in sechs Schritten einatmen und in sechs Schritten ausatmen, wenn Sie in gemäßigtem Tempo gehen.
8. Sagen Sie zu sich, wenn Sie zu mähen anfangen: *Ich werde nun den Rasen mähen. In der nächsten halben Stunde muss ich nirgends hin und habe nichts anderes zu tun als mich um diesen wunderschönen grünen Rasen zu kümmern.*
9. Zählen Sie Ihre Schritte, während Sie mähen. *Eins, zwei, drei* zu zählen wird Ihnen dabei helfen, Ihre Selbstgespräche auf den gegenwärtigen Augenblick gerichtet zu halten. Sie werden nicht in die Vergangenheit oder Zukunft abschweifen. Wenn Ihre Gedanken zu wandern beginnen, was sie mit Sicherheit tun werden, dann sagen Sie zu sich selbst: *Mein Verstand erzählt mir ____________________. Das ist in Ordnung, doch nun werde ich meine Gedanken wieder dem Zählen zuwenden.*
10. Achten Sie beim Mähen auf das Muster, das Sie im Rasen hinterlassen. Bewundern Sie die geraden Linien und den Höhenunterschied im Gras, nachdem der Mäher über es hinweggefahren ist. Halten Sie Ihre Augen auf den Rasen gerichtet. Sollte Ihr Fokus einmal durch vorbeifahrende Autos, grüßende Nachbarn oder andere visuelle Faktoren abgelenkt werden, dann richten Sie ihn wieder auf den Rasen.
11. Mähen Sie den kompletten Rasen in vollem Bewusstsein. Seien Sie dabei nachsichtig mit sich selbst und richten Sie Ihre Gedanken immer wieder auf das Zählen Ihrer Schritte (das Selbstgespräch) und den Rasen (mentale Vorstellung), wenn Sie abgelenkt werden.
12. Nachdem Sie den Rasen gemäht haben, sollten Sie dem Aufräumen Ihre volle Aufmerksamkeit schenken. Reinigen und verstauen Sie den Rasenmäher mit der gleichen Konzentration und Aufmerksamkeit, mit der Sie zuvor den Rasen gemäht haben.
13. Nehmen Sie sich einen Augenblick Zeit, um Ihren gemähten Rasen zu bewundern. Setzen oder legen Sie sich darauf und lernen Sie, den Anblick, Geruch und das Gefühl zu schätzen.
14. Obwohl Ihnen diese Praxis auf den ersten Blick ein wenig extrem erscheinen mag, werden Sie die Schönheit von etwas so Simplem wie Rasenmähen nach einigen Versuchen zu schätzen lernen.

Nachdem Ihre Klienten die Übung ausgeführt und Ihnen davon berichtet haben, sollten Sie ihnen erklären, dass es normal ist, sich während des achtsamen Rasenmähens ablenken zu lassen. Erklären Sie auch, dass es Übung und Zeit braucht, um Konzentration und Achtsamkeit zu erlernen. Die Klienten sollten darauf vorbereitet sein, dass es vielleicht einen ganzen Sommer des achtsamen Rasenmähens dauern wird, bis sie in der Lage sind, Ablenkungen zu minimieren und vollkommen achtsam zu mähen.

Die nächste Übung verlangt keinen Rasen und eignet sich daher für Menschen ohne Garten oder jene, die ihren Rasen nicht selbst mähen.

ÜBUNG

Achtsamkeitsübung: Die sinnliche Orange (AB 6.2)

Für diese Übung müssen Sie Ihrem Klienten eine Orange kaufen. Eine Navelorange ist am besten geeignet, da sie sich am leichtesten schälen lässt. Legen Sie Küchenpapier unter die Orange, das beim Schälen den Saft und das Öl aufsaugt. Planen Sie für diese Übung 20 Minuten ein. Es kann hilfreich sein, die Anleitung zuvor aufzunehmen und Ihrem Klienten dann vorzuspielen.

Geben Sie Ihrem Klienten die folgende Anleitung:

1. Wenn Sie spüren, dass Sie während der Übung abgelenkt werden, sagen Sie zu sich selbst: *Das ist okay. Mein Verstand sagt mir ______________________. Ich werde meine Aufmerksamkeit nun wieder meiner Orange zuwenden. Die nächsten 20 Minuten gehören meiner Achtsamkeitsübung.*
2. Nehmen Sie die Orange in die Hand und untersuchen Sie sie mit den Augen. Achten Sie dabei auf ihre Farbe (nicht alle Orangen sind perfekt orange), Form, Größe und Textur, ohne sie zu bewerten.
3. Wie wir Menschen auch haben Orangen Merkmale, durch die sie sich unterscheiden. Welche besonderen Merkmale hat Ihre Orange? Hat sie eine Narbe, ein Grübchen oder andere Unregelmäßigkeiten, die sie von anderen Orangen unterscheidet?
4. Richten Sie Ihre Aufmerksamkeit nun auf das Fühlen. Schließen Sie die Augen und erfühlen Sie die Orange. Fühlen Sie mit den Fingerspitzen. Rollen Sie die Orange danach in Ihrer Hand umher und achten Sie auf ihr Gewicht. Wie fühlt sich Ihre Orange an? Ist sie glatt, rau oder uneben? Ist sie kalt, heiß oder warm?
5. Halten Sie die Augen geschlossen und rollen Sie die Orange über Ihr Gesicht, Ihre Wangen, Augen, Nase und an Ihrem Hals hinunter. Wie fühlt sie sich auf Ihrem Gesicht an?

6. Öffnen Sie die Augen und schälen Sie die Orange. Ihr Ziel soll sein, die gesamte Schale in einem Stück abzuschälen. Nehmen Sie sich Zeit; Sie haben keine anderen Verpflichtungen in den nächsten Stunden und sollen allein Achtsamkeit mithilfe Ihrer Orange üben.
7. Konzentrieren Sie sich nun auf den Geruch der Orange. Schließen Sie die Augen und riechen Sie die ungeschälte Frucht. Wie riecht sie?
8. Schälen Sie ein fünf Zentimeter großes Stück der Schale ab und drücken Sie es, bis das Orangenöl hervortritt. Wie riecht es? Riecht es wie die ungeschälte Frucht oder ist es intensiver?
9. Schließen Sie die Augen und richten Sie Ihre Aufmerksamkeit nun auf den Geschmack der Orange. Schmecken Sie als Erstes das Orangenöl. Beschreiben Sie, wie das Öl schmeckt.
10. Öffnen Sie die Augen und probieren Sie ein kleines Stück der Schale. Wie schmeckt sie?
11. Teilen Sie die Orange vorsichtig in Segmente. Nehmen Sie ein Segment und öffnen Sie es, wobei Sie die Haut entfernen, die das Fruchtfleisch zusammenhält. Ziehen Sie die Haut ab und halten Sie sie gegen das Licht. Was sehen Sie?
12. Entnehmen Sie eine kleine Portion Fruchtfleisch und betrachten Sie es. Wie sieht es aus? Platzieren Sie das Fruchtfleisch in Ihrem Mund und zerdrücken Sie es mit Ihrer Zunge am Gaumen. Wie schmeckt es?
13. Beißen Sie mit geschlossenen Augen ein Stück von dem Segment ab. Kauen Sie langsam und mindestens 15 Mal. Konzentrieren Sie sich zuerst auf das Kaugeräusch. Wie hört es sich an, die Orange zu kauen?
14. Essen Sie den Rest des Segmentes. Wie schmeckt Ihre Orange? Wie unterscheidet sich die Frucht geschmacklich von der Schale und dem Öl?
15. Essen Sie nun den Rest der Orange, Segment für Segment und mit geschlossenen Augen.
16. Richten Sie Ihre volle Aufmerksamkeit auf den Geschmack und den Geruch der Orange. Sollten Sie von anderen mentalen Bildern abgelenkt werden, kehren Sie zu dem mentalen Bild Ihrer Orange zurück. Sollten Sie von inneren Selbstgesprächen abgelenkt werden, die nichts mit der Übung zu tun haben, sagen Sie zu sich selbst: *Mein Verstand sagt mir ______________________. Das ist okay. Meine Orange schmeckt und riecht wie ______________________.* Kehren Sie immer wieder von Ihren Gedanken und inneren Selbstgesprächen zu der Orange zurück.
17. Nachdem Sie die Übung beendet haben, sollten Sie sich einen Moment Zeit nehmen, um über Ihre Orange und die Sinnesfreuden nachzudenken, die sie Ihnen soeben geschenkt hat.

Teilen Sie Ihren Klienten mit, dass sie diese Übung mit allen Frucht- oder Gemüsesorten wiederholen können. Sie können die Aufgabe auch so verändern, dass sie sich mit jeder Art von Essen oder Kombination von Lebensmitteln durchführen lässt. Erklären Sie Ihren Klienten, dass der Kern dieser Übung darin besteht, sich des Essens im gegenwärtigen Augenblick vollkommen bewusst zu sein. Lassen Sie sie wissen, dass es völlig normal und okay ist, wenn die Gedanken und mentalen Bilder einmal in die Vergangenheit oder Zukunft abschweifen. Die Klienten sollen Ihre Aufmerksamkeit dann wieder, wie in der Übung beschrieben, auf die Gegenwart richten. Erklären Sie, wie regelmäßiges Trainieren von achtsamem Essen den Klienten helfen wird, dem gegenwärtigen Augenblick absichtlich ihre volle Aufmerksamkeit zu schenken.

6.6 Achtsamer werden

Obwohl Ihre Klienten Ihre beunruhigenden Gedanken, veralteten persönlichen Skripte, erschreckenden mentalen Bilder und schmerzhaften Gefühle nicht kontrollieren können, müssen sie diesen dennoch ihre Aufmerksamkeit schenken. Dies ist wichtig. Sich dieser Dinge bewusst zu sein, stellt einen wichtigen ersten Schritt auf dem Weg zu einem Leben mit ihnen dar. Es wird Ihren Klienten schwerfallen, dieses Konzept zu verstehen, da die meisten von ihnen den größten Teil ihres Lebens damit verbracht haben, beunruhigende Gedanken, veraltete persönliche Skripte, erschreckende mentale Bilder und schmerzhafte Gefühle zu vermeiden, zu kontrollieren oder abzustellen.

Anstatt ihnen bei dem Vermeiden, Kontrollieren und Abstellen zu helfen, besteht Ihre Aufgabe als Coach darin, Ihre Klienten Achtsamkeit und Akzeptieren zu lehren. Sie sollten ihnen nicht nur beibringen, beunruhigende Gedanken, veraltete persönliche Skripte, erschreckende mentale Bilder und schmerzhafte Gefühle anzuerkennen und zu akzeptieren, sondern diese zusätzlich in Kategorien einzuteilen, die den Denkfallen aus Kapitel 2 entsprechen (Ich-muss-die-Sache-nur-gut-durchdenken-Falle, Gedanken-sind-real-Falle usw.). Dies wird Ihren Klienten helfen zu verstehen, wie ihr Verstand angesichts schmerzhafter und beunruhigender Stimuli arbeitet.

Geraten Ihre Klienten beispielsweise in die Alle-Gedanken-sind-gleich-wichtig-Falle, dann können sie härter daran arbeiten, sich von dieser Art Gedanken zu lösen, wenn sie auftreten. Ein Klient, der den Fallen, in die sein Verstand regelmäßig hineintappt, größere Aufmerksamkeit schenkt und sie akzeptiert, kann lernen, sich von hinderlichen Gedanken zu befreien. Die folgende Übung wurde in ihrer ursprünglichen Version in meinem ersten ACT-Ratgeber *Stress Less, Live More* (Blonna, 2010) veröffentlicht. Sie wird Ihren Klienten helfen zu erkennen, wann sie in eine der häufigsten Denk- oder Gefühlsfallen geraten.

ÜBUNG

Achtsamkeitsübung: Die Post durchsehen (AB 6.3)

Geben Sie Ihrem Klienten die folgenden Anweisungen:

1. Um diese Übung durchzuführen, benötigen Sie zehn große Umschläge, Papier und einen Stift.
2. Versehen Sie die Umschläge mit den folgenden Überschriften:
   - Die Ich-muss-die-Sache-nur-gut-durchdenken-Falle
   - Die Gedanken-sind-real-Falle
   - Die Alle-Gedanken-sind-gleich-wichtig-Falle
   - Die Gedanken-sind-Befehle-Falle
   - Die Gedanken-sind-Bedrohungen-Falle
   - Die Veraltete-Gedanken-und-persönliche-Skripte-Falle
   - Die Furchterregende-Bilder-sind-real-Falle
   - Die Dauerhaftigkeitsfalle
   - Die Ausbreitungsfalle
   - Die Personalisierungsfalle
3. Wann auch immer Sie in eine Sackgasse geraten und nicht länger auf Ihre Ziele hinarbeiten können, richten Sie Ihre Aufmerksamkeit auf das, was Ihr Verstand Ihnen über diese Situation berichtet.
4. Schreiben Sie die genauen Worte Ihres Verstandes auf ein Blatt Papier. Notieren Sie zum Beispiel: „Mein Verstand sagt mir, dass ich dieses neue Softwareprogramm niemals lernen werde", „Mein Verstand sagt mir, dass ich ein schlechter Liebhaber bin" oder „Mein Verstand sagt mir, dass ich einfach nichts richtig machen kann".
5. Entscheiden Sie aufgrund seiner Äußerung, in welche Falle Ihr Verstand gerade getappt ist, und stecken Sie das Blatt in den entsprechenden Umschlag.
6. Leeren Sie die Umschläge einmal die Woche und stellen Sie fest, in welche Fallen Sie am häufigsten tappen. Kategorisieren Sie die Dinge und Situationen, durch die Sie gefangen werden.

Erklären Sie Ihren Klienten nach der Ausführung der Übung, dass sie die Fallen, in die sie durch ihre Reaktion auf bestimmte Situationen geraten, mit der Zeit immer besser erkennen werden. Den Klienten kann zum Beispiel auffallen, dass sie am häufigsten in die Dauerhaftigkeitsfalle tappen oder oft in die Gedanken-sind-real-Falle geraten. Sie werden sich zusätzlich bewusster werden, wie ihr Verstand auf bestimmte Kategorien beunruhigender Gedanken oder Situationen reagiert. Ich neige dazu, mich in der Gedanken-sind-real-Falle zu verfangen, wenn ich über Geld oder meine Kinder grüble. Es fällt mir schwer, klare Gedanken zu realen oder erfundenen

Bedrohungen zu fassen, wenn es um mein finanzielles Wohlergehen (wie ein Tief an der Börse) oder meine Kinder (wenn einer meiner Söhne sich beim Snowboardfahren leicht verletzt) geht. Ich neige dazu, in diesen Situationen das Schlimmste anzunehmen.

Indem Sie Ihre Klienten dazu anleiten, verstärkt auf die Fallen zu achten, in die sie oft hineingeraten, werden sie diese nach einiger Zeit erkennen, *bevor* sie hineintappen. Dies stellt die höchste Bewusstseinsstufe dar, jene, durch die Ihre Klienten hinderliche beunruhigende Gedanken, veraltete persönliche Skripte, erschreckende mentale Bilder und schmerzhafte Gefühle effektiver kontrollieren können. Wenn ein Klient erkennt, dass er gerade in eine Falle tappt, kann er innehalten und zu sich sagen: *Oh, ich sollte besser aufpassen. Ich tappe wieder in die XYZ-Falle. Ich werde einen Schritt zurücktreten und die Dinge aus einer anderen Perspektive betrachten.* Er kann in dieser Situation eine Defusionsübung ausführen, um sich aus der Falle zu befreien. Ein Beispiel ist die Übung „Mein Gegenüberstellungsfoto" aus Kapitel 3 (s. S. 66). Wenn Klienten Fallen erkennen, bevor sie hineintappen, verwenden sie ihre verstärkte Aufmerksamkeit auf präventive Weise und als Hilfe, um sich von Fallen zu befreien, bevor sie zuschnappen.

6.7 Achtsamkeitsmeditation

Achtsamkeitsmeditation ist eine Form von *nichtfokussierter* Meditation *(nonfocused meditation)*. Für nichtfokussierte Meditation, auch bekannt als Meditation mit *offenem Gewahrsein (open-focus)*, ist es nicht nötig, die Aufmerksamkeit lediglich auf einen einzigen Punkt zu fokussieren. Während nichtfokussierter Meditation versuchen Klienten nicht, ihre Gedanken oder Gefühle zu kontrollieren; sie beobachten einfach, wie sie kommen und gehen.

ACT verwendet nichtfokussierte Meditation als ein Schlüsselelement des formellen Achtsamkeitstrainings. Aus der ACT-Perspektive ist nicht Entspannung der Zweck von Achtsamkeitsmeditation, sondern das Entwickeln schärferen Bewusstseins. Steven Hayes (2005) bemerkt, dass ein großes Missverständnis in Bezug auf Achtsamkeitsmeditation besteht: Man nimmt fälschlicherweise an, dass sie unser Denken und Fühlen *stoppt* und wir dadurch in einem friedlichen Zustand existieren. Während Ihre Klienten Achtsamkeitsmeditation üben, werden sie das gleiche Maß an schmerzhaften Gefühlen, beunruhigenden Gedanken, veralteten persönlichen Skripten und erschreckenden mentalen Bildern erleben, als würden sie nicht meditieren. Der Zweck dieser Meditationsform besteht darin, sich mit diesen unnützen mentalen Vorgängen zu befassen, während man bewusst einfach für einige Minuten still sitzt. Der „Einfach-für-einige-Minuten-still-sitzen"-Teil der Übung lehrt die Klienten, die mentalen Vorgänge weder zu verurteilen noch in die Tat umzusetzen, sondern ihre Existenz einfach nur anzuerkennen und zu akzeptieren.

Die Anweisung, einfach für einige Minuten still zu sitzen, kann zu Missverständnissen führen. Sie mag sich simpel, direkt und unkompliziert anhören. Doch im Gegensatz zu den anderen Malen, bei denen Sie Ihre Klienten baten, einfach dazusitzen, sitzen sie während der Achtsamkeitsmeditation nicht einfach nur still, sondern richten ihre volle Aufmerksamkeit auf alles, was in und um ihren Körper und Geist herum geschieht und was sich in ihrem Umfeld abspielt. Sie bitten Ihre Klienten mit anderen Worten darum, genauestens auf alle Gedanken, persönlichen Skripte, Gefühle und mentalen Bilder zu achten, die in ihr Bewusstsein eindringen, und alle Empfindungen zu erfühlen, die in ihrem Körper vorgehen. Mit Empfindungen sind Muskelspannungen, Schmerzen, die Atmung oder andere physiologische Aktivitäten gemeint, die die Klienten fühlen. Zusätzlich geben Sie ihnen die Aufgabe, sich aller Dinge in ihrer Umgebung vollkommen bewusst zu sein. Diese schließen Temperatur, Luftbewegungen, Geräusche, Gerüche und Ähnliches ein.

Mit der letzten Anweisung müssen Sie Ihren Klienten klarmachen, dass sie keine dieser Stimuli *beurteilen*, sondern sie wertefrei akzeptieren sollen. Ihre Anwesenheit soll lediglich anerkannt und akzeptiert werden. Ihre Klienten sollen sich durch ein Augenblick-für-Augenblick-Bewusstsein völlig auf das Hier und Jetzt konzentrieren.

Die folgende Übung wurde in ihrer ursprünglichen Version erstmals in meinem ersten ACT-Ratgeber *Stress Less, Live More* (Blonna, 2010) veröffentlicht und bietet Ihnen grundlegende Richtlinien zum Üben von Achtsamkeitsmeditation.

ÜBUNG

Achtsamkeitsübung: Achtsamkeitsmeditation (AB 6.4)

Geben Sie Ihrem Klienten die folgenden Anweisungen:

1. Setzen Sie sich auf den Boden, ein Kissen oder einen Stuhl mit gerader Rückenlehne.
2. Sitzen Sie mit erhobenem Kopf und geradem Rücken. Stellen Sie sich vor, Ihr Kopf würde leicht über Ihrem Hals und Ihrer Wirbelsäule schweben.
3. Atmen Sie einige Male langsam und tief ein.
4. Achten Sie auf die Gedanken, Empfindungen und Gefühle, die Sie überkommen. Folgen Sie ihnen, wo auch immer sie Sie hinführen – wehren Sie sich nicht.

5. Versuchen Sie, unangenehme körperliche Empfindungen (Jucken, Schmerzen, das Bedürfnis, sich zu bewegen usw.) für eine Weile auszuhalten, um zu sehen, wohin sie Sie führen. In einigen Fällen werden Sie bemerken, dass diese Reaktionen (ähnlich wie Gedanken und Gefühle) vorübergehen, wenn Sie sie einfach gewähren lassen. Sollten Sie sich wirklich bewegen müssen, dann tun Sie dies langsam und bewusst.
6. Bleiben Sie noch fünf Minuten länger sitzen und achten Sie auf alles, was Sie erleben, auf eine akzeptierende, wertefreie Weise. Sollten Sie sich beim Abschweifen in die Vergangenheit oder Zukunft erwischen, dann sagen Sie zu sich selbst: *Mein Verstand führt mich aus dem Hier und Jetzt zu* ____________________ (beschreiben Sie, wohin Ihr Verstand Sie führt).
7. Sollten Sie sich dabei erwischen, wie Sie etwas bewerten oder verurteilen, sagen Sie zu sich selbst: *Mein Verstand bewertet oder verurteilt einmal wieder, statt* ____________________ *einfach nur anzuerkennen* (notieren Sie, was bewertet oder verurteilt wird).
8. Während Sie Dinge bemerken, können Sie sie kategorisieren. Sagen Sie zu sich: *Ich habe das Gefühl, dass* ____________________ oder *Ich denke, dass* ____________________. Sie können diese inneren Selbstgespräche dazu verwenden, alle Ihre Erlebnisse zu kategorisieren. Hayes (2005) weist darauf hin, dass wir durch solche inneren Selbstgespräche Defusionstraining in die Meditationsübung mit einbeziehen.

Erklären Sie Ihren Klienten nach dem Durchführen der Übung, dass sie sich selbst Zeit geben müssen, um sich an die erhöhte Achtsamkeit zu gewöhnen. Sie müssen sich selbst mit Geduld und Güte behandeln, während sie Achtsamkeitsmeditation erlernen.

Erklären Sie Ihren Klienten, dass sie Achtsamkeitsmeditation mindestens dreimal die Woche über einen Zeitraum von mehreren Monaten trainieren müssen, um richtig gut darin zu werden und einige der Vorzüge genießen zu können. Teilen Sie ihnen mit, dass sie sich keine Sorgen machen müssen, wenn sie sich einmal ein paar Tage oder eine Woche freinehmen wollen. Erklären Sie Ihren Klienten, dass es sich hierbei um ein Langzeitprojekt handelt und es normal ist, zeitweilige Rückschläge zu verspüren, wenn man eine neue Fertigkeit erlernt.

Beginnen Sie die Sitzung des Klienten mit fünf Minuten Meditation. Dehnen Sie die Übungsperioden *allmählich* um weitere Minuten aus, bis Ihre Klienten schließlich 20 Minuten lang ruhig dasitzen können. Bleiben Sie danach bei 20-minütigen Übungseinheiten für jede der verbleibenden Sitzungen mit dem jeweiligen Klienten.

Stellen Sie einen Wecker, damit Ihre Klienten nicht darüber nachdenken müssen, wann die Zeit abgelaufen ist.

Obwohl Ihre Klienten sowohl innen als auch draußen meditieren können, schlage ich vor, dass Sie den Unterricht in Ihrem Büro und unter Ihrer Aufsicht abhalten. Dadurch stellen Sie sicher, dass sie nicht durch Menschen oder andere Faktoren wie Telefone, Fernsehen oder Computer abgelenkt werden.

Achtsamer zu werden stellt einen grundlegenden Bestandteil der ACT dar, der Ihren Klienten für den Rest ihres Lebens bei dem Bewältigen von negativen, beunruhigenden Gedanken, veralteten persönlichen Skripten, erschreckenden mentalen Bildern und schmerzhaften Gefühlen helfen wird.

7. Kontrolle abgeben – Akzeptieren und Bereitschaft erhöhen

ACT verwendet den Ausdruck „(in) etwas verfallen", um zu beschreiben, wie eine Person an hinderliche Gedanken, persönliche Skripte, mentale Bilder und Gefühle glaubt. Ihre Klienten verfallen den häufigsten Denk- und Gefühlsfallen aus Kapitel 2 und weisen einen oder mehrere der sechs Faktoren psychischer Inflexibilität auf, wie ich sie in Kapitel 3 beschrieben habe. In den meisten Fällen wissen Ihre Klienten nicht einmal, dass sie von falschen Annahmen abhängig sind; sie werden sich lediglich in einer ausweglosen Lage sehen. Eine Ihrer wichtigsten Aufgaben als Coach besteht darin, ihnen beizubringen, dass es zum Menschsein dazugehört, sich auf dem Weg zu seinen Zielen festzufahren. Klienten sind nicht verrückt oder auf irgendeine Art minderwertig, wenn ihr Verstand sie von etwas abhängig macht – sie sind einfach nur menschlich.

Klienten verfallen nicht nur den sechs Faktoren psychischer Inflexibilität und den häufigsten Denk- und Gefühlsfallen, sondern erliegen auch dem fälschlichen Glauben, Dinge *kontrollieren* zu können, die nicht ihrer Kontrolle unterliegen. Wenn Ihre Klienten den meinen ähneln, dann spielt Kontrolle eine wichtige Rolle für sie, und sie empfinden den *Verlust von Kontrolle* als sehr bedrohlich. Allein der *Gedanke* daran, nicht die Kontrolle zu haben, reicht aus, um diese Klienten in eine Sackgasse zu schicken. Wahre Kontrollsüchtige weigern sich zu handeln, bevor sie nicht das Gefühl haben, alle Variablen im Zusammenhang mit einer Entscheidung vollkommen unter Kontrolle zu haben. Ich nenne dies „hypnotisiert bis zur Untätigkeit". Kontrollsüchtige versuchen, ihren Kontrollzwang oft zu rationalisieren, indem sie behaupten, größere intellektuelle Präzision auf ihre Entscheidungsfindung anzuwenden. Dies klingt großartig, und Ihre Klienten können ihre Untätigkeit so lange intellektualisieren, wie Sie bereit sind, ihnen zuzuhören. Letztendlich wird aber alles Intellektualisieren dieser Welt ihnen nicht die volle Kontrolle geben.

Ein wichtiger Teil Ihrer Arbeit als Coach, der ACT-Prinzipien in sein Coaching-Repertoire integrieren möchte, besteht darin, Ihre Klienten den Unterschied zwischen dem, was sie teilweise kontrollieren, und dem, was sie überhaupt nicht kontrollieren können, zu lehren. Zusätzlich müssen Sie Ihren Klienten erklären, dass sie völlig neue Umstände schaffen, mit denen ihr Verstand sich befassen kann, wenn sie trotz ihres Kontrollverlustes *handeln*. Durch das Handeln beginnen neue Entwicklungen und Türen öffnen sich, die niemals existiert hätten, wären die Klienten untätig geblieben und hätten versucht, alles zu durchdenken. Lassen Sie uns einen genaueren Blick darauf werfen, was wir kontrollieren können und was nicht.

7.1 Was Sie kontrollieren können

Klienten verfallen Gedanken, persönlichen Skripten, mentalen Bildern und Gefühlen oft, weil sie versuchen, diese zu kontrollieren. Was sie nicht wissen, ist, dass diese Dinge nicht nur außerhalb ihrer Kontrolle liegen, sondern sich durch den Versuch, sie zu kontrollieren, zu vermeiden oder abzuschalten, nur noch verschlimmern. Eine Ihrer Aufgaben als ACT-Coach besteht darin, Ihren Klienten beizubringen, über welche Dinge sie teilweise Kontrolle ausüben können und über welche Dinge sie keinerlei Kontrolle haben. Die zwei Bereiche, auf die Ihre Klienten kontrollierenden Einfluss haben, sind ihr eigenes Verhalten und ihre unmittelbare Umgebung.

7.1.1 Das Verhalten

Obwohl Klienten ihren Verstand nicht davon abhalten können, 24 Stunden am Tag zu arbeiten und alle möglichen unlogischen Gedanken, schmerzhaften Gefühle, veralteten persönlichen Skripte und erschreckenden Bilder zu produzieren, unterliegt es sehr wohl ihrer Kontrolle, mit welchem Verhalten sie darauf *reagieren*. Klienten tun dies bereits täglich, fokussieren jedoch selten darauf. Stellen Sie sich beispielsweise vor, Ihre Klientin Rachael sitzt gerade in einer Besprechung mit ihren Kollegen und schlägt eine Lösung für ein Problem vor, das die Gruppe bespricht. Die meisten ihrer Kollegen reagieren positiv auf die Lösung und loben Rachaels Kreativität. Ein Kollege kritisiert sie jedoch scharf für „eine solch grob vereinfachende Lösung für ein derartig komplexes Problem, welches Sie offenbar nicht ganz verstanden haben". Es ist offensichtlich, dass dieser Kollege versucht, Rachaels Einfluss auf die anderen Mitarbeiter zu untergraben. Rachael lässt sich von seinen Kommentaren jedoch zum Kochen bringen. Ihr Verstand sagt zu ihr: *Was für ein Trottel! Er versucht mir die Schau zu stehlen. Ich sollte rübergehen und ihm eine reinhauen.*

Anstatt auf diese irrationalen Gedanken zu reagieren und ihren Kollegen niederzuschlagen, ignoriert Rachael seine Kommentare einfach und bittet die Gruppe in aller Ruhe darum, über ihre Idee abzustimmen. Rachaels Verhalten wird mit anderen Worten nicht von den anfänglichen Gedanken und Skripten gesteuert, die ganz offensichtlich nicht hilfreich waren. Stattdessen ist ihr Verhalten durch ihre beruflichen Ziele und Werte motiviert. Situationen wie diese entstehen tagtäglich. Der Verstand hat die Fähigkeit, einen endlosen Strom an Gedanken zu produzieren, die die meisten von uns in große Schwierigkeiten brächten, wenn wir sie als Handlungsbefehle interpretieren würden. Ihre Aufgabe als Coach besteht darin, Ihren Klienten den Unterschied zwischen hinderlichen Gedanken und deren Verbindung zu Verhalten deutlich zu machen.

Die Fachliteratur zu ACT (Hayes, 2005) definiert *Verhalten* als das „Durchführen wertebasierter Handlungen" – zu tun, was im Einklang mit den eigenen Werten steht oder in einer bestimmten Situation getan werden muss. Der einfachste Weg, herauszufinden, ob das Verhalten den Werten und Zielen entspricht, besteht darin, sich einfach zu fragen: *Wird sich das, was ich tun will, positiv oder negativ auf das Erreichen meiner Ziele auswirken?* Hierbei handelt es sich um die gleiche Frage, die wir in Kapitel 2 in Hinsicht auf unlogische Gedanken, schmerzhafte Gefühle, veraltete persönliche Skripte und erschreckende Bilder besprochen hatten. Diese Frage kann sich auf Handlungen oder Gedanken und Gefühle beziehen. Der entscheidende Unterschied besteht darin, dass Menschen ihr Verhalten *kontrollieren können*. Destruktive Gedanken müssen nicht notwendigerweise zu destruktiven Handlungen führen. Geschieht dies doch, ist der Klient in die Gedanken-sind-Befehle-Falle geraten. Klienten sind in der Lage zu akzeptieren, wie ihr Verstand arbeitet, und haben dadurch mehr Kontrolle über die Handlungen, mit denen sie auf ihre Gedanken reagieren. Sie müssen ihrem Verstand nicht zwangsläufig erlauben, ihnen destruktive Handlungen aufzuzwingen.

Dieses Schlüsselkonzept müssen Sie Ihren Klienten beibringen. Es ist zudem etwas, dem unsere Kultur entgegenwirkt. Die amerikanische Kultur romantisiert den *Kontrollverlust*. Die Mode gebietet Menschen, sich von Gefühlen wie Leidenschaft, Begierde und Wut *mitreißen* zu lassen und sich vollkommen auf die Situation einzulassen, selbst wenn dies wenig hilfreich ist oder sie gar in Schwierigkeiten bringt. Sie müssen Ihren Klienten erklären, dass ihr Leben zwar dramatischer und interessanter wird, wenn sie sich ihren Gefühlen hingeben und in eine der häufigsten Denk- oder Gefühlsfallen tappen, dies aber selten zu den gewünschten Zielen führt. Zu beurteilen, ob eine Handlung sich positiv oder negativ auf das Erreichen eines Zieles auswirken wird, stellt eine pragmatische, emotional weiterentwickelte Art zu denken dar. Ihre Aufgabe als Coach besteht darin, Ihren Klienten zu helfen, diese Tatsache zu akzeptieren.

Es ist nicht leicht, Schmerz und Leiden anzunehmen und trotz dieser Gefühle im Leben voranzuschreiten. Es ist viel einfacher, Dinge zu vermeiden, die Schmerz und Leiden verursachen, und sich zu Untätigkeit verleiten zu lassen. Psychisches Wohlergehen durch eine ACT-basierte Herangehensweise herzustellen, eignet sich nicht für zaghafte Menschen. Sie werden bei der ACT-Methode keine Abkürzungen zu den Zielen Ihrer Klienten finden. Diese müssen lernen, sich mit ihren Ängsten und Schwierigkeiten zu konfrontieren, sie als Produkte ihres aktiven Verstandes zu verstehen und im Leben voranzukommen. Sie müssen lernen, Schmerzen und Leiden *anzunehmen* und gleichzeitig ein sinnvolles Leben zu führen. Das ist keine einfache Aufgabe, doch mit den Strategien aus diesem Buch können Sie Ihre Klienten lehren, die Macht ihres Verstandes zu zähmen und ihre Ziele zu erreichen.

7.1.2 Die Umgebung

Ähnlich wie über ihr Verhalten haben Klienten ein gewisses Maß an Kontrolle über ihre Umgebung. Wie in Kapitel 4 beschrieben, kann die Umgebung in zwei verschiedene Ebenen unterteilt werden: die Mikroumgebung und die Makroumgebung. Die Mikroumgebung besteht aus physischen und sozialen Komponenten wie den Menschen, Orten und Situationen, mit denen wir tagtäglich zu tun haben. Sie beinhaltet die Schule, das Zuhause, das Büro, die Arbeitsstätte, die Nachbarschaft und die dazugehörigen Familienmitglieder, Freunde und Arbeitskollegen. Das soziale Netz einer Person ist ebenfalls Teil der Mikroumgebung. Sie übt großen Einfluss auf die Gesundheit, Sicherheit und Fähigkeit eines Klienten aus, seine Ziele zu erreichen. Sie bestimmt mit, ob Diebstahl, Kriminalität oder Gewalt eine Gefahr für den Klienten darstellen und ob er davor Angst haben muss. Luft- und Wasserqualität, Lärmbelastung, enge Wohnverhältnisse und Verkehr gehören ebenfalls zu der Mikroumgebung. Sie enthält im Prinzip all die Dinge, die der großartige humanistische Denker Abraham Maslow (1968) vor mehr als 50 Jahren in seiner Bedürfnispyramide beschrieben hat. Maslow (1968) erklärte, dass ein Individuum sein Potenzial nur dann erfüllen und sich nur dann völlig selbst verwirklichen könne (die Spitze der Pyramide), wenn es zuerst seine Grundbedürfnisse nach körperlicher Unversehrtheit (Ernährung, Schlaf usw.), Sicherheit und Schutz (unterste Ebene der Pyramide) sowie Zugehörigkeit und Liebe (mittlere Ebene der Pyramide) befriedigt hat.

Von Klienten zu erwarten, dass sie ihr volles Potenzial ausleben, wenn ihnen ein Platz zum Schlafen fehlt oder sie nichts zu essen haben, ist unrealistisch und erweist ihnen einen schlechten Dienst. Es ist wichtig, dass Sie Ihren Klienten helfen, zu analysieren, wie ihre Mikroumgebung sich auf ihre Ziele und ihren Fortschritt auswirkt. Ich habe die Erfahrung gemacht, dass Klienten und Studenten sich oft das Ziel setzen, in eine bessere Umgebung umzuziehen. Diese neue Umgebung beinhaltet eine bessere Wohnung, eine sicherere Wohngegend, sauberere Luft, weniger Lärm und ein besseres Erholungs- und Kulturangebot.

Alle diese Aspekte der Mikroumgebung haben gemein, dass Klienten ein gewisses Maß an Kontrolle über sie ausüben können. Zum Beispiel hat ein Klient, der seine derzeitige Arbeitsstelle als stressig oder nicht zufriedenstellend empfindet, die Möglichkeit, sich nach einer besseren umzusehen. Obwohl sich ein Stellenwechsel nicht unbedingt einfach gestaltet, kann Ihr Klient mit Ihrer Hilfe einen umfassenden Plan zur Stellensuche ausarbeiten und sich ausreichend Zeit geben, um ihn in die Tat umzusetzen. Sollten Sie spüren, dass eine Klientin durch ihre derzeitige Wohnsituation negativ beeinflusst wird, könnten Sie ihr helfen, sich zu überlegen, ob sie sich die Suche nach einer besseren Wohnung als Ziel setzen will. Oder wenn Sie herausfinden, dass ein Klient ein stärkeres soziales Netzwerk benötigt, könnten Sie ihm helfen, sich einige Ziele zu setzen, um dieses Netz auszubauen. Solche Veränderungen der Mikroumgebung liegen vollständig in der Reichweite Ihrer Klienten und könnten einen entscheidenden Unterschied für das Erreichen anderer Ziele machen.

Mit Makroumgebung beschreiben wir den Bundesstaat, die Region und das Land, in dem eine Person lebt; die Welt allgemein; und die Menschen, die in den genannten Bereichen leben. Die Makroumgebung ist schwierig zu verändern, weshalb viele Menschen sehr frustriert reagieren. Ein Großteil der Klienten hat fest eingefahrene Werte zu der Welt außerhalb ihrer unmittelbaren Kontrolle. Sie engagieren sich für den Weltfrieden, das Aufhalten globaler Erwärmung und den Schutz sensibler Ökosysteme wie den brasilianischen Regenwald. Sie fühlen sich machtlos und nicht imstande zu handeln, um Dinge außerhalb ihrer Mikroumgebung zu verändern.

Als Coach können Sie Ihren Klienten helfen, Wege zu finden, um ein gewisses Maß an Kontrolle über diese weiter gefasste Umgebung auszuüben. Sie können ihnen aufzeigen, dass Organisationen, die auf bundesstaatlicher-, nationaler oder internationaler Ebene arbeiten, immer Unterstützung benötigen. Erklären Sie Ihren Klienten, dass sie sich in Organisationen engagieren können, die mit ihren Werten im Einklang stehen. Unterstützung kann direkt durch freiwillige Arbeit geleistet werden oder indirekt durch finanzielle Spenden. In den meisten Fällen können Klienten sich in der Sicherheit und Gemütlichkeit ihres eigenen Zuhauses engagieren, indem sie sich die Macht des Internets zunutze machen und ihre Meinung öffentlich zum Ausdruck bringen, organisatorisch tätig werden, Geld spenden oder einer Interessengruppe beitreten. Diese Form wertebasierten Handelns hilft Ihren Klienten, eine stärkere Verbindung zu ihrer Makroumgebung zu spüren, und mindert ihre hinderlichen Gedanken, die ihnen das Gefühl vermitteln, nichts zustande zu bringen.

7.2 Was Sie nicht kontrollieren können

Wie ich in Kapitel 2 beschrieben habe, ist das Gehirn eine Nonstop-Denk- und Fühlmaschine, die ununterbrochen Informationen verarbeitet und mehrere Programme gleichzeitig ausführen kann. Die Arbeitsprogramme des Gehirns sind Gedanken, Skripte, mentale Bilder und Gefühle. Das Gehirn hat zudem die Fähigkeit, alle denkbaren positiven und negativen Szenarien zu potenziellen Situationen zu kreieren. Hierdurch wird in einem Klienten die Angst vor einem Ausgang ausgelöst, den er nicht vermeiden, kontrollieren oder abstellen kann. Der Versuch, diesen niemals enden wollenden Prozess zu kontrollieren, fühlt sich manchmal an, als wolle man einen außer Kontrolle geratenen Zug stoppen. Anstatt ihn vermeiden, vernichten oder kontrollieren zu wollen, ist es oft ratsamer, zur Seite zu treten und ihn vorbeirasen zu lassen. Die folgende Übung ist ebenfalls meinem Buch *Stress Less, Live More*

(Blonna, 2010) entnommen und soll in ihrer abgeänderten Form den Klienten helfen, Gedanken, persönliche Skripte, mentale Bilder und Gefühle zu beobachten, ohne sich von ihnen mitreißen zu lassen. Sie umfasst das Akzeptieren und die Defusion.

ÜBUNG

Akzeptieren und Defusion üben: Das Beobachten eines Zuges (AB 7.1)

Geben Sie Ihren Klienten die folgenden Anweisungen, die Sie an deren Geschlecht und Lebenssituation angepasst haben.

1. Das nächste Mal, wenn Sie das Gefühl haben, von Ihren hinderlichen Gedanken, persönlichen Skripten, mentalen Bildern und Gefühlen mitgerissen zu werden, stellen Sie sich diese als einen Güterzug mit 100 Waggons vor, der mit Spitzengeschwindigkeit die Schienen entlangrast.
2. Die Waggons haben die Aufschriften „Hinderliche Gedanken“, „Nutzlose und veraltete persönliche Skripte“, „Erschreckende Vorstellungen“ und „Schmerzhafte Gefühle“. Sie sind mit dem Ballast Ihres Verstandes angefüllt.
3. Stellen Sie sich vor, Sie sähen den Zug am Horizont erscheinen und gäben Gas, um vor ihm an den Bahnübergang zu gelangen, sodass Sie rechtzeitig von der Arbeit nach Hause kommen.
4. Als Sie sich dem Bahnübergang nähern, beginnt die Ampel zu blinken, ein Warnton ertönt und die Schranke senkt sich, um Sie vor dem herannahenden Zug und der Gefahr zu warnen. Sie könnten es noch schaffen und den Übergang überqueren, bevor sich die Schranke ganz gesenkt hat, doch Sie bremsen und halten an. Die Schranke senkt sich und sorgt dafür, dass Sie feststecken und Ihr Ziel, pünktlich nach Hause zu kommen, nicht erreichen können.
5. Während Sie nun so dasitzen, beginnt Ihr Verstand zu analysieren, warum Sie feststecken und was Sie hätten tun können, um den Übergang nicht gleichzeitig mit dem Zug zu erreichen. Ihr Verstand sagt, dass Sie die Besprechung bei der Arbeit eher hätten verlassen, schneller fahren oder einige Ampeln hätten vermeiden können, die Sie aufgehalten haben. Ihr Verstand denkt auch an die Zukunft und bereitet sich zum Beispiel auf den erwarteten Streit mit Ihrer Frau vor, weil Sie zu spät zum Abendessen kommen. Ihre Frau sagt: „Du kommst nie rechtzeitig nach Hause, wenn ich ein schönes Abendessen vorbereite. Du denkst nie an meine Gefühle. Du weißt, dass ich das Essen am liebsten heiß und direkt aus dem Ofen serviere. Du bist so rücksichtslos.“ Ihr Sohn meldet sich zu Wort: „Du weißt, dass ich heute Abend ein Spiel habe, Papa, und dass ihr, du und Mama, mich fahren müsst. Willst du, dass ich zu spät komme und der Trainer sauer wird? Du denkst immer nur an dich selbst.“ Sie versuchen, diese Gedanken, Vorstellungen und Gefühle abzustellen und aus ihrem Kopf zu bekommen, doch je mehr Sie darüber nachdenken, desto stärker werden sie.

6. Denken Sie nun um und stellen Sie sich vor, der Bahnübergang stelle einen Schutzwall dar, durch den Sie auf sichere Weise innehalten und darauf achten können, was in Ihrem Verstand und Leben vor sich geht. Sie halten an, nehmen wahr und fühlen sich durch den Abstand sicher, den Ihr mentaler Bahnübergang zwischen Ihnen und Ihren beunruhigenden Gedanken, hinderlichen Skripten, erschreckenden Bildern und schmerzhaften Gefühlen geschaffen hat.
7. Anstatt zu versuchen, schneller als der Zug zu fahren, schafft Ihre Entscheidung, anzuhalten und ihm zuzuschauen, einen nützlichen Abstand zwischen Ihnen und Ihrem führerlosen Verstand. Anstatt zu analysieren und zu verurteilen, was Ihr Verstand Ihnen über das Zuspätkommen zum Abendessen erzählt, stellen Sie sich vor, dass die verschiedenfarbigen Waggons schmerzhafte Gedanken, hinderliche persönliche Skripte, erschreckende Bilder und schmerzliche Gefühle darstellen. Diese fliegen vorbei und versuchen, Sie mitzureißen.
8. Mit dem durch Ihren mentalen Bahnübergang geschaffenen Abstand müssen Sie nun versuchen, Ihre Gedanken und Gefühle als temporär zu akzeptieren, so flüchtig wie die Waggons, aus denen der Zug besteht. Während Sie dem vorbeidonnernden Zug zuschauen, erkennen Sie, dass Sie diese starke Kraft nicht kontrollieren können. Sie sagen zu sich selbst, dass der Zug bald passiert haben wird, die blinkenden Lichter werden erlöschen und der schrille Signalton wird verstummen. Ihre persönliche Schranke wird sich öffnen und Ihnen erlauben, Ihren Heimweg zu Ihrer Familie und dem Abendessen fortzusetzen.

Erklären Sie Ihren Klienten nach dem Durchführen dieser Aufgabe, dass Sie durch das Trainieren dieser und anderer Defusionsübungen aus diesem Buch eine Distanz zu ihren stressauslösenden Gedanken, persönlichen Skripten, mentalen Bildern und Gefühlen aufbauen können.

7.3 Bewältigen versus Vermeiden, Eliminieren oder Kontrollieren

Obwohl Klienten nicht in der Lage sind, beunruhigende Gedanken, veraltete persönliche Skripte, erschreckende mentale Bilder und schmerzhafte Gefühle zu kontrollieren, zu eliminieren oder zu vermeiden, können sie lernen, diese zu bewältigen. Die meisten Klienten geraten in eine Sackgasse, weil sie das Vermeiden, Abstellen oder Kontrollieren von Gedanken, Skripten, Bildern und Gefühlen mit dem *Bewältigen* verwechseln. Lassen Sie uns einen Blick auf den Unterschied zwischen den Begriffen werfen.

Wenn man etwas *meidet*, begrenzt man den Kontakt dazu. Menschen meiden Dinge gewöhnlich, weil der Kontakt mit ihnen Unbehagen oder Leid auslöst. Wenn eine Person etwas meidet, gehen wir davon aus, dass sie weiß, was sie meiden will, das Auftreten vorhersehen kann und das Verhältnis zwischen dem Unangenehmen und dem eigenen Unbehagen oder Leid versteht.

Stellen Sie sich einen Klienten namens John vor, der weiß, dass Einkaufen am Samstagmorgen Stress in ihm auslöst. Der Supermarkt ist gewöhnlich überfüllt, das Einkaufen dauert viermal so lange und es ist oft schwer, Hilfe zu bekommen, falls er sie benötigt. John kann den Kontakt mit all diesen Stressfaktoren ganz einfach vermeiden, indem er tagsüber mitten in der Woche zum Einkaufen geht, wenn der Laden weniger voll ist, die Angestellten gewöhnlich Zeit haben und er seinen Einkauf innerhalb kürzester Zeit erledigt hat.

Wenn man etwas *eliminiert*, lässt man es für gewöhnlich verschwinden, zeitweise oder für immer. Es gibt viele Dinge im Leben, die ein Mensch eliminieren kann. Wenn wir einen PC nicht mögen, können wir ihn entsorgen und uns einen neuen kaufen oder ohne leben. Wenn wir mit unserer Berufswahl unzufrieden sind, können wir eine Umschulung machen und eine neue Karriere anstreben. Wenn wir unsere Nachbarn nicht mögen, können wir umziehen. Obwohl sich keine dieser Maßnahmen einfach durchführen lassen, können wir sie ergreifen und das damit zusammenhängende Unbehagen und Leid abstellen. Ich behaupte nicht, dass wir nach solch einer Handlung vollkommen glücklich und zufrieden sein werden; ich veranschauliche lediglich die Tatsache, dass Menschen umgebungsbezogene Stressfaktoren abstellen können.

Etwas zu *kontrollieren* bedeutet, es zu regulieren – ähnlich der Lautstärke eines Fernsehers. Wenn die Lautstärke zu hoch ist, können wir sie leiser machen und umgekehrt. Wir können den Fernseher sogar auf stumm schalten, wenn wir für eine gewisse Zeit gar keinen Ton haben wollen. Geschwindigkeit, Ton, Temperatur und Geschmack sind alltägliche Dinge, die wir im Leben kontrollieren, ohne auch nur darüber nachzudenken.

Alle Beispiele, die ich bisher für Dinge gegeben habe, die vermieden, eliminiert oder kontrolliert werden können, haben gemein, dass sie der physischen Umgebung angehören. Sie existieren in der Welt außerhalb unseres Körpers und können vorausgesagt und manipuliert werden. Klienten müssen sie nicht in ihrer Form akzeptieren, wenn sie nicht wollen. Sie können physische Faktoren in ihrer Umgebung nach eigenem Gutdünken verändern. Unglücklicherweise gehen Klienten aufgrund ihrer lebenslangen Erfahrung, dass sich solche Faktoren meiden, abstellen oder kontrollieren lassen, davon aus, dass das Gleiche auch auf die psychische Ebene zutrifft. Sie verwenden die Methode, mit der sie die Lautstärke ihres Fernsehers steuern, um die Lautstärke der Gedanken, persönlichen Skripte, mentalen Bilder und Gefühle zu regulieren, die ihr Verstand produziert. Wie bereits in diesem Buch erörtert, ist dies keine gute Idee. Wie Sie in Kapitel 2 sahen, verschlimmern Menschen ihre beunruhigenden Gedanken, veralteten persönlichen Skripte, erschreckenden Vorstellungen und schmerzhaften Gefühle nur zusätzlich, wenn sie ihre Aufmerksamkeit und Energie darauf verwenden, sie zu kontrollieren. Diese internen Faktoren liegen außerhalb unseres Einflussbereiches.

Wenn Ihre Klienten ihre beunruhigenden Gedanken, veralteten persönlichen Skripte, erschreckenden Vorstellungen und schmerzhaften Gefühle nicht meiden, eliminieren oder kontrollieren können, was können sie tun, um sich Erleichterung zu verschaffen? Was sie tun können, ist zu lernen, mit ihnen umzugehen. Mit beunruhigenden Gedanken, veralteten persönlichen Skripten, erschreckenden Vorstellungen und schmerzhaften Gefühlen umzugehen, stellt die einzig sinnvolle Methode dar, um sie zu bewältigen.

7.3.1 Der Umgang mit hinderlichen Gedanken, persönlichen Skripten, mentalen Bildern und Gefühlen

Etwas zu bewältigen bedeutet, es zu leiten, zu dirigieren und mit ihm umzugehen. Alle diese Beschreibungen haben etwas gemein: Es ist nicht ihr Ziel, Kontrolle auszuüben. Wenn jemand etwas zu bewältigen weiß, versteht und akzeptiert die Person, dass sie nicht in der Lage ist, alle damit zusammenhängenden Variablen zu kontrollieren. Aus diesem Grund reagieren so viele Ihrer Klienten gestresst, wenn sie in einer leitenden Position arbeiten. Stellen Sie sich vor, einer Klientin namens Sharon wurde gerade eine leitende Position in der mittleren Führungsebene einer großen Firma angeboten. Diese Position ist sehr anstrengend, da man dem Druck von oben und unten ausgesetzt wird. Die Geschäftsführung entscheidet über neue Vorgehensweisen, die Sharon umsetzen muss. Sharon hat selten Einfluss auf diese Entscheidungen, muss sie aber ausführen. Sie wird Druck von unten spüren, weil die ihr unterstellten Mitarbeiter sich gegen neue Vorgehensweisen sträuben. Sharon sitzt zwischen zwei Stühlen, weil sie keine der beiden Kräfte kontrollieren kann. Daher muss sie lernen, mit diesen umzugehen. Sie muss den Druck ihrer Vorgesetzten handhaben und mit ihm fertigwerden. Gleichzeitig muss sie aber auch ihre Angestellten leiten und anweisen.

Während Sharon darüber nachdenkt, ob sie die Beförderung annehmen soll, erkennt sie, dass sie in diesem Fall nur begrenzt Kontrolle über den Großteil der Variablen haben würde. Sie weiß aber auch, dass sie ihre Angestellten durch bestimmte Vorgehensweisen effektiv führen kann. Sie hat die Möglichkeit, ihre ausgezeichneten zwischenmenschlichen Fähigkeiten anzuwenden, um eindeutig zu kommunizieren, ein offenes Ohr zu haben, alle mit Respekt und Würde zu behandeln usw. Sie kann effektive Besprechungen durchführen, neue Richtlinien zugänglich und ihre Entscheidungsfindung für alle transparent machen sowie eindeutige Anweisungen geben.

Andererseits wird Sharon aber auch klar, dass es Dinge gibt, die weit außerhalb ihres Einflussbereiches liegen. Sie kann den Treuhänderausschuss und seine Entscheidungen nicht kontrollieren. Sie kann Veränderungen von Vorgehensweisen nicht kontrollieren, die von ihren Vorgesetzten kommen. Sie kann den Markt und gesamtwirtschaftliche Kräfte nicht kontrollieren, die die Nachfrage nach den Produkten und Dienstleistungen ihrer Firma steuern. Sie erkennt, dass einige Mitarbeiter weniger motiviert, talentiert und interessiert sind als andere. Ihr wird auch klar, dass einige Mitarbeiter sie oder ihren Führungsstil trotz aller Mühen nicht mögen werden. Des Weiteren akzeptiert Sharon, dass einige Angestellte nur für ihre Lohnauszahlung arbeiten und weder harte Arbeit in gleichem Maße wertschätzen noch Sharons Leidenschaft für ihre Aufgaben teilen.

Nach dem Abwägen aller Elemente, die die volle Kontrolle über alle Variablen dieser leitenden Position unmöglich machen, nimmt Sharon die Beförderung an. Mit dieser Handlung erklärt sie sich kurz gesagt damit einverstanden, Dinge zu akzeptieren, die sie nicht vermeiden, abstellen oder kontrollieren kann. Das gleiche Prinzip trifft auf den Umgang mit Gedanken, persönlichen Skripten, mentalen Bildern und Gefühlen zu. Bei der Handhabung dieser Dinge dreht sich alles darum, zu akzeptieren, was wir nicht kontrollieren können, und gewillt zu sein, sie anzunehmen und im Leben voranzuschreiten.

7.3.2 Das Verhältnis zwischen Kontrolle und Bereitschaft

Das Verlangen nach Kontrolle über Gedanken, persönliche Skripte, mentale Bilder und Gefühle steht in direktem Widerspruch dazu, diese zu akzeptieren und mit Bereitschaft zu handeln. Stellen Sie sich dies als zwei Waagschalen vor, die hervorgeholt werden, wenn jemand sich mit einer Handlung konfrontiert sieht. Die eine Waagschale wiegt Kontrolle, die andere Bereitschaft. Unglücklicherweise arbeiten diese Waagschalen gegeneinander. Mit anderen Worten: Die Kontrollschale arbeitet gegen die Bereitschaftsschale an. Wenn jemand die Kontrollwaagschale stärker belastet, vermindert sich automatisch das Gewicht seiner Bereitschaft. Wird dagegen die Bereitschaft erhöht, sinkt der Grad der Kontrolle, die ausgeübt werden kann. Je stärker Klienten versuchen, schmerzhafte Gedanken, Skripte, mentale Bilder und Gefühle zu kontrollieren, zu vermeiden oder zu eliminieren, desto weniger sind sie bereit, zu akzeptieren und zu handeln. Die „Bereitschafts-Skala“ von Hayes (2005) verwendet eine Analogie zu den Reglern an einem Radio als eine Metapher für besseres Verständnis dieses Prinzips. In der folgenden Defusionsübung baue ich auf dem Gedanken auf, dass Kontrolle erhöht wird und Bereitschaft dadurch sinkt (und umgekehrt). Ich verwende dazu das Beispiel eines MP3-Players. Anstatt an die Regler eines Radios zu denken, um sich das Verhältnis zwischen Bereitschaft und Kontrolle vorzustellen, gehen wir hierbei von einer Pfeiltaste aus.

ÜBUNG

Bereitschaftsübung: Der MP3-Player (AB 7.2)

Geben Sie Ihrem Klienten die folgenden Anweisungen:

1. Stellen Sie sich vor, Sie wollen joggen gehen. Sie sind fertig angezogen, stecken Ihren MP3-Player in das dafür vorgesehene Armband und setzen Ihre Kopfhörer auf. Jetzt kann es losgehen.
2. Dieses kompakte Musikabspielgerät hat In-Ohr-Kopfhörer, Auswahl- und Lautstärketasten und eine Pfeiltaste für die Höhen- und Tiefenregelung. Wenn Sie die Höhen verstärken wollen, halten Sie die Taste mit dem Pfeil nach oben gedrückt; wenn Sie die Tiefen verstärken wollen, die mit dem Pfeil nach unten. Diese Funktionen arbeiten gegeneinander an. Wenn Sie die Höhen verstärken, mindern Sie gleichzeitig die Tiefen und umgekehrt.
3. Stellen Sie sich vor, dass die Pfeiltaste statt der Höhen und Tiefen Bereitschaft und Kontrolle steuert. Der Pfeil nach oben reguliert die Bereitschaft, der nach unten die Kontrolle.
4. Das nächste Mal, wenn Sie von einem hinderlichen Gedanken, persönlichen Skript, einer mentalen Vorstellung oder einem Gefühl geplagt werden, das Sie zu kontrollieren oder abzustellen versuchen, stellen Sie sich vor, Sie hätten Ihren MP3-Player aufgesetzt und Ihren Finger auf der Pfeiltaste.
5. Halten Sie den Pfeil nach unten gedrückt (die Kontrolltaste) und beobachten Sie, wie Sie Ihr Verlangen erhöhen, hinderliche Gedanken, Skripte, mentale Bilder und Gefühle zu kontrollieren, zu vermeiden oder abzustellen. Je länger Sie die Taste mit dem nach unten weisenden Pfeil gedrückt halten, desto weniger sind Sie bereit, Handlungen auszuführen, die mit Ihren Werten im Einklang stehen.
6. Halten Sie nun den Pfeil nach oben gedrückt (die Bereitschaftstaste) und beobachten Sie, wie sich der Prozess umkehrt. Mit zunehmender Bereitschaft beginnen Sie, Ihr Unbehagen zu akzeptieren und sind stärker gewillt zu handeln, obwohl Sie weiterhin mit Ihren hinderlichen Gedanken, persönlichen Skripten, mentalen Bildern und Gefühlen leben. Achten Sie darauf, wie sich Ihr Verlangen nach Kontrolle über Ihre Schmerzen und Leiden verringert, während sich Ihr Akzeptieren und Ihre Bereitschaft, wertebasierte Handlungen auszuführen, trotz allem erhöht (adaptiert nach „The Willingness Scale“, Hayes, 2005).

Erklären Sie Ihren Klienten nach durchgeführter Übung, dass sie die Augen schließen und sich den MP3-Player vorstellen sollen, wann immer sie sich festgefahren fühlen und unerwünschte Gedanken, persönliche Skripte, mentale Bilder und Gefühle zu kontrollieren versuchen. Die Vorstellung, mit dem Finger die Bereitschaftstaste zu drücken, sollte ihnen das Gefühl geben, dass ihr Verlangen nach Kontrolle abnimmt, während sich ihre Bereitschaft erhöht. Erklären Sie Ihren Klienten, dass sie die folgenden Sätze sagen sollten: *Mein altes Verlangen nach Kontrolle meldet sich wieder zu Wort. Es ist an der Zeit, dass ich meinen MP3-Player heraushole und joggen gehe.*

7.4 Akzeptieren und Bereitschaft schaffen

In seinem Buch *Get Out of Your Mind and Into Your Life: The new acceptance and commitment therapy* (2005; dt.: *In Abstand zur inneren Wortmaschine: Ein Selbsthilfe- und Therapiebegleitbuch auf der Grundlage der Akzeptanz- und Commitment-Therapie [ACT]*, 2007) weist Steven Hayes darauf hin, dass Akzeptieren und Bereitschaft mit Zuständen zu tun haben, die wir nur schwer verändern können. Viele Klienten tragen schon seit Jahren beunruhigende Gedanken, hinderliche persönliche Skripte, erschreckende Bilder und schmerzhafte Gefühle mit sich herum und empfinden es als sehr schwierig, diese loszuwerden. Sie haben höchstwahrscheinlich nicht nur versucht, die Gedanken und Gefühle zu meiden, abzustellen oder zu kontrollieren, sondern auch die sie auslösenden Situationen. Wie ich in diesem Buch wiederholt angemerkt habe, hält diese Vorgehensweise Klienten in hinderlichen oder destruktiven Verhaltensmustern gefangen und schränkt ihr persönliches Wachstum ein. Ihre Aufgabe als Coach besteht darin, Ihren Klienten aufzuzeigen, dass sie ihre hinderlichen Gedanken und Gefühle akzeptieren müssen, statt sie vermeiden, abstellen und kontrollieren zu wollen, und dass es an der Zeit ist, größere Bereitschaft, zu handeln, an den Tag zu legen.

7.4.1 Akzeptieren

Wenn ein Klient Schmerz und Leiden akzeptiert und gewillt ist, sein Leben trotz dieser leidvollen Gefühle weiterzuleben, bedeutet das nicht zwangsläufig, dass dieser Klient leiden *will.* Es bedeutet lediglich, dass er verstanden hat, wie nutzlos das Vermeiden, Eliminieren und Kontrollieren von mentalen Schmerzen und Leid ist und wie sehr es die Dinge verschlimmert.

Stellen Sie sich vor, Sie hätten eine Klientin namens Ann, die gerne Schriftstellerin werden möchte. Ann möchte im Laufe der nächsten fünf Jahre langsam aus ihrem jetzigen Beruf aussteigen und sich dem Schreiben widmen. Sie arbeitet an einem Manuskript und wünscht sich eine Zusammenarbeit mit einer Literaturagentur. Unglücklicherweise hat Ann es bisher nicht geschafft, einen Agenten zu finden. Sie hat alle Richtlinien zum Werben eines Agenten befolgt und ein überzeugendes Exposé für ihr Manuskript angefertigt, doch ihre Schreiben an Agenturen haben trotz aller Mühen keine positiven Reaktionen ausgelöst (sie hat über hundert Absagen erhalten). Ann ist schrecklich enttäuscht und der Sache sehr müde. Der Gedanke, auch nur noch einen einzigen Brief an einen Agenten zu versenden, macht ihr Angst und füllt ihren Kopf mit beunruhigenden Gedanken, negativen persönlichen Skripten, erschreckenden Bildern und schmerzhaften Gefühlen wie Furcht und Beklemmung. Sie hat versucht, nicht daran zu denken, noch eine Absage zu erhalten und alle negativen Gedanken zu diesem Ereignis auszublenden. Doch je mehr sie sich anstrengt, ihre Gedanken und Gefühle zu kontrollieren, desto stärker scheinen diese zu werden.

Ihre Aufgabe als Coach besteht darin, Ann zu erklären, dass ihre Erlebnisse besonders in der Anfangsphase normal für Schriftsteller sind. Zurückweisungen gehören dazu. Sie müssen Ann zudem in ihren eigenen Aussagen bestärken: Ihr Versuch, beunruhigende Gedanken, negative persönliche Skripte, erschreckende Bilder, Angst und Besorgnis zu vermeiden, zu eliminieren oder zu kontrollieren, hat alles nur noch schlimmer gemacht. Wenn Ann erst einmal verstanden hat, dass das, was sie bisher unternommen hat, um ihre beunruhigenden Gedanken und schmerzhaften Gefühle abzustellen, nicht funktioniert, können Sie ihr helfen, das Akzeptieren zu entwickeln. Ihre beunruhigenden Gedanken und schmerzhaften Gefühle zu akzeptieren bedeutet nicht, dass Ann sich schlecht fühlen möchte; es bedeutet lediglich, dass sie die Botschaften ihres Verstandes akzeptieren und hinter sich lassen muss, statt sie zu bekämpfen. Sie muss lernen, dass sie ihr Exposé und die Anschreiben an Agenturen weiter verbessern kann und nicht aufhören darf, sie trotz ihrer beunruhigenden Gedanken und schmerzhaften Gefühle zu senden. Wenn sie aufhört, ihre Gedanken und Gefühle zu bekämpfen, werden diese von selbst verblassen. Der sicherste Weg, sie am Leben zu erhalten, ist der Versuch, an ihnen zu arbeiten.

Zum Akzeptieren gehört es dazu, sich einzugestehen, dass Unvollkommenheit ein Teil des Menschseins darstellt. Mensch sein bedeutet, unvollkommen zu sein, Fehler zu machen, sich gelegentlich zu widersprechen, die Geduld zu verlieren und Tausend andere Dinge zu denken oder zu tun, die wir im Laufe unseres Lebens bereuen. Das Akzeptieren gibt uns die Möglichkeit, all dies anzuerkennen und hinter uns zu lassen, während wir mit den Zeichen des Menschseins leben. Hierbei geht es nicht darum, zu bewerten oder zu verurteilen; es geht darum, sich selbst treu zu sein und unser Leben als das zu akzeptieren, was es ist. Außerdem müssen wir anerkennen, dass unser Verstand aus unseren Gedanken, persönlichen Skripten, mentalen Bildern und Gefühlen besteht. Es braucht Mut, dies zu tun. Die gute Nachricht ist, dass Ihre Klienten diesen Mut zu jedem Zeitpunkt in ihrem Leben entwickeln können, sofern sie sich noch nicht mutig genug fühlen. Ganz gleich, wie alt die Menschen sind, es gibt immer jemanden, der eine mutige Tat vollbringt. Ihre Klienten können heute damit beginnen, den Mut zu entwickeln, den sie benötigen, um ihr Leben zu akzeptieren und auf ihre Ziele hinzuarbeiten.

7.4.2 Bereitschaft

Akzeptieren und Bereitschaft arbeiten Hand in Hand. Während Akzeptieren sich mehr auf Gedanken bezieht, steht Bereitschaft in direktem Zusammenhang mit dem Ausführen von Handlungen. Wenn wir akzeptieren, sagen wir zu uns selbst, dass es in Ordnung ist, wenn ein Ziel beunruhigende Gedanken, veraltete persönliche Skripte, erschreckende Bilder und schmerzhafte Gefühle in uns auslöst. Bereitschaft bedeutet, dass wir uns trotz allem zum Ausführen wertebasierter Handlungen verpflichten.

In meinem Buch *Stress Less, Live More* (Blonna, 2010) verwende ich eine interessante Metapher zu diesem Thema: die Entscheidung, hinaus in einen Regenschauer zu gehen. Ein aufziehendes Unwetter macht sich gewöhnlich im Vorfeld bemerkbar; die Wettervorhersage warnt uns vor ihm; schwarze Wolken ziehen auf; Temperatur, Windgeschwindigkeit, Luftfeuchtigkeit usw. verändern sich; und wir fühlen die ersten kleinen Regentropfen, wenn sie zu fallen beginnen.

In den meisten Fällen lassen Menschen sich durch ein bevorstehendes Unwetter nicht von ihren täglichen Aktivitäten abhalten, besonders wenn die Handlungen mit einem wichtigen Ziel zusammenhängen, das sie an dem Tag erreichen wollen. Sie akzeptieren stattdessen den aufziehenden Regenschauer und sind bereit, ihre Pläne umzusetzen, während sie mit dem Wetter zurechtkommen. Sie sind in der Lage, ihre Handlungen *in Bezug auf* das Unwetter zu verändern. Mit anderen Worten: Sie können zwar nicht den Regen kontrollieren, sehr wohl aber ihr Verhalten, mit dem sie auf den Regen reagieren. Es gibt mehrere Dinge, die Ihre Klienten bereits tun, um mit Regenschauern umzugehen: Sie tragen spezielle Regenkleidung (wie einen Poncho oder Gummistiefel), räumen sich mehr Zeit ein, um an ihr Ziel zu gelangen, und nutzen einen Schirm, um sich vor dem Regen zu schützen. Die folgende Übung erschien ursprünglich in meinem Buch *Stress Less, Live More* (Blonna, 2010) und wurde für Sie verändert. Sie hilft Ihnen, sich mit Humor von potenziellen inneren Stressfaktoren zu lösen.

ÜBUNG

Bereitschaftsübung: Ich sollte besser meinen Schirm aufspannen (AB 7.3)

Geben Sie Ihrem Klienten die folgenden Anweisungen:

1. Das nächste Mal, wenn Sie in eine Sackgasse geraten und einem bestimmten Ziel nicht näher kommen können, weil Sie Ihren beunruhigenden Gedanken, veralteten persönlichen Skripten, erschreckenden Bildern und schmerzhaften Gefühlen nicht gewachsen sind, identifizieren Sie genau, welche Botschaften Sie sich bezüglich der Situation vermitteln.

2. Schließen Sie die Augen und stellen Sie sich vor, wie der Himmel sich verdunkelt, der Wind stärker wird und die Regenwolken um Sie herum wirbeln. Stellen Sie sich nun vor, dass die Botschaften Ihres Verstandes und von der Situation ausgelöste schmerzliche Gefühle Regentropfen sind. Diese Regentropfen haben gerade begonnen, auf Ihren Kopf zu fallen. Sie fühlen sie und sagen zu sich selbst: *Ich sollte besser meinen Schirm aufspannen.*

3. Stellen Sie sich vor, Sie hätten einen Schirm. Sie spannen ihn auf und fühlen sich im gleichen Moment von beunruhigenden Gedanken, veralteten persönlichen Skripten, erschreckenden Bildern und schmerzhaften Gefühlen befreit. Wie Regentropfen prallen sie einfach von Ihrem Schirm ab und stören Sie nicht bei dem, was Sie machen sollen. Während Sie weiterhin mit Ihrem Schirm „im Regen spazieren gehen", sagen Sie zu sich selbst: *Genauso wie ich einen Schirm dazu verwenden kann, echten Regen auszuhalten, kann mein „Akzeptieren- und Bereitschaftsschirm" mir bei hinderlichen Gedanken und Gefühlen helfen.*

4. Jedes Mal, wenn Sie die Gewitterwolken Ihrer beunruhigenden Gedanken, veralteten persönlichen Skripte, erschreckenden Bilder und schmerzhaften Gefühle am Horizont erspähen, müssen Sie zu sich selbst sagen: *Ich sollte besser meinen Schirm hervorholen.* Sehen Sie dann den „Regentropfen" dabei zu, wie sie von Ihrem Schirm abperlen, während Sie mit dem fortfahren, was getan werden muss.

Erklären Sie Ihrem Klienten nach durchgeführter Übung, dass die meisten von uns es vorziehen, unser Leben zu leben, ohne durch Regenschauer laufen zu müssen. Unglücklicherweise ist unser Leben aber voll von Regen, Schnee, Graupel und anderem schlechten Wetter, das uns in die Quere kommt, wenn wir eine Aufgabe zu erfüllen haben. Dieses schlechte Wetter können wir weder meiden noch abstellen noch kontrollieren. Wir können es lediglich akzeptieren und die Bereitschaft zeigen, unser Leben trotzdem zu leben. Schlechtes Wetter muss uns nicht zwangsläufig von dem abhalten, was getan werden muss. Außerdem lehrt es uns die wunderschönen, warmen, sonnigen Sommertage oder die frischen, klaren Wintertage, an denen es sich so gut anfühlt, am Leben zu sein und frische Luft einzuatmen, umso mehr zu schätzen.

Die folgende Übung erschien in ihrer ursprünglichen Version in meinem Buch *Stress Less, Live More* (Blonna, 2010) und vereint Akzeptieren und Bereitschaft. Mit ihr können Sie Ihren Klienten helfen, sich aus Sackgassen zu befreien, in die sie auf ihrem Weg zu ihren Zielen geraten sind.

ÜBUNG

Akzeptieren und Bereitschaft üben: Ich bin gewillt, ____________________ zu akzeptieren (AB 7.4)

Bitten Sie Ihren Klienten, die folgenden Aussagen zu vervollständigen:

1. Durch das folgende Ziel sitze ich in einer Sackgasse:

2. Mein Verstand sendet mir die folgenden hinderlichen Gedanken und persönlichen Skripte zu diesem Ziel:

3. Mein Verstand kreiert die folgenden hinderlichen mentalen Bilder zu diesem Ziel:

4. Mein Verstand kreiert die folgenden hinderlichen Gefühle zu diesem Ziel:

5. Der Versuch, diese hinderlichen Gedanken, persönlichen Skripte, mentalen Bilder und Gefühle zu kontrollieren, abzustellen oder zu vermeiden, hatte folgende Konsequenzen:

6. Ich bin bereit, die folgenden hinderlichen Gedanken, persönlichen Skripte, mentalen Bilder und Gefühle zu akzeptieren und mit ihnen zu leben, während ich meine Ziele in die Tat umsetze:

Befragen Sie Ihre Klienten nach all den hinderlichen Gedanken, persönlichen Skripten, mentalen Bildern und Gefühlen, die ihr Verstand ihnen hinsichtlich der Ziele übermittelt, die sie nicht erreichen können. Erzählen Sie ihnen dann von all den Dingen, die sie in der Vergangenheit unternommen haben (Psychotherapie, Medikamente, Alkohol usw.), um ihre Schmerzen und ihr Leid zu kontrollieren, abzustellen oder zu vermeiden und wie ineffektiv dies war. Anstatt zu versuchen, hinderliche

Gedanken, persönliche Skripte, mentale Bilder und Gefühle zu kontrollieren, zu vermeiden oder zu eliminieren, sollten sie sie akzeptieren, während sie aktiv auf ihre Ziele hinarbeiten. Erinnern Sie Ihre Klienten daran.

7.5 Veränderung akzeptieren und bereitwillig annehmen

Ein wichtiger Grund, aus dem Ihre Klienten alle ihre beunruhigenden Gedanken und schmerzlichen Gefühle nicht vermeiden, eliminieren und kontrollieren können, ist Veränderung. Genau dann, wenn sie denken, sie hätten alles in ihrem Leben unter Kontrolle, verändert es sich. Ihr Leben und ihr äußerst aktiver Verstand verändern sich fortwährend. Sollten Ihre Klienten meinen ähneln, dann empfinden sie Veränderung als bedrohlich und schwierig zu handhaben.

Unglücklicherweise (oder glücklicherweise, meiner Ansicht nach) ist die einzige Konstante im Leben die Veränderung. Das Einzige, was Sie Ihren Klienten in Bezug auf das Leben garantieren können, ist, dass es sich verändern wird. Veränderung ist ein fundamentaler Bestandteil der Natur und des Lebens. Die Jahreszeiten verändern sich, während die Erde sich um ihre Achse dreht. Das Wetter verändert sich und bringt uns Regen, der wiederum unsere Wasservorräte auffüllt; Sonne, die unsere Gesichter wärmt; eine Brise, die uns erfrischt. Die Landschaft verändert sich beispielsweise ständig durch Wellen, die den einen Strand abtragen und einen anderen aufbauen; reißende Flüsse graben neue Flussbetten und Nebenflüsse; Schnee und Eis dehnen sich aus und ziehen sich zusammen, wodurch sie Straßen, Felsen und Klippen aufbrechen. Firmen verändern sich als Reaktion auf die Nachfrage der Konsumenten und des Marktes. Wissenschaft und Technologie sorgen für Innovationen, und neue Produktions- und Distributionsabläufe helfen dem einen Unternehmen beim Wachstum und zerstören das andere. Wir verändern uns, weil wir uns an die sich ständig wandelnde Welt um uns herum anpassen. Dadurch wird Veränderung zur Norm und ist nicht länger die Ausnahme.

Veränderung zu akzeptieren und bereit zu sein, im Leben voranzuschreiten, während man sich über die Unvermeidbarkeit von Wandel im Klaren ist, stellt einen gesunden und wachstumsfördernden Prozess für Ihre Klienten dar. Sobald Ihre Klienten Veränderung willkommen heißen und sie nicht völlig als bedrohlich ablehnen, werden sie ihre psychische Flexibilität verbessern.

Der Glaube daran, dass Veränderung die einzige Konstante im Leben ist, ist nicht das Gleiche wie der Glaube an Determinismus; d. h., es besteht ein Unterschied zwischen dem Glauben daran, dass Veränderung unvermeidlich ist, und der Überzeugung, dass alles im Leben vorherbestimmt ist und sich trotz unserer Handlungen verändern wird. Darauf zu vertrauen, dass das Leben sich ständig wandelt, bedeutet nicht, dass wir uns keine (Unter-)Ziele setzen und alles dem Schicksal überlassen sollten. Menschen müssen vielmehr ein Verständnis dafür entwickeln, dass ihr Leben sich zwangsläufig verändern wird und sie diesen Prozess nicht aufhalten können. Daher müssen sie diese Tatsache akzeptieren und bereit sein, sich mit ihrem Leben zu wandeln.

Bedauerlicherweise empfinden viele Ihrer Klienten Veränderung als bedrohlich und sehen sie als etwas an, dem sie nicht gewachsen sind, weil sie es nicht kontrollieren oder abstellen können. Da sie den Wandel der Dinge nicht vermeiden, eliminieren oder kontrollieren können, haben sie Angst vor ihm. Klienten möchten wissen, was sie erwartet, damit sie sich auf das Schlimmste vorbereiten können. Veränderung zu akzeptieren und bereit zu sein, in ihrer Gegenwart wertebasierte Handlungen auszuführen, stellt einen grundlegenden Schritt in der Entwicklung besserer psychischer Flexibilität dar. Die folgende Übung basiert auf einer ähnlichen Aufgabe, die in meinem 2010 veröffentlichten ACT-Ratgeber *Stress Less, Live More* erschienen ist. Sie soll Ihnen als Grundstruktur dienen, mit der Sie Ihren Klienten dabei helfen können, Veränderung zu akzeptieren und ihr Leben trotzdem in die Hand zu nehmen.

ÜBUNG

Akzeptieren üben: Veränderung bereitwillig annehmen (AB 7.5)

Geben Sie Ihrem Klienten die folgenden Anweisungen:

1. Denken Sie an eine bevorstehende Veränderung in Ihrem Leben, durch die Sie sich gefangen fühlen und nicht in der Lage sind, auf eines Ihrer Ziele hinzuarbeiten. Oder denken Sie an eine solche Veränderung aus der Vergangenheit.
2. Was wird sich demnächst verändern oder was hat sich bereits in der Vergangenheit verändert?
3. Was an der Veränderung hält oder hielt Sie gefangen?
4. Welche beunruhigenden Gedanken vermittelt(e) Ihnen Ihr Verstand zu dieser Veränderung?
5. Welche veralteten persönlichen Skripte produziert(e) Ihr Verstand zu dieser Veränderung und Ihrer Fähigkeit, mit dieser klarzukommen?
6. Was ist das schrecklichste Bild, das Ihr Verstand über die Veränderung geschaffen hat oder schuf?
7. Welche schmerzhaften Gefühle löst(e) die Veränderung aus?
8. Als wie bedrohlich empfinden oder empfanden Sie die Veränderung auf einer Skala von 1 bis 10?

9. Wie sind Sie in der Vergangenheit mit ähnlichen Veränderungen umgegangen?
10. Was können Sie tun, um sich auf diese Veränderung vorzubereiten oder was hätten Sie tun können?
11. Wie viel Zeit haben oder hatten Sie, um sich auf diese Veränderung vorzubereiten?
12. Welche Aspekte der Veränderung sind oder waren Sie bereit zu akzeptieren?
13. Auf welche Weise können oder konnten Sie durch die Anpassung an diese Veränderung wachsen?

Erklären Sie Ihren Klienten nach dem Ausführen der Übung, dass sie das Gelernte dazu verwenden können, sich von veralteten Gedanken und Skripten zu lösen, die sie in Verbindung mit der Veränderung in ihrem Leben hatten. Je erfolgreicher sie trotz schmerzlicher veränderungsbezogener Gedanken und Gefühlen wertebasierte Handlungen ausführen, desto besser werden sie sich von der Geisteshaltung, nach der eine Veränderung immer negativ und bedrohlich ist, lösen können.

Erklären Sie Ihren Klienten, dass sie Veränderung mit der Zeit nicht mehr nur als unvermeidlich, sondern auch als einen wertvollen und bereichernden Teil ihres Lebens ansehen werden. Wenn sie sie erst einmal bereitwillig angenommen haben, wird sie zu ihrem Freund und einer erneuernden Kraft werden, der sie mit freudiger Erwartung entgegensehen können.

7.6 Erlebensvermeidung

Ihre Klienten haben vieles probiert, um Schmerz und Leiden zu vermeiden. Jason Luoma und seine Kollegen (2007) nennen drei Haupttypen empirisch gestützten Vermeidungsverhaltens, das Ihre Klienten an den Tag legen könnten: dem Vermeiden dienende innere Verhaltensweisen *(internal avoidance behavior)*, offen der Emotionskontrolle dienende Verhaltensweisen *(overt emotional-control behavior)* und begrenzendes Verhalten *(narrowing/constricting behavior)*. Lassen Sie uns einen Blick auf alle drei werfen.

7.6.1 Dem Vermeiden dienende innere Verhaltensweisen

Dem Vermeiden dienendes inneres Verhalten ist der Versuch, Erlebnisse zu vermeiden, indem die mit ihnen verbundenen Gedanken und Gefühle kontrolliert oder eliminiert werden. Tagträume, übermäßige Sorgen und sich einzureden, man hätte andere Gedanken und Gefühle, als man wirklich hat, sind Beispiele für solches inneres Vermeidungsverhalten. Wie ich in diesem Buch erklärt habe, zeigt uns die ACT-Forschung, dass solches Vermeidungsverhalten das Problem lediglich verschlimmert.

7.6.2 Offen der Emotionskontrolle dienende Verhaltensweisen

Offen der Emotionskontrolle dienendes Verhalten ist der Versuch, Erlebnisse zu vermeiden, indem wir uns von ihnen ablenken. Alkohol- und Suchtmittelmissbrauch, Überernährung, Glücksspiel und die Suche nach einem Adrenalinrausch sind Beispiele für offensichtliches gefühlskontrollierendes Verhalten. Obwohl Ihre Klienten das Gefühl haben, dass dieses Verhalten ihren Schmerz und ihr Leiden für eine gewisse Zeit lindert, kehren die beunruhigenden Gedanken und schmerzlichen Gefühle schnell zurück, nachdem die Ablenkung vorüber ist. Viele dieser offensichtlich gefühlskontrollierenden Verhaltensweisen sind zudem problematisch und erschweren den Klienten das Erreichen von Zielen enorm. Nehmen wir beispielsweise Ann, die Schriftstellerin. Ihr fällt es schwer genug zu schreiben, wenn sie nüchtern und klar im Kopf ist. Es wäre ihr fast unmöglich zu schreiben, wenn sie einen Kater hätte oder im Drogenrausch wäre. Es ist sehr schwierig, einem strikten Zeitplan zu folgen, wenn man schreibt, selbst wenn der Schriftsteller sich bester Gesundheit erfreut. Dies zu tun, wenn Alkohol und Drogen dem Körper Energie und Schlaf rauben, ist nahezu unmöglich.

7.6.3 Begrenzendes Verhalten

Begrenzendes Verhalten unterbindet das direkte Erfahren von Erlebnissen absichtlich. Dies kann bedeuten, dass wir Aktivitäten beenden, weil sie schwierig, schmerzhaft oder bedrohlich sind, obwohl einige Aspekte uns Freude machen oder eine Belohnung darstellen. Ein weiteres Beispiel ist das Begrenzen neuer Aktivitäten oder des Kontakts mit unbekannten Menschen, weil wir dies als bedrohlich empfinden. Wenn Klienten ihre Möglichkeiten, neue Dinge zu tun oder neue Menschen zu treffen, absichtlich begrenzen, folgen sie starren (aber gemütlichen und bekannten) Verhaltensmustern. Ann soll uns noch einmal als Beispiel dienen. Sie könnte davon profitieren, einer Schriftstellergruppe beizutreten. In einer solchen Gruppe könnte sie andere Schriftsteller treffen, die sich abmühen oder erfolgreich sind, und herausfinden, wie diese zu ihren Agenten kamen. Solche Vereinigungen laden oft Agenten ein, die den Schriftstellern ihre Agenturleistungen vorstellen. Sollte Ann sich von solch einer Gruppe ausschließen, weil es zu schmerzlich ist zuzugeben, dass sie Schwierigkeiten hat und auf hundert Absagen zurückblickt, werden ihr die Vorteile der Gruppe entgehen. Der Besuch der Treffen könnte genau die Erfahrung sein, die Anns Verstand zur Entwicklung neuer Bezugsrahmen animiert, in denen sie sich als Schriftstellerin sieht.

Ein schmaler Grat trennt gesundes Vermeiden von schädlichem oder hinderlichem Vermeiden. Es ist ungesund und hinderlich, Dinge zu vermeiden, die wir zum Erreichen unserer Ziele benötigen und durch die wir im Einklang mit unseren Werten leben. Es ist ebenfalls schädlich und hinderlich, der Gefangene eines starren Verhaltensmusters zu sein, wenn uns klar ist, dass dies nicht unserem Besten dient und die volle Entfaltung unseres Potenzials behindert.

Auf der anderen Seite kann Vermeiden aber auch hilfreich sein. Es ist gut, Menschen, Orte und Situationen zu meiden, von denen wir wissen, dass sie dem Erreichen unserer Ziele im Wege stehen oder mit unseren Werten kollidieren. Stellen Sie sich beispielsweise vor, Ihr Klient Omar ist gegen das Einnehmen illegaler psychoaktiver Drogen wie Marihuana und Kokain. Omar weiß um alle Argumente für und gegen diese Art von Drogen und ist der Meinung, dass sie der Gesundheit nicht mehr schaden als Alkohol oder Tabak. Im Gegensatz zu letzteren sind psychoaktive Drogen aber illegal. Obwohl Omar die Drogen nicht notwendigerweise als gesundheitsschädlich einstuft, will er nichts mit ihnen zu tun haben, weil die Einnahme eine illegale Handlung darstellt.

Eines Nachts erhält er einen Anruf von seinem Bruder, der gerade eingeflogen ist und Omar sehen möchte. Der Bruder hinterlässt ihm eine Nachricht auf dem Anrufbeantworter, in der er ihm die Ankunftszeit und Flugnummer mitteilt. Er wird später am selben Abend ankommen und erwartet, dass Omar ihn vom Flughafen abholt. Der Bruder ist seit über zehn Jahren nicht zu Hause gewesen und möchte gerne Zeit mit Omar verbringen. Omar reagiert mit einem Mal aufgebracht. Sein Verstand beginnt hektisch beunruhigende Gedanken, veraltete und hinderliche Skripte, erschreckende Bilder und schmerzhafte Gefühle in Verbindung mit seinem Bruder zu produzieren. Omar mag seinen Bruder nicht sonderlich und war hocherfreut, als dieser vor mehr als einem Jahrzehnt nach Kalifornien zog. Der Bruder war ständig in Schwierigkeiten mit der Polizei und kostete Omar und seine Eltern viele schlaflose Nächte. Der Bruder versuchte ständig, Omar in seinen Drogenkonsum und in gefährliche Eskapaden hineinzuziehen.

Während Omar über den Anruf und die Erwartung seines Bruders, vom Flughafen abgeholt zu werden, nachdenkt, geht sein Verstand mit ihm durch. Omar entscheidet, dass er seinen Bruder an dem Abend nicht sehen und ihn definitiv nicht vom Flughafen abholen will. Er ruft seinen Vater an, der sich darüber zu freuen scheint, seinen anderen Sohn abholen zu können. Omar gibt seinem Vater die Telefonnummer und Fluginformation des Bruders und bittet darum, in dieser Nacht nicht gestört zu werden, da er am nächsten Morgen früh zur Arbeit muss. Er teilt seinem Vater mit, dass er sich am nächsten Tag nach der Arbeit bei seinem Bruder melden wird.

Obwohl es sich hierbei um ein extremes Beispiel handelt, veranschaulicht das Szenario doch, dass das Vermeiden von schmerzhaften und hinderlichen Erfahrungen manchmal eine gute Idee sein kann. ACT unterstützt Ihre Klienten dabei, mehr Achtsamkeit darauf zu verwenden, wann sie Erfahrungen zu vermeiden versuchen. Die beste Methode, um herauszufinden, ob ihr Vermeidungsverhalten schädlich ist, besteht darin, die gleiche Frage nach dem Nutzen zu stellen, die wir im Laufe dieses Buches verwendet haben: *Wird sich das Vermeiden dieser Erfahrung positiv auf das Erreichen meiner Ziele auswirken und bleibe ich meinen Werten dabei treu?* Sollte die Antwort „Ja" lauten, dann vermeiden Ihre Klienten mit großer Wahrscheinlichkeit nicht das Erleben von Ereignissen.

8. Integrieren Sie ACT in Ihr Coaching

Im Laufe der Zeit habe ich bestimmte technische Verfahren in die Arbeit mit und den Unterricht von Klienten eingebunden. Ich habe einige Jahre virtuell mit Klienten gearbeitet und über zehn Jahre Online-Kurse abgehalten. Mein dreistufiges Arbeitsmodell hat sich aus diesem Bezugssystem heraus entwickelt und integriert Technik sowohl in den Inhalt der Arbeit mit Klienten als auch in den Prozess.

8.1 Ein Drei-Stufen-Modell für die Arbeit mit Klienten

Inhalt bezeichnet die Dinge, die Klienten über Acceptance und Commitment Therapie wissen müssen, und ist ein wichtiger Bestandteil der ACT-basierten Herangehensweise an das Coaching. Ihre Klienten müssen bestimmte Konzepte verstehen lernen, die mit Akzeptieren, Commitment, Bereitschaft und einer ACT-basierter Sichtweise auf den Verstand zusammenhängen. Sie müssen erkennen, wie diese Konzepte funktionieren, damit sie sie in ihrem Leben anwenden können. Ihre Aufgabe als Coach besteht darin, Ihren Klienten diese Informationen als Teil ihres Vertrages mit Ihnen zur Verfügung zu stellen. Wie in der Einleitung bereits erwähnt, stehen Ihnen zur Vereinfachung Ihrer Arbeit alle Formulare und Übungen in der Mediathek unter ↗ http://www.junfermann.de (sowie auf der Internetseite des New Harbinger Verlages in englischer Sprache) zur Verfügung. Dies ist auch der Grund, warum Sie das Symbol einer Computermaus neben bestimmten Formularen und Übungen entdecken können. Der *Prozess* des Coachens beinhaltet, den Klienten dabei zu helfen, das erworbene Wissen durch bestimmte ACT-basierte Fähigkeiten in ihr Leben zu integrieren. Dies ermöglicht ihnen, zielführende Handlungen auszuführen und einen Lebensstil zu entwickeln, der ihre Werte und Ziele reflektiert. Der Coachingprozess kann von Angesicht zu Angesicht ablaufen oder aber virtuell. Ich coache alle meine Privatklienten in einer virtuellen Therapie und verwende dabei eine Kombination aus Telefon, Webcam und E-Mail. Meine kostenfreie Arbeit geschieht mit Studenten von Angesicht zu Angesicht in meinem Büro auf dem Campus, da dies praktischer ist. Selbstverständlich können Sie die beiden Formen der Klientenarbeit miteinander verbinden. Eine ACT-basierte Herangehensweise an das Coaching funktioniert mit beiden Prozessen.

Als Nächstes werde ich mich den drei Komponenten meines dreistufigen Modells widmen.

8.1.1 Stufe 1: Hausaufgaben in der virtuellen Therapie aufgeben

Wie Sie bei der aufmerksamen Lektüre dieses Buches vielleicht bemerkt haben, verwende ich viele Übungen, durch die ich Sie einbinden und Ihnen helfen will, Ihren Klienten neues Material und neue Konzepte zu vermitteln. Als Coach sind Sie in gleichem Maße Lehrer, Motivator und Unterstützer. Geben Sie Ihren Coachees Lesematerial und Übungen als Hausaufgabe auf und erklären Sie ihnen, dass dieser Stoff die Grundlage für Ihre Arbeit mit ihnen schaffen wird. Haben Sie keine Scheu, Ihren Klienten mitzuteilen, dass Sie das Ausführen der Leseaufgaben und Übungen *erwarten* und dass Sie dies kontrollieren werden. Erklären Sie ihnen, dass Ihre zukünftigen Sitzungen auf diesem Material aufbauen werden.

Sorgen Sie dafür, dass das Lektürematerial und die Übungen Ihren Klienten leicht zugänglich sind und dass Sie die Hausaufgaben auf einfache Weise einreichen können. Die simpelste Möglichkeit besteht darin, Ihren Klienten das Material per E-Mail oder elektronischem Fax zukommen zu lassen. Ein elektronisches Fax – oder E-Fax – wird von einem Computer zum anderen gesendet, statt an einen Telefonanschluss gebunden zu sein. Sie können sich über das Senden solcher E-Faxe informieren, indem Sie den Begriff „E-Fax“ in Ihre bevorzugte Suchmaschine eingeben.

8.1.2 Stufe 2: Das Entwickeln von Gewohnheiten, die die Gesundheit fördern

Der zweite Teil meines dreistufigen Modells für ACT-Coaches besteht darin, den Klienten zu helfen, Gewohnheiten zu entwickeln, die ihre emotionale und geistige Gesundheit fördert. Klienten, die ihre Hausaufgaben gemacht haben, sind dazu in der Lage, das Gelernte in ihre tägliche Routine zu integrieren. Durch das tägliche Anwenden von ACT-Techniken werden Ihre Klienten gesundheitsfördernde Gewohnheiten entwickeln. Die meisten Menschen denken bei dem Begriff gesunde Gewohnheiten zumeist an physische Aktivitäten wie gesunde Ernährung, tägliche körperliche Betätigung und ausreichend Erholung. Ich bin der Meinung, dass Sie Ihren Klienten zusätzlich zu den gesunden *physischen* Gewohnheiten auch das Praktizieren stärkender *geistiger* (Denk-) und *emotionaler* (Gefühls-) Gewohnheiten ans Herz legen sollten. Diese stärkenden Denk- und Gefühlsgewohnheiten werden ein Teil des Lebensstiles werden, wenn sie erst einmal in die tägliche Routine eingeflossen sind. Ich sehe dies als eines der Hauptziele des Coachings: den Klienten zu helfen, einen stärkenden und gesunden Lebensstil zu entwickeln, durch den sie ihre Ziele erreichen und das Leben, wie sie es sich wünschen, führen können. Ich bin mir sicher, dass Sie mit einer Vielzahl emotional labiler Klienten zusammengearbeitet haben, deren Pläne schnell durch unlogische Gedanken und emotionale Höhen und Tiefen durchkreuzt wurden. Sie können Ihren Klienten durch die ACT-Prinzipien und -Methoden zu widerstandsfähigeren Denk- und Gefühlsgewohnheiten verhelfen, sie zu größerer psychischer Flexibilität animieren und ihre emotionale Zerbrechlichkeit mindern.

8.1.3 *Stufe 3: Ziele erreichen und ein sinnerfülltes Leben führen*

Als Coach werden Sie in erster Linie dazu ausgebildet, Ihren Klienten zum Erreichen ihrer Ziele und zu einem sinnerfüllten Leben zu verhelfen. Die einzige Veränderung besteht nun darin, dass Sie Ihrem Coaching eine neue Wendung geben und die ACT-Prinzipien und -Methoden in Ihre Herangehensweise einbauen. Es spielt hierbei keine Rolle, ob die Sitzungen mit Ihren Klienten von Angesicht zu Angesicht oder auf virtuellem Weg stattfinden, synchron (in Echtzeit) oder asynchron (zeitverschoben). Ich kann auf Erfolge mit Studenten und Klienten zurückblicken, ganz gleich, ob ich ihnen an meinem Schreibtisch gegenübersaß oder mich auf der anderen Seite des Landes befand, ob ich mit ihnen telefonierte oder E-Mails austauschte.

Den Rest dieses Kapitels werde ich dazu verwenden, Ihnen schrittweise zu erklären, wie Sie ACT in Ihr Coaching integrieren können. Es existiert offensichtlich kein genaues Schema für die Arbeit mit einem bestimmten Klienten, und Sie werden einen Teil des Materials aus diesem Kapitel zweifellos an die jeweiligen Bedürfnisse und den Stil anpassen müssen. Eine Schritt-für-Schritt-Anleitung kann sich jedoch als äußerst hilfreich erweisen, besonders wenn Sie noch Anfänger in den ACT-basierten Techniken sind.

8.2 Werden Sie zum ACT-Coach: ein Prozess in sechs Schritten

Wie ich bereits im ersten Kapitel erwähnt habe, rate ich Ihnen dringend dazu, alle Übungen in diesem Buch selbst auszuführen und die ACT-Techniken und -Fähigkeiten an sich selbst zu testen, bevor Sie sie bei Ihren Klienten anwenden. Hierdurch folgen Sie der ACT-Tradition und verbessern zwei Ihrer eigenen Fähigkeiten: Sie werden verstehen, wie alle Prozesse funktionieren, und Sie werden in der Lage sein, Ihren Klienten die Wichtigkeit des Ausführens der Übungen klarzumachen, da Sie sie selbst durchgegangen sind.

Ich mag den Gedanken, etwas Neues in Schritten zu lernen. Die Schritte erinnern mich an Trittsteine in einem geheimen Garten. Die sorgfältig verlegten Steinplatten dirigieren Sie entlang eines Pfades, der Sie am Ende zu Ihrem Bestimmungsort führt. In meinem Garten führen die Trittsteine Sie zu einem kleinen Teich mit einer geschützten Sonnenterasse und einem gemütlichen Liegestuhl unter einer großen, Schatten spendenden Robinie. Wenn ich meinen Bestimmungsort erreiche, werde ich mit einem ruhigen, kühlen Sitzplatz belohnt, an dem ich über den Tag nachdenken kann.

Ihre Schritte werden Sie entlang eines Pfades geleiten, auf dem Sie herausfinden, wie Sie das Material zu ACT in die Arbeit mit Ihren Klienten integrieren. Wenn Sie Ihren Bestimmungsort erreichen, werden Sie mit Klienten belohnt, die sich aus Sackgassen befreien, ihre Ziele erreichen und ein zielführendes Leben führen können. Obwohl die Schritte offenkundig der Reihe nach durchgeführt werden, bleibt es Ihnen überlassen, wie Sie sie über mehrere Sitzungen mit dem einzelnen Klienten verteilen. Während Sie mit dem einen Klienten mehrere Schritte per Sitzung durchführen können, benötigen andere mehrere Sitzungen für einen Schritt. Dies müssen Sie individuell entscheiden. Sie kennen Ihre Klienten besser, als ich es jemals werde.

8.2.1 Schritt 1: Ersteinschätzung und das Setzen von Zielen

Der beste Startpunkt für das Integrieren von ACT-Prinzipien und -Methoden ist das Aufnahmegespräch mit einem neuen Klienten. Erklären Sie, dass Sie Bestandteile der ACT anwenden, wenn Sie mit Ihrem Klienten die Einverständniserklärung durchgehen. Ich schlage vor, dass Sie diesen ersten Schritt als Gratissitzung anbieten und sich das als Marketingargument zunutze machen. Ich empfehle Ihnen, mit einer Gratiseinschätzung zu werben, die dem potenziellen Klienten helfen soll, den Unterschied zwischen Ihrer ACT-basierten Methode und anderen (vielleicht bereits ausprobierten) Formen des Coachings zu verstehen. Ich halte es für eine gute Idee, die erste Sitzung in zwei Teile zu teilen: Zunächst können Formulare am Computer ausgefüllt und Ihnen zugesandt werden und dann können diese in einem persönlichen Gespräch oder telefonisch besprochen werden.

Im Anhang (A und B) finden Sie Beispielformulare für eine Ersteinschätzung, eine Einverständniserklärung und andere Belange. Ich bin Lyn Kelley, der Präsidentin des Grow Training Institutes und meiner Mentorin, sehr dankbar dafür, dass sie mir erlaubt hat, Ihre Formulare zu verändern und zu vervielfältigen. Sollten Sie Interesse an den Diensten des Grow Training Institutes haben, können Sie sich auf dessen Internetseite ↗ http://www.growpublications.com informieren und sich ein Bild über

Lyns Arbeit (Kelley, 2008) machen. Sie ist eine meisterhafte Motivatorin und eine Expertin darin, eine Coachingpraxis aufzubauen.

In Anhang B finden Sie einen Abschnitt mit dem Titel „Hintergrund und Herangehensweise an das Coaching“, in dem ich speziell erwähne, dass meine Coachingmethode auf einer eklektischen Mischung aus Techniken beruht. Zu diesen gehören der Bereich des Coachings (Coachingprinzipien und -methoden), Erziehungspsychologie (Motivationstheorie, Werteklärung), achtsamkeitsbasierte Stressminderung (Achtsamkeitstraining), Psychotherapie (Acceptance und Commitment Therapie) und Gesundheitserziehung (Entspannungstraining, Wellness). In besagtem Abschnitt erwähne ich auch, dass ich – obwohl ich einige Techniken der Psychotherapie entlehne – *kein Therapeut* bin und *keine Psychotherapie betreibe.* Die Techniken, die ich verwende, werden in einem Unterrichtsraum, in der Geschäftswelt oder anderen Veranstaltungsorten angewandt. Sie richten sich an Studenten und Klienten, die ihre Werte klären, sich (Unter-)Ziele setzen und Hindernisse auf dem Weg zu ihren Träumen überwinden wollen. Ich empfehle Ihnen, ausreichend Zeit auf die Ersteinschätzung zu verwenden und mit Hilfe von Anhang A sicherzustellen, dass Ihre Klienten einen Coach benötigen und keinen Psychotherapeuten. (Das Formular „Ersteinschätzung des Klienten“ steht Ihnen auch als PDF zum Download in der Mediathek des Junfermann Verlags zur Verfügung.) Die Ziele Ihrer Klienten dürfen nicht über Ihren Ausbildungsstand und Ihre Fähigkeiten hinausgehen.

Ein Paragraf der Einverständniserklärung (Anhang B) befasst sich mit dem Versenden und Erhalten von Informationen und Aufgaben. Ich bitte meine Klienten darum, mir genau mitzuteilen, wie sie Material von mir erhalten und mir zusenden wollen. Sie können dabei zwischen Fax und E-Mail wählen. Dies bleibt allein ihnen überlassen. Ich gebe ihnen meine E-Mail-Adresse und die Nummer für elektronische Faxe, damit sie wissen, wohin sie ihr Material senden können.

Bitten Sie Ihre Klienten, die Formulare auszufüllen und Ihnen per Mail oder Fax zuzusenden oder Ihnen persönlich zu überbringen, sollten Sie eine Praxis haben. Wie ich bereits erwähnt habe, betreibe ich eine „virtuelle Praxis“, in der alle Dokumente als elektronisches Fax versendet werden. Das Ziel dieses Buches besteht nicht darin, die Vor- und Nachteile einer virtuellen Praxis mit denen einer physischen zu vergleichen und die unzähligen damit zusammenhängenden Aspekte zu diskutieren. Der Buchmarkt bietet eine große Auswahl an Fachliteratur, die Ihnen bei der Entscheidung für eine Praxisform helfen kann.

Nachdem Sie das ausgefüllte Einschätzungsformular und die Einverständniserklärung von Ihrem potenziellen Klienten erhalten haben, schlage ich vor, dass Sie eine Gratissitzung anbieten, in der Sie sich vorstellen, die Formulare sowie die Ziele des Klienten durchgehen und entscheiden, ob Sie beide eine Zusammenarbeit eingehen wollen. In diesem Zusammenhang können Sie auch noch einmal Ihre Methode unterstreichen und Ihrem Klienten verständlich machen, was es bedeutet, mit einem ACT-Coach zusammenzuarbeiten. Erklären Sie ihm, was ACT von anderen Coachingmethoden unterscheidet.

Informieren Sie Ihre Klienten darüber, dass Sie ihnen das Grundlegende zu ACT durch eine Kombination aus Hausaufgaben und ausgewählter Lektüre beibringen werden. Das Material dazu stellen Sie zur Verfügung. Erklären Sie, dass die ACT-Fähigkeiten später in den Alltag eingebaut werden sollen und dort als widerstandsfähige emotionale und intellektuelle Gewohnheiten zur Anwendung kommen. Versichern Sie Ihren Klienten, dass sie für Ihre Coachingmethode keine Bücher kaufen oder mehr als die Hausaufgaben lesen müssen. Teilen Sie Ihren Klienten zum Schluss mit, dass Ihr Hauptziel darin besteht, ihnen zu ihren Zielen zu verhelfen. Nichtsdestotrotz werden Sie einen Teil Ihrer Zeit darauf verwenden, Ihren Klienten ACT-basiertes Wissen zu vermitteln, welches ihren Erfolg sicherstellen soll.

8.2.2 Schritt 2: Ein kurzer Überblick über ACT

Diesen Schritt verwenden Sie dazu, Ihren Klienten eine Einführung in die Grundprinzipien und -methoden der ACT zu geben. Es ist besonders wichtig, dass sie verstehen, wie der Verstand Gedanken, persönliche Skripte, mentale Bilder und Gefühle verarbeitet. Sie bringen Ihren Klienten dies am besten bei, indem Sie ihnen die folgende Übung als Hausaufgabe aufgeben:

ÜBUNG

Hausaufgabe – Was ist ACT?

Der Zweck dieser Übung besteht darin, Ihnen die Bedeutung von ACT zu vermitteln, damit wir effizient zusammenarbeiten können. Interessante Forschungsergebnisse zur ACT erklären, wie der Verstand im Zusammenhang mit den Gedanken an die eigenen Ziele arbeitet. Da meine Coachingmethode auf der ACT-Theorie basiert, ist es wichtig, dass Sie sich einige grundlegende Kenntnisse über ACT aneignen. Zudem werden Sie dadurch verstehen, wie Sie durch verlässliche emotionale und intellektuelle Gewohnheiten Ihre Ziele erreichen und das Leben Ihrer Träume führen können.

1. Lesen Sie das Material zu ACT, das ich Ihnen zugeschickt habe.
2. Notieren Sie nach der Lektüre des ACT-Materials Ihre Antworten auf die folgenden Fragen:
   - Wie heißen die vier Aspekte des Akzeptierens?
   - Wie versteht ACT den Begriff Commitment / Selbstverpflichtung?
   - Was bedeutet die Aussage: „Das Gehirn ist eine Nonstop-Denk- und -Fühlmaschine“?
   - Welchen Einfluss haben Ihre vergangenen Bezugsrahmen auf Ihr derzeitiges Denken und Ihre Zukunftspläne?
   - Warum spielen Worte und innere Gespräche eine so große Rolle für die ACT?
   - Wie führen die häufigsten Denk- und Gefühlsfallen Sie in Sackgassen?
3. Senden Sie mir Ihre Antworten per ______________________, wie vertraglich vereinbart, damit ich sie vor unserer nächsten Sitzung lesen kann.
4. Seien Sie darauf vorbereitet, dass wir Ihre Antworten in unserer nächsten Sitzung besprechen.
5. Ich erwarte von Ihnen, dass Sie diesen Schritt ernst nehmen und die Übung nach bestem Wissen und Gewissen durchführen. Um Ihnen dabei helfen zu können, in Ihrem Leben weiterzukommen und Ihre Ziele zu erreichen, ist es wichtig, dass Sie über dieses Grundwissen zu ACT verfügen.

Sie können die Information aus der Hausaufgabe auf verschiedene Weisen mit Ihrem Klienten durchgehen. Dies hängt von Ihrer Praxisform ab. Wie ich erwähnt habe, betreibe ich eine virtuelle Praxis und leite seit zehn Jahren Kurse für Studenten. Daher bin ich sehr daran gewöhnt, Information online mit meinen Klienten durchzuarbeiten. Ich bevorzuge es, wenn mir Klienten ihre Hausaufgaben im Voraus zusenden, damit ich sie lesen, kommentieren und zurückschicken kann, *bevor* wir uns persönlich zu unserer nächsten Sitzung treffen.

Sie mögen es vielleicht eher, die Antworten des Klienten mit ihm zu Beginn der nächsten Sitzung durchzugehen. In diesem Fall laden Sie die Arbeit des Klienten auf Ihren PC herunter, lesen sie und bereiten schriftliche Kommentare vor, die Sie während der Sitzung besprechen. Sie entscheiden, ob Sie Ihren Eindruck von der Arbeit des Klienten lediglich mündlich vermitteln wollen oder ihm zusätzlich eine schriftliche Rückmeldung zukommen lassen. Sollten Sie Ihren Klienten persönlich treffen, können Sie ihm seine Antworten mit Ihren Kommentaren selbst überreichen. Arbeiten Sie virtuell, sollten Sie ihm Ihre Kommentare mailen, wenn die Sitzung begonnen hat.

Ich halte es für wichtig, Klienten eine schriftliche Rückmeldung zu geben. Ich habe den Eindruck, dass schriftliche Kommentare im Nachhinein, nach der formellen Sitzung, einen großen Nutzen haben. Die Klienten können sich ihre Arbeit mit Ihnen noch einmal anschauen, ohne sich dabei auf ihre Erinnerung verlassen zu müssen. Ich bin der Meinung, dass dies den Wert Ihrer Arbeit mit Ihren Klienten steigert und Ihnen als Werbung für Ihre Praxis dienen kann. Unabhängig von der Art, wie Sie diese Information verarbeiten, müssen Sie immer daran denken, dass der Schlüsselaspekt von Schritt 2 darin besteht, dem Klienten ein klares Verständnis von ACT zu vermitteln. Er muss verstehen, auf welche Weise Sie gedenken, die ACT-Prinzipien und -Methoden anzuwenden, damit er seine Ziele erreichen und sein angestrebtes Leben führen kann.

Ich bin der festen Überzeugung, dass Studenten und Klienten sich hohe Ziele setzen und diese auch erreichen sollten. Ich teile ihnen meine Erwartungen gerne mit (siehe Schritt 5), da sie hierdurch realisieren, dass ich ihre Arbeit auch wirklich kontrollieren werde. Es ist wissenschaftlich erwiesen, dass das Äußern von Erwartungen das Befolgen von Anweisungen verbessert (Blonna, Loschiavo & Watter, 2010). Wenn Sie Hausaufgaben aufgeben, ohne diese als Erwartungen zu formulieren, werden Ihre Klienten sie oft nicht ausführen, da sie sie als einen *optionalen* und nicht als *geforderten* Teil ihres Coachingplans ansehen. Ein Klient, der seine Hausaufgaben nicht gemacht hat, kommt unvorbereitet zur nächsten Sitzung. Sie können nicht wie vorgesehen mit dem Material arbeiten und verschwenden wertvolle Behandlungszeit, da Sie Informationen durchgehen müssen, die eigentlich in der Heimarbeit hätten gelesen werden sollen. Dies kann zu Frustration bei Coach und Klient führen und für letzteren sehr kostspielig werden, da ein größerer Teil der Sitzungen durch das Lernen von Inhalten verloren geht, anstatt diese Zeit für das Anwenden der Informationen und das Erreichen von Zielen zu verwenden.

8.2.3 Schritt 3: Werte beurteilen

Wie Sie durch die Lektüre dieses Buches erfahren haben, stellt Werteklärung eine Schlüsselrolle bei der Verwendung von ACT im Coaching dar. Bei der ACT dreht sich alles um die Werte des Klienten. In den meisten Fällen gerät ein Klient in eine Sackgasse, weil etwas in seinem Leben zu einem Wertekonflikt geführt hat. Wenn Mary Sie beispielsweise aufsucht, weil sie sich beruflich verändern will und nicht sicher ist, wie sie vorgehen soll, geht ihr Wunsch nach einer neuen Karriere häufig auf einen Wert zurück, den sie in Bezug auf die Arbeit oder auf in Kapitel 4 beschriebene Aspekte hat. Dies kann mit dem Gefühl zusammenhängen, dass ihre derzeitige Arbeitsstelle ihr nicht die Verdienstmöglichkeiten bietet, die sie sich wünscht; oder die Kreativität zulässt, die sie auszuleben hofft; oder das Potenzial für intellektuelle Entwicklung aufweist, ohne die sie mit ihrem Beruf nicht zufrieden sein kann. Alle diese drei Aspekte – Verdienstmöglichkeit, Kreativität und intellektuelle Entwicklung – stellen Dinge dar, die sie wertschätzt.

An dieser Stelle möchte ich Ihnen nochmals empfehlen, Ihre Klienten dieses Material zu lehren, indem Sie ihnen Hausaufgaben in Form von Lektüre und Übungen aufgeben. Wie Sie in Kapitel 4 festgestellt haben, gibt es eine große Menge an Material durchzuarbeiten. Erklären Sie Ihren Klienten, dass es sich bei der Werteklärung um einen vierstufigen Prozess handelt und Sie ihnen daher Übungen aufgeben werden, die aufeinander aufbauen. Nachdem Ihre Klienten die Informationen zu den Übungen gelesen haben, bitten Sie sie, die drei Werteklärungsübungen aus Kapitel 4 durchzuführen: „Achtsamkeitsübung: Die Post sortieren", „Werterangliste und Defusionsübung: Kern- versus Satellitenwerte" und „Werteklärungsübung: Erstellen Sie einen Plan, um Ihren Werten entsprechend zu handeln". Bitten Sie Ihre Klienten, Ihnen alle drei Übungen zukommen zu lassen und sich darauf vorzubereiten, diese in der nächsten Sitzung zu besprechen.

Lassen Sie Ihre Klienten die drei Übungen ausführen. Erklären Sie ihnen in den darauffolgenden Sitzungen, wie Sie zusammen herausfinden werden, in welchem Zusammenhang die durch die Aufgaben geklärten Werte mit ihren Zielen stehen. Geben Sie den Klienten zu verstehen, dass sie ihre Ziele mit sehr viel größerer Wahrscheinlichkeit erreichen werden, wenn diese Ziele ihre Werte widerspiegeln. Wir erinnern uns an Kapitel 4, in dem wir festgestellt haben, dass Menschen häufig in Sackgassen geraten, weil ein Konflikt zwischen ihren Zielen und Werten entstanden ist.

8.2.4 Schritt 4: Klare Ziele und messbare Unterziele setzen

Nachdem Sie die Grundlage für ein Verständnis von ACT gelegt und vermittelt haben, in welchem Zusammenhang sie zu den Werten Ihres Klienten steht, können Sie sich jetzt noch einmal die Ziele des Klienten anschauen, die er in Ihrer ersten Sitzung geäußert hat, und untersuchen, wie seine Werte und Ziele verknüpft sind. Sollte eine Diskrepanz zwischen seinen Werten und Zielen bestehen, muss er seine Ziele unter Umständen neu formulieren. Sie müssen diesen Aspekt mit ihm diskutieren, da Wertediskrepanzen fast immer zu einem Konflikt führen und den Klienten in eine Sackgasse leiten.

Sich auf die Vergangenheit beziehende Bezugsrahmen spielen in der Werteklärung eine große Rolle. Ihre Klienten klammern sich gerne an Dinge aus der Vergangenheit, selbst wenn diese ihnen in der Gegenwart keinen Dienst mehr erweisen. Sie bemerken ihr eigenes Verhalten gewöhnlich nicht, bevor sie mit der Werteklärung beginnen. Eine Ihrer Aufgaben als Coach besteht darin, Ihren Klienten zu erklären, dass es zwar normal ist, an bekannten und bequemen Dinge festzuhalten, dass wahres Wachstum aber bedeutet, solche Dinge aufzugeben, wenn sie nicht mehr funktionieren und unsere Persönlichkeit nicht länger widerspiegeln. Dies ist der Grund dafür, dass ACT als wertebasierte Form der Hilfestellung Coaches so gute Dienste erweist.

Nun müssen Sie zusätzlich zu dem Durcharbeiten dieser Informationen die Ziele der Klienten scharf eingrenzen und messbare Unterziele formulieren, die den Personen als Trittsteine zum Erfolg dienen sollen. Während Ziele hochgesteckt und schwer erfassbar sein können, müssen Unterziele konkret sein und Antwort auf die folgende Frage geben: *Wer wird bis zu welchem Zeitpunkt wie viel von etwas getan haben?* Bitten Sie Ihre Klienten, die Übung „Wertebasierte Haupt- und Unterziele entwickeln“ aus Kapitel 5 durchzuführen.

Nachdem die Klienten die Übung erledigt haben, sollten Sie ihnen in der nächsten Sitzung erklären, dass Sie ihren Fortschritt regelmäßig kontrollieren werden und überprüfen wollen, ob sie ihre Unterziele erreichen. Korrekt formulierte Unterziele enthalten immer auch einen Zeitrahmen. Erklären Sie Ihren Klienten, dass es zulässig ist, diesen zu verändern oder Unterziele hinzuzufügen oder zu entfernen. Obwohl Haupt- und Unterziele dem Leben der Klienten Struktur verleihen und bei der Klärung von Werten behilflich sind, müssen sie gleichzeitig flexibel genug sein, um sich an Veränderungen anzupassen. Teilen Sie Ihren Klienten mit, dass Sie ihnen als ihr Coach dabei helfen werden, motiviert am Erreichen ihrer Haupt- und Unterziele zu arbeiten und diese, wenn nötig, anzupassen.

8.2.5 Schritt 5: Kontrolle aufgeben und engagiert handeln

In Kapitel 7 haben wir festgestellt, dass Klienten sich oft in einem der sechs Faktoren psychischer Inflexibilität und den zehn häufigsten Denk- und Gefühlsfallen verstricken. Zusätzlich dazu sind sie auch in dem Versuch gefangen, Dinge zu kontrollieren, die nicht kontrolliert werden können. Der fünfte Schritt zielt darauf ab, Ihren Klienten beizubringen, was sie kontrollieren können und was nicht. Außerdem möchte ich den Klienten zeigen, wie ihre Versuche, unkontrollierbare Dinge zu vermeiden, zu kontrollieren oder zu eliminieren, sie gefangen halten, sie daran hindern, ihre Ziele zu erreichen, und das Leben ihrer Träume in weite Ferne rücken lassen. Schritt 5 lehrt sie das A und O von Akzeptieren und Bereitschaft und bringt ihnen bei, wie sie engagiert handeln können, um ihre Ziele zu erreichen – trotz beunruhigender Gedanken und schmerzhafter Gefühle im Gepäck.

Dieser Schritt bringt viele neue Gedanken und Konzepte mit sich, weshalb es ungemein wichtig ist, dass Sie Ihren Klienten die Bedeutung von Hausaufgaben vermitteln. Sie müssen wissen, dass Sie ihnen alle Unklarheiten erklären, sollten diese auftreten. Stellen Sie klar, dass Sie von Ihren Klienten das Ausführen von Lektürehausaufgaben erwarten und sie bei der nächsten Sitzung auf eine Diskussion darüber vorbereitet sehen wollen. Klienten müssen verstehen, dass sie sich nur dann befreien und im Leben vorankommen können, wenn sie aufhören, Dinge außerhalb ihres Einflussbereiches kontrollieren zu wollen. Um dies zu erreichen, empfehle ich Ihnen, Ihre Klienten die folgenden Übungen aus Kapitel 7 ausführen zu lassen: „Bereitschaftsübung: Der MP3-Player" und „Akzeptieren und Bereitschaft üben: Ich bin gewillt, ______________________ zu akzeptieren". Diese beiden Übungen veranschaulichen im Zusammenspiel miteinander die Beziehung zwischen Kontrolle, Akzeptieren und Bereitschaft und vermitteln Ihren Klienten wertvolle Fähigkeiten, mit denen sie sich aus Sackgassen befreien und ihre Ziele erreichen können.

Nachdem Ihre Klienten diese Übungen ausgeführt und relevantes Material gelesen haben, sollten Sie ihnen die Beziehung zwischen dem Aufgeben von Kontrolle und dem einfacheren Akzeptieren erklären. Machen Sie ihnen klar, auf welche Weise ihnen dies dabei helfen wird, sich aus Sackgassen zu befreien und sich in Richtung ihrer Ziele zu bewegen. Erklären Sie ihnen auch, dass dies nicht leicht umsetzbar ist, besonders, wenn sie vielen hochmotivierten und erfolgreichen Menschen gleichen und gerne so viele Dinge kontrollieren wollen wie möglich. Lassen Sie Ihre Klienten wissen, dass Sie sie als ACT-Coach dabei unterstützen werden zu erkennen, wann sie in alte, nicht akzeptierende und kontrollierende Gewohnheiten zurückfallen, und dass Sie sie auf den rechten Weg leiten werden.

8.2.6 Schritt 6: Durch Defusion den Weg aus der Sackgasse finden

Der letzte Schritt, den Sie als ACT-Coach durchführen müssen, besteht darin, Ihren Klienten Defusionstechniken beizubringen, mit denen sie sich aus Sackgassen befreien können, wenn ihr übermäßig aktiver Verstand mit ihnen durchgegangen ist und sie ihre Ziele nicht erreichen. Für die meisten Klienten ist dies sicher völliges Neuland. Daher müssen Sie Geduld beweisen und sicherstellen, dass Ihre Klienten die Konzepte verstanden haben, die Sie ihnen als Lektüre aufgegeben haben.

Beginnen Sie damit, Ihre Klienten über die Bindung an das Selbstkonzept und über Defusion lesen zu lassen. Lektüre dazu finden Sie in diesem Buch oder (auf Englisch) in *Stress Less, Live More* (Blonna, 2010). Stellen Sie sicher, dass Ihre Klienten besonders auf die häufigsten Denk- und Gefühlsfallen achten, da diese den aktiven Verstand bei der Arbeit widerspiegeln und verdeutlichen, wie er uns den Weg in

Sackgassen weist. Indem die Klienten den Fokus auf diese Fallen richten, erkennen sie, wie der Verstand in realen Situationen funktioniert und wie er psychische Inflexibilität auslöst. Ich empfehle Ihnen, die folgenden Defusionsübungen als Hausaufgabe aufzugeben: „Das Whiteboard“ (Kap. 2), „Nehmen Sie die ‚Asthma-Brille‘ ab“ (Kap. 3), „Mein Gegenüberstellungsfoto“ (Kap. 3), „Dauerhaftigkeit überdenken“ (Kap. 5) und „Ein neues Ich“ (Kap. 5). Diese Übungen beschreiben im Wesentlichen, wie Klienten sich von hinderlichen Dingen gefangen nehmen lassen, die ihr Verstand ihnen über sie erzählt.

Erklären Sie Ihren Klienten, nachdem sie alle diese Aufgaben ausgeführt haben, dass sie sich mit etwas Zeit und Übung von den hinderlichen Gedanken, persönlichen Skripten, mentalen Bildern und Gefühlen lösen können, die ihnen bei dem Erreichen ihrer Ziele und einem zielgerichteten Leben im Wege stehen.

8.3 Abschließende Worte

Die sechs Schritte, die ich in diesem Kapitel beschrieben habe, sind nicht in Stein gemeißelt. Ich habe versucht, Ihnen eine Rahmenstruktur zu geben, damit Sie mit dem Übergang zu einer ACT-basierten Coachingmethode beginnen können. Es gibt zahlreiche andere Wege, auf die Sie die ACT-Prinzipien und -Methoden in das Coaching einbauen können. Es steht Ihnen völlig frei, Schritte zu entfernen oder neue hinzuzufügen, die Reihenfolge zu verändern oder andere Übungen und anderen Lesestoff zu verwenden. Ich bin der Überzeugung, dass Ihre Klienten ungemein von der Lektüre meines Buches *Stress Less, Live More* (Blonna, 2010) profitieren würden. Der Großteil des Materials darin spiegelt die Informationen wider, die wir in diesem Buch durchgegangen sind, richtet sich jedoch an ein Laienpublikum. Außerdem bietet der Harbinger Verlag eine breite Auswahl an ACT-Ratgebern für Praktizierende in englischer Sprache an: www.newharbinger.com. Ich hoffe, dass dieses Kapitel Ihnen den Anfang leichter macht und Sie dazu befähigt, Ihren Klienten die wirkungsvollen ACT-Werkzeuge anzubieten, die ihnen zu dem Erreichen ihrer Ziele und dem Leben ihrer Träume verhelfen.

Anhang A | Formular zur Erstbefragung des Klienten

Life Coach: ______________________ **Datum:** ______________

Name: ____

Geschlecht: männlich ☐ weiblich ☐ Alter: ______________

Telefon: (Arbeit) ______________________________

(Privat) ______________________________

(Mobil) ______________________________

E-Mail: ____

Straße / Hausnr.: ______________________ Ort: ______________

PLZ: ______________ Bundesland: ______________________

Arbeitgeber: ______________________ Beruf: ______________

Wie lange haben Sie dort gearbeitet? ________ Wie lange in diesem Beruf? ________

Bildung: (höchster Abschluss) ______________________________

Wie möchten Sie im Notfall vorzugsweise von mir kontaktiert werden?

(Telefon Arbeit) Ja ☐ ______________________ Nein ☐

(Telefon privat) Ja ☐ ______________________ Nein ☐

(Mobil) Ja ☐ ______________________ Nein ☐

(E-Mail) Ja ☐ ______________________ Nein ☐

Haben Sie schwerwiegende Gesundheitsprobleme?

Nehmen Sie Medikamente ein? Falls ja, gegen welche Beschwerden?

Beschreiben Sie das Problem, an dem Sie mit mir arbeiten möchten:

Haben Sie aufgrund dieses Problems zuvor bereits

einen Coach (Ja ☐ ______________________ Nein ☐) oder

einen Therapeuten (Ja ☐ ______________________ Nein ☐) aufgesucht?

Falls ja, beschreiben Sie kurz die Behandlung oder Hilfe, die Sie erhielten:

____

____

____

____

____

____

____

Wie fanden Sie meine Praxis?

____

____

Wem darf ich für Ihre Überweisung an mich danken?

____

____

Anhang B | Beispiel für eine Einverständniserklärung

Im Folgenden finden Sie ein Beispiel für eine Einverständniserklärung. Hier habe ich meine persönlichen Informationen (in eckigen Klammern) im Zusammenhang mit dem Coaching verwendet. Sie entscheiden aber natürlich selbst, wie viel Sie von Ihrem Lebenslauf preisgeben möchten. Klienten müssen genug über Sie erfahren, um eine fundierte Entscheidung darüber treffen zu können, ob Sie ein passender Coach sein werden.

Einverständniserklärung

Hintergrund und Herangehensweise an das Coaching

Vielen Dank, dass Sie mich, [Dr. Richard Blonna], als Ihren Coach ausgewählt haben. Ich verstehe, dass es sich bei der Entscheidung für eine Zusammenarbeit mit mir um einen wichtigen Schritt für Sie handelt, und Sie haben sicher viele Fragen. Dieses Dokument wird Sie über meine Vorgehensweise, Gesetze auf landes- und nationaler Ebene sowie Ihre Ansprüche informieren. Sollten Sie andere Fragen oder Anliegen haben, sprechen Sie mich bitte darauf an. Ich werde mein Bestes tun, um Ihnen alle Informationen zu geben, die Sie benötigen. [Ich habe an der William Paterson University den Bachelor in Psychologie erworben, an der Seton Hall University den Master in Erziehungswissenschaften (Fachgebiet psychologische Beratung und Sonderpädagogik) sowie einen Doktortitel in Gesundheitserziehung (Fachgebiet Gesundheitsberatung) an der Temple University.

Ich bin anerkannter Coach (CPC), national anerkannter Berater (NCC) und anerkannter Spezialist für Gesundheitserziehung (CHES) mit mehr als 20 Jahren Erfahrung im Unterrichten und Coachen von Erwachsenen. Ich habe dabei sowohl Einzel- als auch Gruppentherapie angewandt. Meine Arbeit begrenzt sich auf das Coachen von Erwachsenen in den folgenden Bereichen: Lebenscoaching, Stressbewältigung und Schreibblockaden.

Mein beruflicher Werdegang, in dem ich verschiedene Fachmethoden erlernt habe, hat mich dazu befähigt, eine Herangehensweise an das Coaching zu entwickeln, die die Prinzipien und Methoden von Coaching, Gesundheitserziehung, Acceptance und Commitment Therapie (ACT), Naikan Selbsterkennung und klassischem Entspannungstraining (Diaphragmalatmung, Meditation, Visualisierung etc.) miteinander verbindet. Ich vereine alle diese Methoden, um Ihnen zu helfen, sich aus Ihrer Sackgasse zu befreien, die Motivation aufrechtzuerhalten und Ihre Ziele zu erreichen.] Obwohl ich in meiner Arbeit einige Techniken aus der ACT verwende, bin ich kein Therapeut und versuche nicht, Psychotherapie zu betreiben. Viele verschiedene therapeutische Techniken lassen sich an die Bedürfnisse von Coach und Coachees anpassen.

So funktioniert meine virtuelle Praxis

Bevor wir mit dem Coaching beginnen, erhalten Sie von mir eine Gratisberatung per Telefon. In dieser werden wir Ihre Bedürfnisse feststellen und meine Vorgehensweise besprechen, damit Sie eine fundierte Entscheidung darüber treffen können, ob Sie mit mir arbeiten möchten. Während dieses Beratungsgesprächs erkläre ich Ihnen, wie wir zusammenarbeiten werden, informiere Sie über meine Schweigepflicht, Ihre Rechte als Klient und andere Feinheiten einer virtuellen Praxis.

Sollten Sie sich für die Zusammenarbeit mit mir entscheiden, werde ich Sie bitten, einige Standardformulare (Einverständniserklärung, Informationen zu Ihrer Person usw.) auszufüllen und mir per Fax oder Post zukommen zu lassen. [Wenn Sie eine Onlinesitzung beantragen, erhalte ich automatisch eine Benachrichtigung per E-Mail. Ich sende Ihnen dann wiederum eine E-Mail, um einen Termin für unsere erste Sitzung zu vereinbaren.]

Die Struktur der Coachingsitzungen

Während unserer gemeinsamen Sitzungen werden Sie sehr aktiv im Coachingprozess mitarbeiten. [Zusätzlich zu den Gesprächen mit mir werde ich Sie Passagen aus meinen Büchern lesen lassen und Sie darum bitten, Techniken aus dem Buch und der Entspannungs-CD zu üben.] Ihre Selbstverpflichtung zur Arbeit außerhalb unserer virtuellen Sitzungen entscheidet über Ihren Erfolg. Ich erwarte von Ihnen, dass Sie alle Lektüreaufgaben und Übungen vor unseren Sitzungen ausgeführt haben.

Jede Sitzung besteht aus zwei Teilen: einem „Live"-Abschnitt, in dem wir per Telefon, Webcam oder beidem kommunizieren, und einem asynchronen Teil, in dem wir uns E-Mails zusenden. Während des asynchronen Abschnittes schicken Sie mir Ihre Hausaufgaben (Tagebuchausschnitte, ausgeführte Übungen usw.) per E-Mail oder Fax, welche ich mir dann vor unserer nächsten Sitzung anschauen werde. Dies gibt mir die Möglichkeit, unsere Sitzungen zu strukturieren und Ihnen eine Rückmeldung zu Ihrem Fortschritt zu geben. Um die Effektivität unserer Sitzungen sicherzustellen, muss ich Ihre Arbeit vor Ihrem nächsten Termin erhalten, damit ich Zeit zur Durchsicht habe. Bitte teilen Sie mir mit, in welcher Form Sie Informationen erhalten und versenden möchten.

Ich möchte Informationen und Hausaufgaben

☐ per E-Mail,

☐ per Fax oder

☐ sowohl per E-Mail als auch per Fax

erhalten und versenden.

Datum	Unterschrift

Zahlungsweise:

Der Preis für eine Sitzung beträgt [150,00 Dollar]. Sie können Ihre Sitzungen mit Kredit- oder EC-Karte bezahlen oder Ihr PayPal-Konto verwenden. Die Buchung einer Sitzung geschieht [auf meiner Internetseite ↗ http://www.healthystressdoctor.com/signup.html. Sollten Sie mit Scheck bezahlen wollen, senden Sie diesen bitte an:

Dr. Richard Blonna
50 Wallace Blvd.
Hillsborough, NJ 08844]

[Schecks müssen vor dem Termin Ihrer Sitzung eingegangen sein.]

Sollten Sie eine Sitzung absagen oder verschieben müssen, geben Sie mir mindestens 24 Stunden zuvor Bescheid; ansonsten *wird Ihnen die Sitzung in Rechnung gestellt.*

Datum	Unterschrift

Versicherung

[Ich akzeptiere keine direkten Zahlungen von Krankenversicherungen und arbeite nicht mit ihnen zusammen (Managed care wie bei HMO oder PPO).] Sollte Ihre Versicherung meine Dienste abdecken, bespreche ich meine Coachingleistungen sehr gerne mit einem Sachbearbeiter, wenn dieser mich anruft und Sie mir eine schriftliche Vollmacht mit Entbindung von der Schweigepflicht ausgestellt haben. Ich werde von meiner Seite aus nicht aktiv werden. Es liegt in Ihrer Verantwortung, Ihre Versicherung zu kontaktieren, die nötigen Formulare anzufordern, auszufüllen und auf eigene Kosten zurückzusenden.

Sie sind dafür verantwortlich, alle entstehenden Kosten für Sitzungen zu begleichen, *bevor* Sie eventuelle Versicherungsansprüche geltend machen.

________________________ ____

Datum Unterschrift

Koordination Ihrer gesundheitlichen Versorgung

Es ist wichtig, dass alle Ärzte, Therapeuten u. ä. zusammenarbeiten. In diesem Sinne möchte ich Sie darauf hinweisen, dass Sie mir Ihre Erlaubnis geben müssen, sofern Sie wünschen, dass ich Informationen über Ihre Coachingsitzungen mit Ihrem Hausarzt, Therapeuten oder mit beiden teile. Sollten Sie mir diese Erlaubnis erteilen, versichere ich Ihnen, dass ich den Kontakt nicht initiieren werde. Ihr Arzt oder Therapeut muss Informationen persönlich bei mir anfordern. Ihre Vollmacht gilt für ein Jahr. *Sie haben das Recht, diese Vollmacht jederzeit schriftlich zurückzuziehen.*

Sollten Sie mir keine Vollmacht geben wollen, werde ich keine Informationen herausgeben.

☐ Sie haben die Erlaubnis, Informationen an meinen Hausarzt, Therapeuten usw. weiterzugeben.

☐ Sie haben *nicht* die Erlaubnis, Informationen an meinen Hausarzt, Therapeuten usw. weiterzugeben.

Name des Arztes: ______________________________

Anschrift: ______________________________

Telefon: ______________________________

E-Mail: ______________________________

Name des Therapeuten: ______________________________

Anschrift: ______________________________

Telefon: ______________________________

E-Mail: ______________________________

______________ ______________________

Datum Unterschrift

Schweigepflicht und Notfallsituationen:

Informationen, die Sie mir mündlich mitteilen, sowie Ihre Coachingdaten unterliegen der Schweigepflicht mit Ausnahme von 1) Informationen über Versicherungsfragen, die ich zur Bearbeitung einer Kostenerstattung mit Ihrer Versicherung teilen muss, 2) Informationen über Körperverletzung oder sexuellen Missbrauch (Ich bin verpflichtet, dies dem Jugendamt mitzuteilen.), 3) Informationen, die ich laut einer Vollmacht von Ihnen an Ihren Arzt oder Therapeuten weitergeben darf, 4) Informationen, die darauf hinweisen, dass Sie sich selbst oder andere verletzen könnten.

Sollte eine Notfallsituation entstehen, in der Sie sofortige Hilfe benötigen, müssen Sie unverzüglich den Notruf 112 wählen. Ich werde die Arbeit des Rettungsdienstes im weiteren Verlauf durch Coaching unterstützen.

______________ ______________________

Datum Unterschrift

Literatur

American Psychiatric Association (2000): *Diagnostic and Statistical Manual of Mental Disorders* (4. rev. Aufl.). Washington, DC: American Psychiatric Association. Dt.: Saß, H., Wittchen, H.-U. & Zaudig, M. (2003): *Diagnostisches und Statistisches Manual Psychischer Störungen (DSM-IV-TR).* Hogrefe.

Blonna, R. (2010): *Stress Less, Live More: How acceptance and commitment therapy can help you live a busy yet balanced life.* Oakland, Kalifornien: New Harbinger Publications.

Blonna, R., Loschiavo, J. & Watter, D. N. (2010): *Health Counseling: A microskills approach for counselors, educators, and school nurses* (2. Aufl.). Sudbury, Massachusetts: Jones & Bartlett Learning.

Eiffert, G. H. & Heffner, M. (2003): „The effects of acceptance versus control contexts on avoidance of panic-related symptoms". *Journal of Behavior Therapy and Experimental Psychiatry,* 34 (3–4), 293–312.

Germer, C. K. (2005): „Mindfulness: What is it? What does it matter?". In C. K. Germer, R. D. Siegel & Fulton, P. R. (Hrsg.), *Mindfulness and Psychotherapy* (S. 3-27). New York: Guilford Press.

Harris, R. (2007): *The Happiness Trap: How to stop struggling and start living.* Boston: Trumpeter Press. Dt.: *Wer dem Glück hinterher rennt, läuft daran vorbei.* München: Kösel, 2009.

Hayes, S. (2005): *Get Out of Your Mind and Into Your Life: The new acceptance and commitment therapy* (mit S. Smith). Oakland, Kalifornien: New Harbinger Publications. Dt.: *In Abstand zur inneren Wortmaschine.* Tübingen: DGVT-Verlag, 2007.

Hayes, S. C., Barnes-Holmes, D. & Roche, B. (Hrsg.) (2001): *Relational Frame Theory: A post-Skinnerian account of human language and cognition.* New York: Plenum Publishers.

Hayes, S. C., Strosahl, K. D. & Wilson, K. G. (1999): *Acceptance and Commitment Therapy: An experimental approach to behavior change.* New York: Guilford Press. Dt.: Acceptance und Commitment Therapie. Paderborn: Junfermann, (im Druck).

Kabat-Zinn, J. (1995): *Mindfulness Meditation.* Hörbuch. Niles, Illinois: Nightingale-Conant.

Kelley, L. (2008): *Samples Handbook: Letters, forms, and ads.* Maßgeschneidertes Material für den Heimunterricht aus *Promote Your Practice Exclusively to a Well-Pay, Fee-for-Service Clientele.* San Diego, Kalifornien: GROW Publications. ↗ http://www.growpublications.com

Krech, G. (2002): *Naikan: Gratitude, grace, and the Japanese art of self-reflection.* Berkeley, Kalifornien: Stone Bridge Press.

Krech, G. & Anderson Krech, L. (2005): „Working with your attention: Exercises and daily journal". Maßgeschneidertes Material aus der Reihe *Resource Materials.* Sammelordner für Teilnehmer im Zulassungsprozess, Japanese Psychology: Morita and Naikan Therapies, 9.–17. Juli, Monkton, Vermont: The ToDo Institute.

Lee, D. & Hatesohl, D. (1993): „Listening: Our most used communication skill". *Community and Leadership.* 150. St. Louis, Missouri: University of Missouri Extension and Agricultural Information. ↗ http://extension.missouri.edu/publications/DisplayPub.aspx?P=CM150.

Luoma, J. B., Hayes, S. C. & Walser, R. D. (2007): *Learning ACT: An acceptance and commitment therapy skills-training manual for therapists.* Oakland, Kalifornien: New Harbinger Publications. Dt.: *ACT-Training. Handbuch der Acceptance & Commitment Therapie. Ein Lernprogramm in zehn Schritten.* Paderborn: Junfermann, 2009.

Maslow, A.H. (1968): *Toward a Psychology of being.* Princeton, New Jersey: Van Nostrand Press. Dt.: *Psychologie des Seins. Ein Entwurf.* Frankfurt a.M.: Fischer, 2000.

Morita, S. (1998): *Morita Therapy and the True Nature of Anxiety-Based Disorders* (shinkeishitsu). A. Kondo, Übers. Albany, New York: State University of New York Press.

National Highway, Transportation, and Safety Administration (NHTSA). (2010): *Distraction: Statistics and facts about distracted driving.* Washington, DC: National Highway, Transportation, and Safety Administration. ↗ http://www.distraction.gov/stats-and-facts/ (24. August 2010).

Reynolds, D.K. (2002): *A Handbook for Constructive Living.* Honolulu: University of Hawaii Press.

Seligman, M.E.P. (1990): *Learned Optimism: How to change your mind and your life.* New York: Free Press.

Simon, S.B., Howe, L.W. & Kirschenbaum, H. (1995): *Values Clarification: A practical, action-directed workbook.* New York: Warner Books.

Williams, P. (2007): „Border Line: Understanding the relationship between therapy and coaching". *Choice,* 5(3), 22–26. ↗ http://www.choice-online.com/new/digitalissues/choice_Coaching_vs_Therapy_zBjkMvUO.pdf.

Index

Achtsam die Innenwelt meistern

224 Seiten, kart. • € (D) 22,– • ISBN 978-3-87387-682-8

INGEBORG & THOMAS DIETZ

»Selbst in Führung«

»Selbst in Führung« sein heißt, guten Zugang zu Gefühlen und Anteilen der Persönlichkeit zu haben und diese situativ bewusst zu steuern. Leser erfahren, wie gute Selbstführung sie befähigt, unabhängig von alten Mustern aus ihrem inneren Selbst heraus automatische Reaktionen, schwierige Wechselwirkungen und Konflikte souverän zu meistern.

Die Kombination von Achtsamkeit, Körperwahrnehmung und Persönlichkeitsteilen – zusammen mit einem systemischen Verständnis und systematischen Vorgehen – ist in dieser Form einzigartig. Coaches und Trainer, Führungskräfte und alle, die erlebnisnah und emotional tief beraten wollen, finden wertvolle praktische Hinweise für die Arbeit mit der Innenwelt.

Ingeborg & Thomas Dietz, seit 1989 als Trainer und Berater tätig, haben sich auf die Entfaltung emotionaler Intelligenz in Training und Coaching spezialisiert.

Weitere erfolgreiche Titel:

»Change-Talk«
ISBN 978-3-87387-617-0
»Oh nein, schon wieder ein Kunde!«
ISBN 978-3-87387-756-6
»Die 7 Säulen der Macht«
ISBN 978-3-87387-620-0

www.junfermann.de